国家出版基金项目

古文字与中华文明
傳承發展工程

清華簡文字聲系（1~8）

徐在國 著

第四册

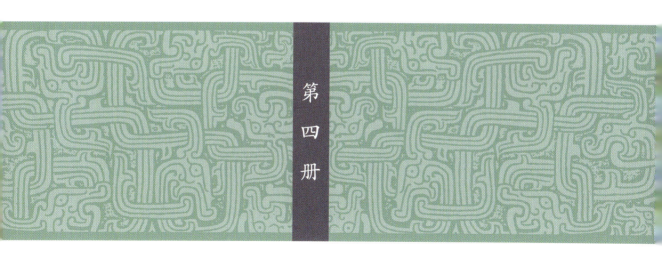

北京师范大学出版集团
安徽大学出版社

正編·鐸部

鐸　部

影紐隻聲

穫

清華五·筮門 14 记（起）事又（有）穫（獲）

清華五·筮門 15 记（起）事亡（無）穫（獲）

清華八·邦道 21 則多穫

～，與 、、同，从"禾"，"䧹"或"隻"聲，"穫"字異體。《説文·禾部》："穫，刈穀也。从禾，蒦聲。"

清華五·筮門 14、15"穫"，讀爲"獲"，得到，取得。《易·明夷》："入于左腹，獲明夷之心，于出門庭。"《顏氏家訓·名實》："勸其立名，則獲其實。"簡文"起事有獲"，辦事有收獲。

清華八·邦道 21"穫"，收成，收穫。《國語·吴語》："以歲之不穫也，無有誅焉。"韋昭注："穫，收也。"

矐

清華一·程寤 04 曑₌（化爲）矐

清華一·皇門 09 亓（其）由（猶）克又（有）矐（獲）

清華二·繫年 026 矐（獲）哀侯以歸

清華三·赤鵠 01 湯弽（射）之矐（獲）之

清華六·孺子 15 幾（豈）既臣之矐（獲）辠（罪）

清華六·太伯甲 06 虐（吾）［乃］矐（獲）鄩（函）、邨（訾）

清華六·太伯甲 10 矐（獲）皮（彼）剬（荆）甬（寵）

清華六·太伯乙 05 虐（吾）乃矐（獲）鄩（函）、邨（訾）

清華六·太伯乙 09 矐（獲）皮（彼）敔（荆）戩（寵）

清華八·攝命 15 亦鬼（畏）矐（獲）懋朕心

清華八·攝命 28 矐（獲）䐤（羞）姷（毓）子

～，與 、、、同，所從"丹"形右豎與"隹"左豎合書。《汗簡》有訛從"片"者。《說文·丹部》："雘，善丹也。从丹，蒦聲。《周書》曰：'惟其敷丹雘。'讀若雀。"

清華一·程寤04"雘"，丹雘。赤石脂之類，古人以爲上等的紅顏料。《書·梓材》："若作梓材，既勤樸斲，惟其塗丹雘。"（《讀本一》第56頁）

清華一·皇門09"亓（其）由（猶）克又（有）雘（獲）"，此句今本《逸周書·皇門》作"其猶不克有獲"。

清華二·繫年026、清華六·太伯甲10、太伯乙09"雘"，讀爲"獲"，俘獲。《易·離》："王用出征，有嘉折首，獲匪其醜，无咎。"《荀子·彊國》："子伐將而伐蔡，克蔡，獲蔡侯。"

清華三·赤鵠01"湯弞（射）之雘（獲）之"之"雘"，讀爲"獲"，獵得，獵獲。《易·巽》："田獲三品，有功也。"

清華六·孺子15"雘辠"，讀爲"獲罪"，得罪，遭罪。《國語·晉語二》："夫孺子豈獲罪於民？"《史記·孔子世家》："昔此國幾興矣，以吾獲罪於孔子，故不興也。"

清華六·太伯甲06、太伯乙05"雘"，讀爲"獲"，得到，取得。《易·明夷》："入于左腹，獲明夷之心，于出門庭。"

清華八·攝命28"雘頠毓子"，讀爲"獲羞毓子"，獲得耻辱。《易·恆》："不恆其德，或承之羞。"

匣紐貓聲

貓

 清華二·繫年056 王會者（諸）侯于犮（厥）貓（貉）

～，或說"貓"之象形初文。右下方的筆畫當爲"貓"這種動物大尾巴之形的訛變。《說文·豸部》："貓，似狐，善睡獸。从豸，舟聲。《論語》曰：'狐貓之厚以居。'"（小狐）此字也可能分析爲从"豸"（或"犬"），"舟"（或"周"省）聲，中間部分與"舟"（或"周"省）形近。

清華二·繫年056"犮貓"，讀爲"厥貉"，地名。《左傳·文公十年》作"厥貉",《公羊傳》作"屈貉",楊伯峻《春秋左傳注》云在今河南項城。《春秋·文公十年》:"楚子、蔡侯次于厥貉。"《左傳·文公十年》:"陳侯、鄭伯會楚子于息,冬,遂及蔡侯次于厥貉,將以伐宋。"或釋爲"魚",讀爲"貉"。(白於藍)

見紐虢聲

虘

 清華三·良臣 03 又(有)虘(虢)弔(叔)

 清華三·良臣 08 虘(虢)弔(叔)

《説文·虎部》:"虢,虎所攫畫明文也。从虎,寽聲。"

清華三·良臣"虘弔",讀爲"虢叔"。《國語·晉語四》:"文王在母不憂,在傅弗勤,處師弗煩,事王不怒,孝友二虢,而惠慈二蔡,刑於大姒,比於諸弟。"韋昭注:"二虢,文王弟虢仲、虢叔。"《左傳·僖公五年》:"虢仲、虢叔,王季之穆也,爲文王卿士,勳在王室,藏於盟府。"

鄎(虢)

 清華二·繫年 007 邦君者(諸)正乃立幽王之弟余(余)臣于鄎(虢)

 清華二·繫年 008 晉文侯戜(仇)乃殺惠王于鄎(虢)

 清華二·繫年 098 明(盟)于鄎(虢)

清華二·繫年 109 以與吳王曷(壽)夢相見于鄎(虢)

～，从"邑"，"虢"聲，"虢"之專字。

清華二·繫年"䜛"，即"虢"。《春秋·昭公元年》："叔孫豹會晉趙武、楚公子圍、齊國弱、宋向戌、衛齊惡、陳公子招、蔡公孫歸生、鄭罕虎、許人、曹人于虢。""虢"，楊伯峻《春秋左傳注》："《公羊》作淲，《穀梁》作郭……虢爲東虢，周文王弟叔所封，後爲鄭所滅，平王即以其地與鄭。故城在今河南鄭州市北古滎鎮。"

見紐各聲

各

清華一·尹至 01 湯曰：各（格）

清華一·耆夜 08 不（丕）顯（顯）速（來）各（格）

清華一·祭公 17 女（汝）母（毋）各豪（家）相而室

清華二·繫年 104 囟（使）各返（復）亓（其）邦

清華三·説命中 02 來各（格）女（汝）敓（説）

清華三·芮良夫 01 钺（御）事各縈（營）亓（其）身

清華三·芮良夫 10 各竪（當）尔（爾）惪（德）

清華三·芮良夫 18 各煮（圖）氒（厥）羕（永）

清華三·芮良夫21 政命悳（德）型（刑）各又（有）常（常）弔（次）

　清華四·筮法40 軓（乾）、臾（坤）乃各彼（返）亓（其）所

　清華四·筮法63 各堂（當）亓（其）刲（卦）

　清華五·厚門20 各時（司）不解

　清華六·孺子12 各共（恭）亓（其）事

　清華六·子儀15 乃毀常（常）各敄（務）

　清華七·子犯07 乃各賜之鐱（劍）繡（帶）衣常（裳）而敷之

　清華八·攝命32 各（格）于大室

　清華八·邦道21 各堂（當）弌（一）官

～，與 、、 同。《說文·口部》："各，異辭也。从口、夂。夂者，有行而止之，不相聽也。"

　　清華一·尹至01"湯曰：各"，讀爲"湯曰：格"。參《書·湯誓》"王曰：格"，《盤庚上》"王若曰：格"。

　　清華一·耆夜08"逯各"、清華三·說命中02"來各"，讀爲"來格"，來臨，到來。"格"，至。《書·益稷》："夏擊鳴球，搏拊琴瑟以詠，祖考來格。"孔傳："此舜廟堂之樂，民悅其化，神歆其祀，禮備樂和，故以祖考來至明之。"

清華一·祭公 17"女(汝)母(毋)各豪(家)相而室",今本《逸周書·祭公》作"汝無以家相亂王室而莫恤其外"。"各",今本作"以"。

清華二·繫年 104"囟各復亓邦",讀爲"使各復其邦"。《左傳·昭公十三年》:"楚之滅蔡也,靈王遷許、胡、沈、道、房、申於荆焉。平王即位,既封陳、蔡,而皆復之,禮也。""各",皆。《書·盤庚下》:"各非敢違卜,用宏兹賁。"孔穎達疏:"我與汝群臣各非敢違卜,用是必遷。"

清華四·筮法 40"軌、臾乃各仮亓所",讀爲"乾、坤乃各返其所",乾、坤各自返回原位。

清華六·孺子 12"各共亓事",讀爲"各恭其事"。《書·盤庚上》:"自今至于後日,各恭爾事,齊乃位,度乃口。罰及爾身,弗可悔。"

清華八·攝命 32"各于大室",吳方彝蓋(《集成》09898)"王在周成大室,旦,王各廟"、伊簋(《集成》04287)"王各穆大室"。"各",讀爲"格",來,至。

清華八·邦道 21"各堂弌官",讀爲"各當一官",各任一官。

恪

 清華三·芮良夫 06 恪绊(哉)母(毋)宂(荒)

~,從"心","各"聲,"愙"字異體。《説文·心部》:"愙,敬也。從心,客聲。《春秋傳》曰:'以陳備三愙。'臣鉉等曰:今俗作恪。"

清華三·芮良夫 06"恪",恭敬,恭謹。《詩·商頌·那》:"温恭朝夕,執事有恪。"毛傳:"恪,敬也。"束皙《補亡詩·白華》:"終晨三省,匪惰其恪。"

詻

 清華一·皇門 01 公詻(格)才(在)者(庫)門

 清華五·厚父 02 能詻(格)于上

~,與 ❖(上博三·周 42)同,從"叩","各"聲。

清華一·皇門 01"詻",讀爲"格",來,至。今本《逸周書·皇門》作"周公格左闑門會群門",孔晁注:"路寢左門曰皇門。闑,音皇也。"

　　清華五·厚父 02"能曓于上",讀爲"能格于上"。寧簋(《集成》04021、04022):"其用各百神。"《書·君奭》:"成湯既受命,時則有若伊尹,格于皇天。"孔傳:"尹摯佐湯,功至大天。謂致太平。"

諮

　　清華六·管仲 05 尚諮(格)之

《說文·言部》:"諮,論訟也。《傳》曰:'諮諮孔子容。'从言,各聲。"

　　清華六·管仲 05"諮",讀爲"格"。《孟子·離婁上》:"惟大人爲能格君心之非。"趙岐注:"格,正也。"

逄(路)

　　清華二·繫年 058 叚(假)逄(路)於宋

　　清華二·繫年 079 女(焉)㚸(始)迵(通)吳晉之逄(路)

　　清華二·繫年 108 女(焉)㚸(始)迵(通)吳晉之逄(路)

　　清華三·赤鵠 06 少(小)臣乃疾(寐)而歸(寢)於逄(路)

　　清華五·湯丘 05 繘(適)奉(逢)道逄(路)之祱(祟)

　　清華七·越公 09 思道逄(路)之攸(修)隡(險)

　　清華七·越公 13 今我道逄(路)攸(修)隡(險)

清華八·邦道 22 斳(謹)逄(路)室

 清華八·虞夏 03 車大逄(輅)

～,與逄(上博六·壽 4)、逄(上博五·弟 19)同,从"辵","各"聲,"路"字異體。《說文·足部》:"路,道也。从足,从各。"

清華二·繫年 058"叚逄於宋",讀爲"假路于宋",即借道于宋。《左傳·宣公十四年》:"楚子使申舟聘于齊,曰:'無假道于宋。'"

清華二·繫年 079、108"女囟迵吳晉之逄",讀爲"焉始通吳晉之路"。《左傳·成公七年》:"巫臣請使於吳,晉侯許之。吳子壽夢說之。乃通吳於晉,以兩之一卒適吳,舍偏兩之一焉。與其射御,教吳乘車,教之戰陳,教之叛楚。"

清華三·赤鵠 06"逄",即"路",道路。

清華五·湯丘 05,清華七·越公 09、13"道逄",即"道路",地面上供人或車馬通行的部分。《周禮·夏官·司險》:"司險掌九州之圖,以周知其山林川澤之阻,而達其道路。"

清華八·邦道 22"逄室",即"路室",客舍。《周禮·地官·遺人》:"凡國野之道,十里有廬,廬有飲食,三十里有宿,宿有路室,路室有委。"賈疏:"路室,候迎賓客之處。"

清華八·虞夏 03"大逄",即"大路",大車。《禮記·明堂位》:"大路,殷路也。"鄭玄注:"大路,木路也。""路"字或作"輅"。《書·顧命》:"大輅在賓階面。"《左傳·桓公二年》:"大路越席。"孔穎達疏:"路,訓大也。君之所在以大爲號,門曰'路門',寢曰'路寢',車曰'路車';故人君之車,通以路爲名也。"

敁

 清華五·封許 05 敁(路)車

～,从"攴","各"聲。

清華五·封許 05"敁車",讀爲"路車",輅車。古代天子或諸侯貴族所乘的車。《詩·大雅·韓奕》:"其贈維何?乘馬路車。"鄭箋:"人君之車曰'路車'。"《詩·大雅·崧高》:"王遣申伯,路車乘馬。"《公羊傳·僖公二十五年》何休注:"天子大路,諸侯路車。"

骼

  清華二·繫年071 以鶉骼玉竾(爵)與臺(湻)于之田

～,從"骨","各"聲。《說文·骨部》:"骼,禽獸之骨曰骼。從骨,各聲。"

清華二·繫年071 此句疑應乙爲:"骼(賂)以鶉(甗)、玉竾(爵)與臺(湻)于之田。"《左傳·成公二年》:"齊侯使賓媚人(即國佐)賂以紀甗、玉磬與地。"杜預《春秋經傳集解》後序引《紀年》云:"齊國佐來獻玉磬、紀公之甗。""骼",讀爲"賂",贈送財物。《詩·魯頌·泮水》:"元龜象齒,大賂南金。"毛傳:"賂,遺也。"孔穎達疏:"賂者,以財遺人之名,故賂爲遺也。"或讀爲"鉻"。(小狐)

胳

  清華三·說命中05 才(在)氒(厥)胳(落)

《說文·肉部》:"胳,亦下也。從肉,各聲。"

清華三·說命中05"胳",讀爲"落",開始。《詩·周頌·訪落》:"訪予落止,率時昭考。"毛傳:"訪,謀。落,始。"鄭箋:"成王始即政,自以承聖父之業,懼不能遵其道德,故於廟中與群臣謀我始即政之事。"《逸周書·文酌》:"伐道咸布,物無不落。落物取配,維有永究。"孔晁注:"落,始也。"

賂

  清華二·繫年033 惠公賂秦公曰

《說文·貝部》:"賂,遺也。從貝,各聲。"

清華二·繫年033"惠公賂秦公",參《左傳·僖公十五年》:"賂秦伯以河外列城五,東盡虢略,南及華山,內及解梁城,既而不與。"

零

清華一‧皇門 10 以自零(落)毕(厥)豪(家)

清華四‧筮法 59 爲零(露)

清華八‧邦道 06 水罩(旱)雨零(露)之不厎(度)

清華八‧邦道 06 水罩(旱)雨零(露)既厎(度)

清華八‧八氣 01 甘零(露)降

清華八‧八氣 03 或六旬白零(露)降

～，與(上博一‧孔 21)、(上博八‧蘭 1)同，从"雨"，"各"聲，與 (郭店‧老子甲 19)同，"露"字異體。《説文‧雨部》："露，潤澤也。从雨，路聲。"

清華一‧皇門 10"以自零(落)毕(厥)豪(家)"，今本《逸周書‧皇門》作"以自露厥家"。"零"，讀爲"落"，《莊子‧天地》："无落吾事。"陸德明《釋文》："落，猶廢也。"

清華四‧筮法 59"零"，即"露"，露水。《詩‧召南‧行露》："厭浥行露，豈不夙夜？謂行多露。"

清華八‧邦道 06"雨零"，即"雨露"，雨與露，泛指雨水。《管子‧度地》："海路距，雨露屬。"

清華八‧八氣 01"甘零"，即"甘露"，甘美的露水。《老子》："天地相合，以降甘露。"《漢書‧宣帝紀》："乃者鳳皇集泰山、陳留，甘露降未央宮……獲蒙嘉瑞，賜茲祉福，夙夜兢兢，靡有驕色。"

清華八‧八氣 03"白零"，即"白露"，秋天的露水。《詩‧秦風‧蒹葭》：

"蒹葭蒼蒼,白露爲霜。"

洛

清華二·繫年017 周成王、周公既罷(遷)殷民于洛邑

清華二·繫年102 楚卲(昭)王哉(侵)尹(伊)、洛以返(復)方城之自(師)

～,與 (上博二·容26)、(上博六·天乙5)同。《説文·水部》:"洛,水。出左馮翊歸德北夷界中,東南入渭。从水,各聲。"

清華二·繫年017"周成王、周公既罷(遷)殷民于洛邑",參《書·畢命》:"惟周公左右先王,綏定厥家,毖殷頑民,遷于洛邑,密邇王室,式化厥訓。"

清華二·繫年102"洛",洛水,即東洛水,發源于陝西洛南縣,東經河南盧氏、洛甯、宜陽、洛陽、偃師,至鞏縣入黃河。《書·禹貢》:"荆、河惟豫州。伊、洛、瀍、澗,既入于河……"

客

清華一·耆夜01 繹(畢)公高爲客

清華一·耆夜02 复(作)策逸(逸)爲東尚(堂)之客

清華二·繫年026 文王爲客於賽(息)

清華六·子儀14 玘(竢)客而諭(翰)之

～,與(上博四·柬17)同。《説文·宀部》:"客,寄也。从宀,各聲。"

清華一·耆夜 01"緟(畢)公高爲客",特指上客,貴賓。《左傳·襄公二十三年》:"季氏飲大夫酒,臧紇爲客。"杜預注:"爲上賓。"《國語·魯語下》:"公父文伯飲南宮敬叔酒,以露睹父爲客。"韋昭注:"禮飲尊一人以爲客。"

清華二·繫年 026、清華六·子儀 14"客",來賓,賓客。《詩·小雅·楚茨》:"爲賓爲客,獻酬交錯。禮儀卒度,笑語卒獲。"

蓉

 清華八·邦道 23 蓉(落)有常

～,从"艸","各"聲。

清華八·邦道 23"蓉",讀爲"落",下降,下墜。應璩《與從弟君苗君冑書》:"雲重積而復散,雨垂落而復收。"

茖

清華一·耆夜 12 哉(歲)喬(聿)員(云)茖(莫)

清華二·繫年 127 秦人敗(敗)晉自(師)於茖(洛)会(陰)

清華三·琴舞 05 裦(裕)皮(彼)趣(熙)不茖(落)

清華三·琴舞 12 右帝才(在)茖(落)

清華五·三壽 11 大茖(路)甬(用)見兵

清華五·三壽 23 方曼(般)于茖(路)

清華六·管仲 09 野里(理)霝(零)蓉(落)

清華六·管仲 12 皮(罷)蓉(落)賅成

清華七·越公 44 王乃遬(趣)使(使)人戠(察)睛(省)成(城)市
鄩(邊)還(縣)尖=(小大)遠泥(邇)之旬(句)、蓉(落)

清華七·越公 44 隹(唯)旬(句)、蓉(落)是戠(察)睛(省)

清華七·越公 46 亓(其)蓉(落)者

清華七·越公 48 王則隹(唯)旬(句)、蓉(落)是遬(趣)

～,與 蓉(上博二·容 1)、蓉(上博五·鬼 5)同。《説文·艸部》:"蓉,艸也。从艸,各聲。"

清華一·耆夜 12"戠喬員蓉",讀爲"歲聿云莫"。《詩·唐風·蟋蟀》:"歲聿其莫。""蓉",讀爲"莫"。或讀爲"暮"。(《讀本一》第 138 頁)

清華二·繫年 127"蓉佥",讀爲"洛陰",在今陝西大荔西。洛陰是魏太子擊在四年前(魏文侯十七年)所築。《史記·魏世家》:"十七年,伐中山,使子擊守之,趙倉唐傅之。子擊逢文侯之師田子方於朝歌……子擊不懌而去。西攻秦,至鄭而還,築雒陰、合陽。"

清華三·琴舞 05"蓉",讀爲"落"。《國語·吳語》:"使吾甲兵鈍弊,民人離落,而日以憔悴,然後安受吾燼。"韋昭注:"離,叛也。落,殞也。"

清華三·琴舞 12"蓉",讀爲"落"。《爾雅·釋詁》:"始也。"

清華五·三壽 11"大蓉",讀爲"大路",大道。《詩·鄭風·遵大路》:"遵大路兮,摻執子之袪兮。"毛傳:"路,道。"

清華五·三壽 23"蓉",讀爲"路",道路。

清華六·管仲09"霝莈",讀爲"零落",凋謝。《楚辭·離騷》:"惟草木之零落兮,恐美人之遲暮。"王逸注:"零、落,皆墮也。草曰零,木曰落。"《説文·艸部》:"落,凡艸曰零,木曰落。"

清華六·管仲12"莈",讀爲"落",衰敗。《管子·宙合》:"盛而不落者,未之有也。"

清華七·越公44、48"匓(佝)、莈",讀爲"勾、落"。"勾""落"當爲兩種聚居形態的名稱,或即"聚""落"。《説文·乑部》:"聚,會也……邑落云聚。"段注云:"聚,邑落名也。韋昭曰:小鄉曰聚。""落",聚落。《列女傳·楚老萊妻》:"老萊子乃隨其妻而居之,民從而家者,一年成落,三年成聚。"《廣雅·釋詁》:"落,尻也。"王念孫《疏證》:"落,亦聚也。"(黃愛梅)

烙

 清華七·子犯12 爲爕(炮)爲烙

《説文·火部》:"烙,灼也。从火,各聲。"

清華七·子犯12"爲爕爲烙",讀爲"爲炮爲烙",指炮烙之刑,也作"炮格"。《荀子·議兵》:"紂……爲炮烙刑。"《史記·殷本紀》:"紂乃重刑辟,有炮格之法。""烙"文獻又作"格",《吕氏春秋·過理》:"糟丘,酒池,肉圃,爲格。"高誘注:"格以銅爲之,布火其下,以上置人,人爛墮火而死。"上博二·容43—45:"於是乎作爲九層之臺,置盂炭其下,加圜木於其上,使民道之。能遂者遂,不能遂者墜而死。"趙平安認爲"炮"和"烙"都是名詞,"炮烙"是並列結構。"烙"相當於"盂","炮"相當於《容成氏》中的"圜木"。這個"圜木",古書也叫"金柱""銅柱"。

溪紐鐸聲

虖

 清華四·筮法46 女子大面端虖(嘑)死

～,與 (上博六·用5)同,"虖"之異體。《説文·虎部》:"虢,《易》:'履虎尾虩虩。'恐懼。一曰:蠅虎也。从虎,𠧴聲。"

清華四·筮法 46"虞",即"虩"字,恐懼。《易·震》:"震來虩虩,笑言啞啞。"王弼注:"震之爲義,威至而後乃懼也。故曰'震來虩虩',恐懼之貌也。"李鼎祚《集解》引虞翻曰:"多懼故虩虩。"

疑紐屰聲

逆

清華一·金縢 09 王亦未逆公

清華一·金縢 12 隹(惟)余沖(沖)人亓(其)䦛(親)逆公

清華一·金縢 12 王乃出逆公至鄗(郊)

清華一·楚居 01 逆上汌水

清華一·楚居 03 逆流哉(載)水

清華二·繫年 009 晉文侯乃逆坪(平)王于少鄂(鄂)

清華二·繫年 107 吳縵(洩)用(庸)以自(師)逆鄒(蔡)卲(昭)侯

清華四·筮法 40 臾(坤)𦝼(晦)之日逆𠦚(乾)以長(當)巽

清華五·湯丘 11 朕隹(惟)逆訓(順)是煮(圖)

清華五·湯門09 燹(氣)逆䚃(亂)以方是亓(其)爲疾央(殃)

清華六·子產24 逆川(順)

清華六·子儀06 逆視達化

清華八·攝命14 亦則勻(遏)逆于朕

清華八·攝命22 亦尚宽(辯)逆于朕

清華八·攝命23 女(汝)廼尚𦣞(祇)逆告于朕

清華八·攝命28 亦則隹(唯)肇(肇)不誖(咨)逆所(許)朕命

清華八·處位01 政事逆頖(美)

清華八·處位01 寵䙷(福)逆亞(惡)

清華八·處位01 臣堂(適)逆君

～，與 ⿱(上博一·性4)、⿱(上博五·三6)同。《說文·辵部》：“逆，迎也。从辵，屰聲。關東曰逆，關西曰迎。”

清華一·金縢09“王亦未逆公”，今本《書·金縢》作“王亦未敢誚公”。《史記·魯世家》“誚”作“訓”，讀爲“順”。

清華一·金縢 12"隹(惟)余沖(沖)人亓(其)辟(親)逆公",今本《書·金縢》作"惟朕小子其新逆,我國家禮亦宜之"。《詩·豳風·東山》序鄭箋:"成王既得《金縢》之書,親迎周公。"

清華一·楚居 03"逆流",水倒流。《管子·七法》:"不明於決塞,而欲歐衆移民,猶使水逆流。"

清華二·繫年 009、107,清華四·筮法 40"逆",迎接,迎候。《爾雅·釋言》:"逆,迎也。"《書·顧命》:"虎賁百人,逆子釗於南門之外。"

清華五·湯丘 11"逆訓"、清華六·子產 24"逆川",讀爲"逆順",逆與順。多指臣民的順與不順,情節的輕與重,境遇的好與不好,事理的當與不當等。《管子·版法解》:"人有逆順,事有稱量。"《史記·張釋之馮唐列傳》:"法如是足也。且罪等,然以逆順爲差。"

清華五·甯門 09"逆𨒪",即"逆亂",乖戾失常。《史記·龜策列傳》:"(桀紂)賦斂無度,殺戮無方……逆亂四時,先百鬼嘗。"

清華六·子儀 06"逆視",迎視。皇甫謐《高士傳·焦先》:"(焦先)行不由邪徑,目不與女子逆視。"

清華八·攝命 14"勻逆于朕",讀爲"遏逆于朕",略同於《書·君奭》"遏佚前人光在家"。

清華八·攝命 22"亦尚寬(辯)逆于朕",參《荀子·非十二子》"言辯而逆",楊倞注:"逆者,乖於常理。"《廣雅·釋詁》:"逆,亂也。"或訓"逆"爲"迎"。

清華八·攝命 23"逆告",預告。《易·繫辭下》:"能說諸心。"孔穎達疏:"萬物之心皆患險阻,今以阻險逆告於人,則萬物之心無不喜說。"

清華八·攝命 28"逆所",讀爲"逆許",事先應許。《北史·畢義雲傳》:"(義雲)尋除兗州刺史……軒昂自得,意望銓衡之舉,見諸人自陳,逆許引接。"

清華八·處位 01"逆君",即"迎君",參《左傳·昭公二十八年》:"其亦使逆君。"

誩

清華一·保訓 06 咸川(順)不誩(逆)

清華八·處位 07 誩誩(逆)無甯(扁)

清華八·處位 08 告諍(逆)必選(先)蕝(衛)

～，从"言"，"屰"聲。楚簡"逆"或作 、、可證。清華八"諍"，或釋爲"訐"。若是"訐"，則應放入"宵部明紐毛聲"。

清華一·保訓 06"咸川不諍"，讀爲"咸順不逆"。"逆""順"相對，參《晏子春秋·內篇諫下》："其動作，倪順而不逆，可以奉生，是以下皆法其服，而民爭學其容。"《禮記·祭統》："孝者畜也。順于道不逆於倫，是之謂畜。"《莊子·漁父》："爲事逆之則敗，順之則成。"

清華八·處位 07"謟諍無扁"，讀爲"諂逆無扁"。"逆"，背叛，作亂。《詩·魯頌·泮水》："既克淮夷，孔淑不逆。"《荀子·非十二子》："行辟而堅，飾非而好，玩姦而澤，言辯而逆，古之大禁也。"楊倞注："逆者，乖於常理。"或釋爲"訐"，讀爲"媚"。《逸周書·皇門》"是人斯乃讒賊媚嫉"，朱右曾《校釋》："媚，妒也。""諂媚無扁"，就是諂媚之人得到普徧重用的意思。（趙平安）

清華八·處位 08"告諍"，讀爲"告逆"，控告、告發叛亂。"逆"，背叛，作亂。參上。或釋爲"訐"，讀爲"媚"，簡文"告媚"，意近於告姦。《商君書·開塞》："故王者刑用於將過，則大邪不生；賞施於告姦，則細過不失。"

朔

　清華一·楚居 05 至酓(熊)朔、酓(熊)䞃(摯)居娺(發)漸

～，楚文字或作 、、、。![]與包山 63 形近，祇是所從的"屰"上多了兩小橫，可以看作飾筆。《說文·月部》："朔，月一日始蘇也。从月，屰聲。"

清華一·楚居 05"酓朔"，讀爲"熊朔"。與《史記·楚世家》對應的是"熊康"，即司馬貞《索隱》所引的"熊翔"。"朔"和"翔"的關係，一種可能是由於隸書形近訛寫，原本作"朔"，後世形近訛寫作"翔"。另一種可能是讀爲"翔"。"朔"，生紐鐸部；"翔"，邪紐陽部。聲紐均屬於齒音，韻部對轉。典籍中"逆"

"迎"二字古通,詳見《古字通假會典》第274頁。"逆",疑紐鐸部;"迎",疑紐陽部。"酓朔",可讀爲"熊翔"。司馬貞《索隱》所引"譙周以爲'熊渠卒,子熊翔立;卒,長子摯有疾,少子熊延立'",是正確的。"熊翔"即熊康。"熊翔(康)"是熊渠的長子康,在典籍中又稱"毋康""熊翔"。出土竹書作"熊朔"。(徐在國)

疑紐咢聲

咢

清華三·祝辭03 扝(撫)咢(額)

清華三·祝辭04 扝(撫)咢(額)

清華三·祝辭05 扝(撫)咢(額)

《説文·叩部》:"咢,譁訟也。从叩,屰聲。"

清華三·祝辭03、04、05"扝咢",讀爲"撫額",或疑指引弦之手循額後拉。

噩

清華一·楚居06 酓(熊)噩(咢)及若嚻(敖)酓(熊)義(儀)

～,與 (上博五·弟19)同。

清華一·楚居06"酓噩",讀爲"熊咢"。《史記·楚世家》:"熊徇卒,子熊咢立。熊咢九年卒,子熊儀立,是爲若敖。二十七年,若敖卒。"

鸚(鶚)

清華一·楚居12 遷(徙)居鸚(鄂)郢

～,從"鳥","噩"聲,"鶚"字異體。

清華一•楚居 12"䢵（鷽）郢"，讀爲"鄂郢"，即漢代西鄂，在今河南南陽北。"鄂"，戰國時成爲封君之地，見鄂君啓節（《集成》12110—12113）。

䢵（鄂）

 清華二•繫年 009 晉文侯乃逆坪（平）王于少䢵（鄂）

《説文•邑部》："鄂，江夏縣。从邑，咢聲。"

清華二•繫年 009"少鄂"，地名，疑即《左傳•隱公六年》"翼九宗、五正、頃父之子嘉父逆晉侯于隨，納諸鄂。晉人謂之鄂侯"之"鄂"。晉地之鄂，在今山西鄉寧。

瞿

 清華七•子犯 05 瞿轎於志

～，从"隹"，"咢"聲。或説由"（）"（《陝西金文集成》1525 瞿姒簋甲）、"（）"（《陝西金文集成》1526 瞿姒簋乙）演變而來，是某一種鳥的象形字。可與中山王鼎"（）"聯繫起來。（謝明文）

清華七•子犯 05"瞿轎"，讀爲"劬勞"，勞苦，勞累。《詩經•小雅•蓼莪》："哀哀父母，生我劬勞。"《後漢書•胡廣傳》："臣等竊以爲廣在尚書，劬勞日久。"簡文"劬勞於志"，爲志嚮而勞苦。《楚辭•九思》："望舊邦兮路逶隨，憂心悄兮志勤劬。"（羅小虎、謝明文）或讀爲"諤留"。

端紐毛聲

厇（宅）

 清華一•尹至 05 執（摯）厇（度）

清華一•祭公 04 厇（宅）下或（國）

清華一·祭公 05 隹（惟）寺（時）皇上帝𠂤（宅）亓（其）心

清華三·芮良夫 03 𠂤（度）母（毋）又（有）諩

清華三·芮良夫 11 必𡨃（探）亓（其）𠂤（宅）

清華三·芮良夫 16 亓（其）𠂤（度）甬（用）迭（失）縈（營）

清華三·芮良夫 24 𢦏（歲）酉不𠂤（度）

清華五·三壽 15 𨓵（往）𠂤（宅）母（毋）諲（徙）

清華五·三壽 23 我䁆（寅）晨共（降）桒（在）凡𠂤（宅）

清華五·命訓 01 則𠂤（度）［至于］亟（極）

清華五·命訓 02 則𠂤（度）至于亟（極）

清華五·命訓 03 則𠂤（度）至于亟（極）

清華五·命訓 03 則𠂤（度）至于亟（極）

清華五·命訓 04 則𠂤（度）至于亟（極）

清華五·命訓 05 則厇(度)至于亟(極)

清華五·命訓 06 夫明王卲(昭)天訐(信)人以厇(度)攻(功)

清華五·命訓 06 則厇(度)至于亟(極)

清華六·子產 07 子產不大宅寁(域)

清華六·子產 08 宅大心張

清華六·管仲 10 執五厇(度)

清華六·管仲 11 厇(度)之以五

清華六·管仲 13 旻(得)以時厇(度)

清華六·管仲 17 而成於厇(度)

清華七·子犯 08 凡民秉厇(度)耑(端)正譜(僭)試(忒)

清華七·趙簡子 07 掌又(有)二厇(宅)之室

清華七·越公 37 凡群厇(度)之不厇(度)

清華七·越公 37 不厇(度)

清華八·處位 01 卬(抑)君臣必果以厇(度)

清華八·處位 05 心厇(度)未愈(愉)而進

清華八·處位 06 牂(將)厇(度)以爲齒

清華八·處位 08 訏(守)道宋(探)厇(度)

清華八·處位 10 乃胃(謂)良人出於無厇(度)

清華八·處位 11 萁能又(有)厇(度)

清華八·邦道 02 □□瀌(廢)盥(興)之不厇(度)

清華八·邦道 06 水㝬(旱)、雨雺(露)之不厇(度)

清華八·邦道 06 水㝬(旱)、雨雺(露)既厇(度)

清華八·邦道 12 厇(度)其(其)力以史(使)之

清華八·邦道 17 盥(舉)而厇(度)

清華八·邦道 17 墾（舉）而不厇（度）

清華八·心中 03 不唯慭（謀）而不厇（度）唐（乎）

清華八·心中 03 女（如）慭（謀）而不厇（度）

清華八·心中 04 厇（度）之

～，與 ⿱（上博四·曹51）、⿱（上博六·天乙7）、⿱（上博二·容2）、⿱（上博二·容3）、⿱（上博六·天乙7）同，从"厂"，"乇"聲，"宅"字異體，"厂""宀"二旁古通。《說文·宀部》："宅，所託也。从宀，乇聲。⿱，古文宅。⿱，亦古文宅。"

清華一·尹至 05 "執厇"，讀爲"摯度"，伊尹謀劃。《爾雅·釋詁》："度，謀也。"

清華一·祭公 04、05 "厇（宅）亓（其）心"，即"宅心"，放在心上，用心。《書·康誥》："汝丕遠惟商耇成人，宅心知訓。"孔穎達疏："汝又當須大遠求商家耇老成人之道，居之於心，即知訓民矣。"

清華三·芮良夫 03 "厇"，讀爲"度"。《逸周書·武紀》："不知所施之度。"朱右曾《校釋》："度，法度。"

清華三·芮良夫 16 "亓厇甬達縈"，讀爲"其度用失營"。《大戴禮記·文王官人》："煩亂之而志不營。"盧辯注："營，猶亂也。"

清華五·三壽 15 "厇"，即"宅"，定居，居住。《書·盤庚上》："我王來，既爰宅于茲。"孔傳："言祖乙已居於此。"《書·堯典》："宅嵎夷。"孔傳："宅，居也。"

清華五·三壽 23 "九厇"，即"九宅"，或指周天之八方加中央九個方位。《楚辭·離騷》："指九天以爲正兮。"王逸注："九天，謂中央、八方也。"《淮南子·原道》"以馳大區"，高誘注："區，宅也。宅謂天也。""宅""度"同，《太玄·玄告》"周行九度"，范望注："度，居也。"

清華五·命訓 01、02、03、04、05、06 "則厇（度）至于亟（極）"，《逸周書·度訓》:"天生民而制其度,度小大以正,權輕重以極,明本末以立中。"

清華五·命訓06"夫明王卲(昭)天訐(信)人以厇(度)攻₌(功,功)地以利之",今本《逸周書·命訓》作"明王昭天信人以度,功地以利之"。

清華六·子產07"宅",墓地,墓穴。《禮記·雜記上》:"大夫卜宅與葬日。"鄭玄注:"宅,葬地也。"《儀禮·士喪禮》:"筮宅,冢人營之。"鄭玄注:"宅,葬居也。"

清華六·子產08"宅大心張"之"宅",住宅,住所。《詩·大雅·崧高》:"于邑于謝,南國是式。王命召伯,定申伯之宅。"

清華六·管仲10、11"五厇",讀爲"五度"。《鶡冠子·天權》:"五度既正,無事不舉。"陸佃注:"左木、右金、前火、後水、中土是也。"或疑"五宅",與《書·舜典》所說的五宅有關:"五流有宅,五宅三居。"

清華七·子犯08、清華八·處位01"厇",即"宅",讀爲"度",法度。《逸周書·度訓》:"天生民而制其度。"陳逢衡云:"度者,自然之矩矱,而聖人裁成之。"《大戴禮記·少閒》:"昔堯取人以狀,舜取人以色,禹取人以言,湯取人以聲,文王取人以度。此四代五王之取人以治天下如此。"

清華七·趙簡子07"掌又二厇之室",讀爲"掌有二宅之室"。"二宅之室",指晉曲沃、翼。至武公晚年代晉,實現二室統一。一說"厇"是"處"字,"掌"讀爲"堂","厇",讀爲"坼",訓"裂","處堂有二坼之室",意謂居住在堂上有兩處裂痕的房屋裏面。

清華七·越公37"群厇",讀爲"群度",各種制度。"不度",不合法度,不遵禮度。《左傳·隱公元年》:"今京不度。"杜預注:"不合法度。"或說,"群厇"即"群宅"。

清華八·處位05"心厇",讀爲"心度"。《韓非子》有《心度》篇,論述民心和法度之間的關係,主張以法度治服民心。篇首云:"聖人之治民,度於本,不從其欲,期於利民而已。""厇",即"宅",讀爲"度",規則、法度。

清華八·邦道02"厇",即"宅",讀爲"度"。《荀子·解蔽》:"參稽治亂而通其度。"楊倞注:"度,制也。"或說"度",訓爲慮。

清華八·邦道06"水罕、雨雩之不厇",讀爲"水旱、雨露之不度"。參《墨子·尚同中》:"故當若天降熱不節,雪霜雨露不時,五穀不孰,六畜不遂,疾菑戾疫,飄風苦雨,荐臻而至者,此天之降罰也,將以罰下人之不尚同乎天者也。"

清華八·邦道12"厇",即"宅",讀爲"度",推測,估計。《詩·小雅·巧言》:"他人有心,予忖度之。"

清華八·邦道 17"罊而厇",讀爲"舉而度",選任人才得當。

清華八·心中 03、04"厇",即"宅",讀爲"度",指衡量。《周禮·縫人》鄭注引"宅"作"度"。《孟子·梁惠王上》:"權,然後知輕重;度,然後知長短。物皆然,心爲甚。王請度之!"

宅

　　清華八·邦道 04 古(故)宅(宅)寓不𢻃(理)

～,從"宀","厇"聲,"宅"字繁體。與 、同。

清華八·邦道 04"宅",即"宅"。《爾雅·釋言》:"宅,居也。"邢昺疏:"謂居處也。"《書·召誥》:"太保朝至于洛卜宅。"《書·禹貢》:"桑土既蠶,是降丘宅土。"

敌

　　清華八·處位 04 夫不敌(度)政者

　　清華八·處位 04 𨒌(戒)趣(躁)敌(度)

　　清華八·處位 08 史(使)人未智(知)旻(得)敌(度)之踐(踐)

～,從"攴","厇"聲。
清華八·處位 04、08"敌",讀爲"度",法度。

尾

　　清華三·琴舞 08 是隹(惟)尾(宅)

～,從"尸","毛"聲。或疑即"𡰥"字。
清華三·琴舞 08"尾",疑即"𡰥"字,讀爲"宅"。《禮記·郊特牲》孔穎達疏:"安也。"或讀爲"度",法度。或疑字當釋"引",義爲延續長久。

閦

 清華八·邦道 14 閦固以不殹于上

~,從"門","氐"聲。

清華八·邦道 14"閦",讀爲"詑"。或疑讀爲"杜",斷絕,制止。葛洪《抱朴子·論仙》:"故古人學不求仙,言不語怪,杜彼異端,守此自然。"

厇

 清華一·楚居 01 厇(宅)凥(處)爰波

~,從"石"省,"氐"聲,"宅"字異體。

清華一·楚居 01"厇",《爾雅·釋言》:"宅,居也。"邢昺疏:"謂居處也。"《說文·几部》:"凥,處也。"簡文"宅凥",居處。

透紐㐬聲

彔

 清華八·攝命 11 谷(欲)女(汝)彔=(繹繹)

~,從"㐬","泉"聲,習見於金文"數=彔=",作 (《集成》00049,敌狄鐘)、 (《集成》00112,井人佞鐘)、 (《集成》00188,梁其鐘)、 (《集成》00246,癭鐘)。"澤",正始石經《多士》用作"配天其澤"之"澤"作 ,碧落碑作 ,《汗簡》作 (《傳抄古文字編》第 1103 頁),乃 、 等形訛變。

清華八·攝命 11"彔=",讀爲"繹繹"。《漢書·韋玄成傳》"繹繹六轡",顏師古注:"繹繹,和調之貌。"或疑讀爲"淵淵"。"淵""泉"古通,如:《漢書·東方朔傳》"抗之則在青雲之上,抑之則在深泉之下",宋祈曰:"泉疑作淵。"楚人"環淵"即"環泉",見《史記·孟荀傳》"環淵,楚人,學黄老道德之術,因發明序其指意,著上下篇";《慎子·内》"環淵問曰,天有四殃,水旱饑荒,其至無時,何以備之?"《廣韻·二十七删》"環……古有楚賢者環淵";《通志·氏族略四》"環氏,注,楚有環列之尹,子孫因氏焉,楚有環泉"。長沙楚帛書"黄淵",讀爲"黄泉"。金文"𪓿=鼞="之"鼞=",何琳儀讀爲"淵淵",見《詩·小雅·采芑》"伐鼓淵淵,振旅闐闐"。毛傳:"淵淵,鼓聲也。""淵"亦作"藹""鼟",見《説文·鼓部》:"藹,鼓聲也。从鼓,咠聲。《詩》曰:韶鼓藹藹。"今本《詩·商頌·那》作"淵"。《文選·張衡〈東京賦〉》:"雷鼓鼟鼟,六變既畢。""鼟",从"鼓","淵"聲,尤可證"淵淵"本與鼓聲有關,泛指鐘鼓之音。凡狀聲之辭多可引申爲盛大之貌,參見《廣雅·釋訓》:"鏘鏘、闐闐、彭彭、鏘鏘,盛也。"

定紐石聲

石

清華一·金縢08 周公石(宅)東三年

清華三·説命下07 女(汝)母(毋)非貨女(如)哉(墣)石

清華五·厚父12 女(如)玉之才(在)石

～,與 、同。《説文·石部》:"石,山石也。在厂之下;口,象形。"

清華一·金縢8"周公石東三年",讀爲"周公宅東三年",今本《書·金縢》作"居東二年"。《爾雅·釋言》:"宅,居也。"《尚書大傳》:"一年救亂,二年克殷,三年踐奄。"《詩·豳風·東山》:"于今三年。"

清華三·説命下07"女母非貨女哉石",讀爲"汝毋非貨如墣石",不要把寶貴的金玉誤認作泥土石塊。

清華五·厚父12"石",石頭。《詩·小雅·漸漸之石》:"漸漸之石,維其高矣。"

妬

 清華六·孺子07 娷（媚）妬之臣躳（躬）共（恭）亓（其）麇（顏）色

～，從"女"，"石"聲，"妒"字異體。《說文·女部》："妒，婦妒夫也。從女，戶聲。"

清華六·孺子07"妬"，忌妒。《戰國策·趙二》："奉陽君妬。"鮑彪注："妬，嫉賢也。"《荀子·仲尼》："處重擅權，則好專事而妬賢能。"

叚

 清華一·保訓08 昔微（微）叚（假）中于河

 清華二·繫年058 叚（假）逄（路）於宋

 清華三·說命下09 余隹（惟）弗造（雍）天之叚（瑕）命

 清華三·琴舞04 叚（假）才（哉）古之人

 清華一·皇門06 少（小）民用叚（假）能豪（稼）嗇（穡）

 清華一·皇門13 叚（假）余憲（憲）

 清華一·祭公01 余多寺叚（假）懲

清華六·管仲 09 夫=（大夫）叚（假）事（使）攴（便）俾（嬖）智（知）

 清華六·管仲 26 叚（假）龍（寵）以方（放）

 清華七·越公 28 兹（使）民叚（暇）自相

 清華七·越公 28 邦乃叚（暇）安

 清華八·攝命 26 余一人害（曷）叚（段）

 清華八·攝命 27 余害（曷）叚（段）

～，西周金文作 ![](克鐘，《集成》00204），从"受"，"石"聲。春秋金文作 ![](曾伯霥匠，《集成》04631），其 ![]訛作 ![]形，遂與"刀"混。戰國文字承襲西周金文作 ![]（上博三·周 54）、![]，![]訛爲"刀"；或作 ![]（上博七·吳 7），![]即"![]"之省形。或作 ![]，从"受"，"户"聲。《説文·又部》："叚，借也。闕。![]，古文叚。![]，譚長説叚如此。"

清華一·保訓 08"叚"，讀爲"假"，訓借。《廣雅·釋詁》："假，借也。"

清華一·皇門 06"少（小）民用叚（假）能豪（稼）嗇（穡）"，今本《逸周書·皇門》作"小人用格，□能稼穡"。"叚"，讀爲"假"，《爾雅·釋詁》："大也。"今本作"格"。

清華一·皇門 13"叚（假）余憲（憲）"，今本《逸周書·皇門》作"爾假予德憲"。"叚"，讀爲"假"。《易·夬》："王假有廟。"王弼注："假，至也，王以聚至有庙也。"

清華一·祭公 01"余多寺（時）叚（假）懲"，今本《逸周書·祭公》作"予多時溥愆"。簡文"叚"，讀爲"假"，訓大。

清華二·繫年 058"叚迲於宋"，讀爲"假路於宋"，即借道於宋。參《左傳·宣公十四年》："楚子使申舟聘于齊，曰：'無假道于宋。'"

清華三·説命下 09"余隹（惟）弗迲（雍）天之叚命"之"叚"，讀爲"嘏"，《爾雅·釋詁》："大也。"《詩·周頌·我將》："伊嘏文王，既右饗之。"陸德明《釋文》："嘏，古雅反。毛：大也。"

清華三·琴舞 04"叚才"，讀爲"假哉"。《詩·周頌·雝》："假哉皇考。"毛傳："假，嘉也。"

清華六·管仲 09"夫=（大夫）叚（假）事（使）攴（便）嬖（嬖）智（知）"之"叚"，讀爲"假"，《莊子·德充符》郭注："但也。"句意云都邑事務大夫使便嬖之人去做。或句讀爲"大夫假事，便嬖知官事長"（馬楠）；"大夫假使，便嬖知官事，長廷理"（子居）；"大夫假使便嬖知官事長"（駱珍伊）。

清華六·管仲 26"叚（假）龍（寵）以方（放）"之"叚"，讀爲"假"，借。

清華七·越公 28"兹（使）民叚（暇）自相"之"叚"，讀爲"暇"，閒暇。

清華七·越公 28"邦乃叚（暇）安"之"叚"，讀爲"暇"，暇安，暇逸安寧。

清華八·攝命 26"余一人害（曷）叚（叚）"、清華八·攝命 27"余害（曷）叚（叚）"，參《書·吕刑》："今爾何監，非時伯夷播刑之迪。其今爾何懲，惟時苗民匪察于獄之麗。""叚"，訓爲憑藉。

賈

 清華八·邦道 24 婦子價（贅）賈（賈）

～，與 （上博二·容 39）同，從"貝"，"叚"聲，疑"賈"之異體。上古音"賈""叚"均爲見紐魚部，《説文·木部》："椵，讀若賈。"亦可爲證。

清華八·邦道 24"賈"，讀爲"賣"，義爲賣。《詩·邶風·谷風》："既阻我德，賈用不售。"鄭箋："我修婦道而事之，覬其察己，猶見疏外，如賣物之不售。"陸德明《釋文》："賈音古，市也。"簡文"婦子贅賈"，猶《淮南子·本經》所言"贅妻鬻子"。

迺

清華七·子犯 01 耳自楚迺（適）秦

清華二·繫年 036 乃迺（適）齊

清華二·繫年 036 迺（適）宋

清華二·繫年 037 乃迺（適）衛

清華二·繫年 037 迺（適）奠（鄭）

清華二·繫年 037 乃迺（適）楚

清華二·繫年 070 魯指（臧）孫晉（許）迺（適）晉求敚（援）

清華二·繫年 075 王命繡（申）公屈晉（巫）迺（適）秦求自（師）

清華二·繫年 079 自齊述（遂）逃迺（適）晉

清華二·繫年 079 自晉迺（適）吳

清華二·繫年 108 繡（申）公屈晉（巫）自晉迺（適）吳

～，與 ⿺辶复(上博四·柬 16)、⿺辶复(上博四·昭 5)、⿺辶复(上博六·木 1)同，从"辵"，"石"聲，字書所無。九 A32 "四方野外"，秦簡《日書》甲種楚除外陽日占辭與此字相當的文字作"遮"。"迈"从"石"聲，"遮"从"庶"聲。按"庶"本从"石"聲，故"石""庶"二字作爲聲旁可以通用。例如《説文·手部》"拓"字重文作"摭"，《廣韻》卷四禡韻"柘"字重文作"樜"，卷五昔韻"蹠"字重文作"跖"。"迈"當是"遮"字的異體。（李家浩）

清華二·繫年"迈"，讀爲"蹠"，訓爲"適""至"。《淮南子·原道》："出生入死，自無蹠有，自有蹠無，而以衰賤矣。"高誘注："蹠，適也。"或讀爲"適"，《集韻》："適，往也。"

庶

清華一·程寤 06 欲隹（惟）柏夢，徒庶言迹

清華一·保訓 05 不諱（違）于庶萬眚（姓）之多欲

清華一·耆夜 04 庶民和同

清華三·説命中 03 隹（惟）庶楹（相）之力殹（勝）

清華三·芮良夫 01 莫絤（治）庶戁（難）

清華三·芮良夫 12 □□庶戁（難）

清華三·芮良夫 12 坪（平）和庶民

清華三·芮良夫 21 料和庶民

清華三·芮良夫 21 不奉(逢)庶懯(難)

清華五·厚父 04 以庶民隹(惟)政(政)之觀(恭)

清華七·子犯 01 子若公子之良庶子

清華七·子犯 03 子若公子之良庶子

清華七·趙簡子 07 以好士庶子

清華七·越公 06 孤其衞(率)雪(越)庶眚(姓)

清華七·越公 31 雪(越)庶民百眚(姓)乃禹(稱)嘉譱(悚)思(懼)曰

清華七·越公 35 礜(舉)雪(越)庶民

清華七·越公 42 凡雪(越)庶民交諆(接)

清華七·越公 55 及凡庶眚(姓)

清華七·越公 58 雩(越)邦庶民則皆䘏(震)僮(動)

清華八·攝命 04 雩(越)御事庶百又告有眚

清華八·攝命 10 勿繇(繇)之庶不訓(順)

清華八·邦政 08 亓(其)櫐(鬼)神庶多

清華八·心中 06 庶人、坪(平)民

～，與 ▨(上博二·昔 1)、▨(上博一·緇 20)、▨(上博四·柬 2)、▨(上博四·內 8)同，从"火"，"石"聲，炙烤之義(參于省吾《甲骨文字釋林·釋庶》)。《說文·广部》："庶，屋下眾也。从广、炗。炗，古文光字。"

清華一·程寤 06"徒庶"，庶民，民眾。《周禮·地官·大司徒》："大軍旅、大田役，以旗致萬民，而治其徒庶之政令。"《文選·沈約〈齊故安陸昭王碑文〉》："哀感徒庶，慟興雲陛。"

清華一·保訓 05"庶萬眚"，讀爲"庶萬姓"，指庶民百姓。《書·立政》："式商受命，奄甸萬姓。"秦公鎛(《集成》00267—00270)銘文"萬生(姓)是敕"，秦公簋(《集成》04315)作"邁(萬)民是敕"，可見"萬姓"即"萬民"。

清華一·耆夜 04，清華三·芮良夫 12、21，清華五·厚父 04，清華七·越公 31、35、42、58"庶民"，眾民，平民。《詩·大雅·靈臺》："庶民攻之，不日成之。"

清華三·說命中 03"庶楗"，即"庶相"，即左右眾臣。

清華三·芮良夫 01、12、21"莫絅(治)庶戁(難)"之"庶"，眾。《書·堯典》："庶績咸熙。"蔡沈《集傳》："庶，眾。"

清華七·子犯 01、03"子，若公子之良庶子"之"庶子"，職官名。《禮記·燕義》："周天子之官有庶子官……職諸侯、卿、大夫、士之庶子之卒，掌其戒令，與其教治。"鄭玄注:"庶子,猶諸子也。《周禮》諸子之官,司馬之屬也。"《書·康誥》:"矧惟外庶子、訓人。"北大秦簡《禹九策之七》簡25:"七曰:良庶子,從人月,繹(釋)帶徹,長不來,直吾多歲,吉。"簡文"庶子"應指春秋時期貴族子弟充任君主的侍衛,《周禮·天官·宮伯》云:"若邦有大事作宮眾,則令之。"鄭玄注曰:"謂王宮之士庶子,於邦有大事,或選當行。"(滕勝霖)

清華七·趙簡子07"以好士庶子",士庶子,公卿大夫之子宿衛王宮者。《周禮·天官·宮伯》:"掌王宮之士庶子,凡在版者。"《周禮·地官·稾人》:"若饗耆老、孤子、士庶子,共其食。"金榜《禮箋》"大學"條云:"公卿大夫之子弟當學者,謂之國子,其職宿衛者,則謂之庶子……已命者謂之士……未命者謂之庶子。"

清華七·越公06、55"庶",眾也。簡文"庶姓"與庶官、庶民結構相同,當指越之諸姓。

清華八·邦政08"庶多",眾多。《詩·小雅·小明》:"念我獨兮,我事孔庶。"鄭箋:"庶,眾也。"

清華八·心中06"庶人",平民,百姓。《書·洪範》:"汝則有大疑,謀及乃心,謀及卿士,謀及庶人,謀及卜筮。"孔傳:"有大疑,先盡汝心以謀慮之,次及卿士、眾民。"《漢書·食貨志上》:"庶人之富者累鉅萬,而貧者食糟糠。"

筈(席)

清華一·耆夜12 螽(蟋)蟀(蟀)才(在)筈(席)

清華三·赤鵠09 不可亟(極)于筈(席)

~,與
(上博六·競12)、
(上博六·天乙8)、
(上博七·武6)同,從"竹","石"聲,"席"字異體。《説文·巾部》:"席,籍也。《禮》:'天子、諸侯席,有黼繡純飾。'从巾,庶省。
,古文席从石省。"

清華一·耆夜12、清華三·赤鵠09"筈",即"席",坐臥鋪墊用具。《詩·邶風·柏舟》:"我心匪席,不可卷也。"

閡

 清華八・邦道01 乃剌（斷）迁（奸）閡（杜）匩（慝）

～，从"門"，"石"聲。

清華八・邦道01"閡匩"，讀爲"杜慝"，斷絕，制止邪惡，與"剌（斷）迁（奸）"同意。"杜"，斷絕，制止。葛洪《抱朴子・論仙》："故古人學不求仙，言不語怪，杜彼異端，守此自然。"《左傳・成公二年》："所以敬親暱，禁淫慝也。"

定紐射聲

發（射）

 清華三・祝辭03 發（射）戎也

 清華三・祝辭04 發（射）禽也

 清華三・祝辭05 牂（將）發（射）得（干）音（函）

 清華三・祝辭05 發（射）音（函）也

 清華三・赤鵠01 湯發（射）之膊（獲）之

 清華二・繫年064 狭（席）于楚軍之門

 清華六・孺子07 勤力狭（射）駓（馭）

～，與 同，从"弓"，从倒矢，會意，"射"字異體。或作 ![]，从"弓"从"夬"（"夬"是射箭用的扳指），會射箭之意。又作 ![]、![]，从"弓"从"夬"从"矢"或"至"（箭之初文），用手上的扳指拉弓射箭，會射箭之意更爲明顯。《説文・矢部》："![]，弓弩發於身而中於遠也。从矢，从身。![]，篆文躲，从寸。寸，法度也。亦手也。"

清華三・祝辭 03"弊戎也"，即"射戎也"，射軍旅。

清華三・祝辭 04"弊禽也"，即"射禽也"，射鳥獸。

清華三・祝辭 05"牆弊得音"，讀爲"將射干函"。"射干函"與《周禮・司弓矢》"射甲革、椹質"意近。

清華三・祝辭 05"弊音也"，讀爲"射函也"，射鎧甲。

清華三・赤鵠 01"湯弊（射）之膌（獲）之"之"射"，射箭。《易・解》："公用射隼于高墉之上，獲之，无不利。"《左傳・成公十六年》："潘尪之黨與養由基蹲甲而射之，徹七札焉。"

清華二・繫年 064"弆于楚軍之門"，讀爲"席於楚軍之門"。《左傳・宣公十二年》："趙旃夜至於楚軍，席於軍門之外，使其徒入之。"

清華六・孺子 07"弆馭"，即"射馭"，射御，射箭御馬之術。古代六藝中的兩種，都屬尚武的技藝。《書・秦誓》："仡仡勇夫，射御不違。"《國語・楚語上》："（申公巫臣）使其子狐庸爲行人於吳，而教之射御，導之伐楚。"《禮記・月令》："天子乃命將帥講武，習射御角力。"

定紐夕聲

夕

清華一・耆夜 12 從朝迡（及）夕

清華一・金縢 13 是夕

清華一·祭公 20 肰（然）母（毋）夕（數）□

清華四·筮法 03 月夕屯（純）戊（牡）

清華四·筮法 26 月夕钦（乾）之卒（萃）

清華五·厚父 03 朝夕辥（肆）祀

清華六·管仲 30 夕三坒之

清華六·太伯甲 09 朝夕戜（鬥）戜（閱）

清華六·太伯乙 08 朝夕戜（鬥）戜（閱）

清華七·越公 16 兹（使）虐（吾）式邑之父兄子弟朝夕栈（殘）

清華八·攝命 01 余一人無晝夕難（勤）卬

清華八·攝命 10 女（汝）亦母（毋）不夙（夙）夕坙（經）悥

清華八·攝命 16 鮮隹（唯）楚（胥）台（以）夙（夙）夕敬（敬）

～，與 夕（上博四·柬9）、夕（上博五·姑1）、夕（上博六·用15）同。《說文·夕部》："夕，莫也。从月半見。"

清華一·耆夜 12"從朝返（及）夕"，從早到晚。

清華一·祭公 20"肰母夕□"，讀爲"然毋斁絶"，乃毋終絶。"夕"，讀爲"斁"，《説文·支部》："一曰終也。"

清華四·筮法 03、26"月夕"，月末，月尾。《荀子·禮論》："月朝卜日，月夕卜宅。"楊倞注："月朝，月初也；月夕，月末也。"《後漢書·五行志》李賢注引《尚書大傳》鄭玄注云："上旬爲月之朝，中旬爲月之中，下旬爲月之夕。"

清華五·厚父 03、清華六·太伯甲 09、太伯乙 08、清華七·越公 16"朝夕"，早晨和晚上。《國語·晉語八》："朝夕不相及，誰能俟五。"韋昭注："言朝恐不至夕。"

清華一·金縢 13、清華六·管仲 30"夕"，傍晚，日暮。《詩·小雅·北山》："偕偕士子，朝夕從事。"《左傳·昭公元年》："君子有四時：朝以聽政，晝以訪問，夕以脩令，夜以安身。"

清華八·攝命 01"晝夕"，日夜。趙曄《吳越春秋·越王無餘外傳》："禹行十月，女嬌生子啓，啓生，不見父，晝夕呱呱啼泣。"

清華八·攝命 10、16"夙夕"，即"夙夕"，早晚，日夜。與"夙夜"同義。《書·旅獒》："夙夜罔或不勤，不矜細行，終累大德。"孔傳："言當早起夜寐，常勤於德。"

定紐亦聲

亦

清華一·尹誥 01 亦隹（惟）厥（厥）衆

清華一·金縢 09 王亦未逆公

清華一·金縢 11 隹（惟）余沖（沖）人亦弗返（及）智（知）

清華一·金縢 12 我邦家（家）豊（禮）亦宜之

清華一·皇門 12 邦亦不寍（寧）

 清華一·祭公 05 我亦隹（惟）又（有）若旦（祖）周公概（暨）旦（祖）卲（召）公

 清華一·祭公 07 我亦隹（惟）又（有）若旦（祖）㯱（祭）公

 清華一·祭公 11 亦尚亙（寬）䊷（壯）氒（厥）心

 清華一·祭公 11 康受亦弋（式）甬（用）休

 清華一·祭公 11 亦岂（美）悆（戀）妥（綏）心

 清華一·祭公 12 我亦𧾷（上）下卑于文武之受命

 清華一·祭公 19 我亦不以我辟歓（陷）于戁（難）

 清華一·祭公 19 我亦隹（惟）以㦸（湛）我殀（世）

 清華一·楚居 04 至酓（熊）狌（狂）亦居京宗

 清華二·繫年 010 奠（鄭）武公亦政（正）

清華二·繫年 023 賽(息)侯亦取(娶)妻於陳

清華二·繫年 027 亦告文王曰

清華二·繫年 036 亦莫之能内(入)

清華二·繫年 090 競(共)王亦衛(率)自(師)回(圍)奠(鄭)

清華二·繫年 090 束(厲)公亦見褐(禍)以死

清華二·繫年 131 奠(鄭)大宰(宰)慾(欣)亦记(起)褐(禍)於奠(鄭)

清華二·繫年 133 王命坪(平)亦(夜)悼武君衛(率)自(師)戡(侵)晉

清華二·繫年 135 坪(平)亦(夜)恕(悼)武君

清華二·繫年 137 王命坪(平)亦(夜)悼武君牵(使)人於齊陳淏求自(師)

清華三·說命下 03 眔(既)亦皆(詣)乃備(服)

清華三·說命下 04 氒(厥)丌(其)怎(禍)亦羅于罩罳

清華三·説命下 05 女(汝)亦隹(惟)克㬎(顯)天

 清華三·説命下 06 女(汝)亦隹(惟)又(有)萬福叢=(業業)才(在)乃備(服)

 清華三·琴舞 05 曰淵(淵)亦印(抑)

 清華三·琴舞 10 亦思不忘

 清華三·芮良夫 19 亦不可顨(壞)

 清華三·芮良夫 25 民亦又(有)言曰

 清華三·赤鵠 03 虐(吾)不亦殺尔

 清華三·赤鵠 04 亦卲(昭)然

 清華四·筮法 04 乃亦鄉(饗)

 清華四·筮法 12 乃亦旻(得)

 清華四·筮法 12 乃亦至

清華四·筮法 15 亦旻（得）

清華四·筮法 17 乃亦旻（得）

清華四·筮法 19 乃亦旻（得）

清華四·筮法 21 乃亦旻（得）

清華四·筮法 22 乃亦䲭（售）

清華四·筮法 23 乃亦旻（得）

清華四·筮法 29 疾亦然

清華四·筮法 42 亦果

清華五·厚父 02 帝亦弗叜（鞏）啓（啓）之經悳（德）

清華五·厚父 08 䌛（肆）女（如）其若龜箬（筮）之言亦勿可㝬（專）改

清華五·厚父 10 亦隹（惟）歆（禍）之卣（攸）及

清華五·厚父 11 亦鮮克以誨(謀)

 清華五·厚父 13 亦隹(惟)酉(酒)甬(用)庚(康)樂

 清華五·厚父 13 民亦隹(惟)酉(酒)甬(用)敓(敗)鬼(威)義(儀)

 清華五·厚父 13 亦隹(惟)酉(酒)甬(用)惡(恆)痤(狂)

 清華五·封許 03 亦隹(惟)女(汝)呂丁

 清華五·封許 08 女(汝)亦隹(惟)臺(淑)章尔遽(慮)

清華五·湯丘 02 湯亦飤(食)之

清華五·啻門 01 古之先帝亦有良言青(情)至於今虖(乎)

清華五·啻門 20 亦隹(惟)天道

 清華六·孺子 03 邦亦無大繇賦(賦)於萬民

 清華六·孺子 04 亦不見亓(其)室

清華六·孺子 06 老婦亦酒（將）丩（糾）攸（修）宮中之正（政）

清華六·孺子 06 老婦亦不敢以脞（兄）弟昏（婚）因（姻）之言以䛐（亂）夫＝（大夫）之正（政）

清華六·孺子 07 乳＝（孺子）亦母（毋）以執（贄）豆（豎）卑御

清華六·孺子 10 元（其）皋（罪）亦䟙（足）婁（數）也

清華六·孺子 11 亦猷（猶）䟙（足）

清華六·管仲 20 肙（怨）亦未溇（濟）

清華六·管仲 20 亦㞷（微）是

清華六·管仲 24 今夫年（佞）者之利燹（氣）亦可旻（得）而䎽（聞）虎（乎）

清華六·太伯甲 06 亦虐（吾）先君之力也

清華六·太伯甲 09 亦不豍（逸）斬伐

清華六·太伯甲 13 則亦亡（無）䎽（聞）也

清華六·太伯甲 13 則亦亡（無）内（入）也

清華六·太伯甲 13 庚（湯）爲語而受亦爲語

清華六·太伯乙 06 亦虔（吾）先君之力也

清華六·太伯乙 08 亦不㝹（逸）斬伐

清華六·太伯乙 11 則亦亡（無）䎽（聞）也

清華六·太伯乙 11 則亦亡（無）内（入）也

清華六·太伯乙 12 康（湯）爲語而受亦爲語

清華六·子儀 13 亦唯咎（舅）之古（故）

清華七·子犯 09 斤亦不遷（憯）

清華七·子犯 15 亦備才（在）公子之心巳（已）

清華七·趙簡子 06 臣亦不旻（得）䎽（聞）亓（其）所䌛（由）

清華七·趙簡子 08 亦智（知）者（諸）侯之㥼（謀）

清華七·越公 05 亦茲（使）句狨（踐）屬（繼)孳於雩（越）邦

 清華七·越公 33 王亦酓（飲）飤（食）之

 清華七·越公 35 亦夫婦皆（耕）

 清華七·越公 54 亦徹（趣）取膠（戮）

 清華七·越公 65 亦命右軍監（銜）梡（枚）渝江五里以須

 清華八·攝命 01 余亦寡竆亡可事（使）

 清華八·攝命 02 余亦闌（橫）于四方

 清華八·攝命 07 亦斯欽我御事

 清華八·攝命 08 今亦啟（肩）惥（肱）難（勤）乃事

 清華八·攝命 09 亦乃服

 清華八·攝命 09 亦勿敄（侮）其遉（童）

 清華八·攝命 10 女（汝）亦母（毋）敢豙才（在）乃死（尸）服

清華八・攝命 10 女（汝）亦母（毋）不秌（夙）夕巠（經）悥（德）

 清華八・攝命 11 亦則乃身亡能諫甬（用）非頌（庸）女（汝）正命

 清華八・攝命 12 亦若之頌（庸）弜羕

 清華八・攝命 13 女（汝）亦母（毋）敢逢（洪）于之

 清華八・攝命 13 其亦隹（唯）

 清華八・攝命 14 乃亦隹（唯）肇惎（謀）

 清華八・攝命 14 亦則勻（遏）逆于朕

 清華八・攝命 15 女（汝）則亦隹（唯）肇不（丕）子不學

 清華八・攝命 15 亦鬼（畏）䑛（獲）懇朕心

 清華八・攝命 19 是亦尚弗毅（逢）乃彝

 清華八・攝命 20 隹（唯）人乃亦無智（知）亡䎽（聞）于民若否

 清華八・攝命 20 女（汝）亦母（毋）敢鬼（畏）甬（用）不審不允

清華八·攝命 22 亦尚宽(辯)逆于朕

 清華八·攝命 23 是亦引休

 清華八·攝命 23 女(汝)則亦受䇞(幣)

 清華八·攝命 24 女(汝)亦引母(毋)好=(好好)

 清華八·攝命 26 亦義若寺(時)

 清華八·攝命 27 亦余一人永脣(安)才(在)立(位)

 清華八·攝命 27 民㓞(朋)亦則興夋(仇)肙(怨)女(汝)

 清華八·攝命 28 亦則隹(唯)肈(肇)不諆(咨)逆所(許)朕命

 清華八·攝命 29 余隹(唯)亦羿(功)乍(作)女(汝)

 清華八·攝命 29 余亦隹(唯)䛑毇兌(說)女(汝)

 清華八·攝命 29 余亦隹(唯)肈(肇)敊(奢)女(汝)悳(德)行

 清華八·處位 06 夫堂(黨)䊶(貢)亦曰

清華八·處位 10 亦亓（其）又（有）頹（美）而爲亞（惡）

 清華八·邦道 07 亦若上之欲善人

 清華八·邦道 12 上亦蔑有咎女（焉）

 清華八·邦道 19 則亦母（毋）彊（弱）女（焉）

 清華八·心中 05 亓（其）亦又（有）身命

 清華八·心中 06 亓（其）亦逡（失）才（在）心

 清華八·心中 06 亓（其）亦忻（祈）者（諸）□與身

 清華八·天下 02 亦亡（無）獸（守）也

 清華八·天下 04 亦亡（無）攻也

～，與 ⿰ （上博一·孔 13）、⿰ （上博二·容 52）、⿰ （上博六·用 5）、⿰ （上博八·命 2）同。《説文·大部》："亦，人之臂亦也。从大，象兩亦之形。"

清華二·繫年 133、137"坪亦悼武君"，讀爲"平夜悼武君"。"平夜君"見於曾侯乙墓簡、新蔡簡和包山簡。"平夜"，即"平輿"，封君的封地，在今河南平輿。悼武君可能是第三代平夜君，爲新蔡葛陵墓主平夜君成之子。

清華八·攝命 10"女亦母不夙夕巠惪"，讀爲"汝亦毋不夙夕經德"。句法同《書·康誥》"汝亦罔不克敬典"。者汈鐘（《集成》00120）："女亦虔秉丕經德。"

清華簡"亦",副詞。也,也是。《書·康誥》:"怨不在大,亦不在小。"

忝

清華五·湯丘 13 型(刑)亡(無)卣(攸)忝(赦)

清華六·子產 24 乃忝天陛(地)、逆川(順)、弝(強)柔

～,從"心","亦"聲。

清華五·湯丘 13"型亡卣忝",讀爲"刑無攸赦",刑罰無所赦免。"赦",寬免罪過。《書·康誥》:"乃其速由文王作罰,刑兹無赦。"《左傳·僖公二十二年》:"天之棄商久矣,君將興之,弗可赦也已!"

清華六·子產 24"忝",讀爲"繹"。《詩·魯頌·閟宮》:"新廟奕奕。"《周禮·夏官·隸僕》鄭注引"奕"作"繹"。(《古字通假會典》第 861 頁)"繹",尋繹,理出事物的頭緒,可引申爲解析。《論語·子罕》:"巽與之言,能無説乎?繹之爲貴。"邢昺疏:"繹,尋繹也。"《漢書·循吏傳》:"吏民見者,語次尋繹。"顔師古注:"繹謂抽引而出也。"(程燕)或讀爲"迹",追蹤,追尋。《漢書·平彭傳》:"既福不虚,必有因而至者焉。宜深迹其道而務修其本。"顏師古注:"迹謂求其蹤迹也。"

詠

清華五·三壽 16 寺(時)型(刑)罰詠(赦)

～,從"言","亦"聲。

清華五·三壽 16"詠",讀爲"赦",寬免罪過。《書·康誥》:"乃其速由文王作罰,刑兹無赦。"簡文"時刑罰赦",即刑赦有時。

夜

清華一·耆夜 03 王夜筵(爵)昌(酬)繹(畢)公

清華一・耆夜 04 王夜筵(爵)昌(酬)周公

清華一・耆夜 06 周公夜筵(爵)昌(酬)縪(畢)公

清華一・耆夜 08 周公或夜筵(爵)昌(酬)王

清華一・耆夜 14 (背)郘(黎)夜(舍)

清華一・楚居 05 夜而内朲(尸)

清華一・楚居 05 杢北(必)夜

清華三・說命下 06 夜女(如)視晨(辰)

清華三・琴舞 03 訖(遹)我佣(夙)夜不兔(逸)

清華三・琴舞 06 佣(夙)夜不解(懈)

清華三・琴舞 08 夜之才(在)視晨(辰)

清華五・湯丘 04 遢(歸)必夜

清華五・湯丘 05 遢(歸)必夜

清華五·厚門 20 晝、夜、苞（春）、頤（夏）、秌（秋）、冬

清華七·越公 65 夜中

～，與夜（上博三·亙 11）、夜（上博二·民 8）同，從"夕"，"亦"聲，"夕"或在"亦"下，或在右"腋"下。《說文·夕部》："夜，舍也。天下休舍也。從夕，亦省聲。"

清華一·耆夜 03、04、06、08"夜簧"，整理者讀爲"舍爵"，即"奠爵"。或讀爲"䜴爵"，"䜴"，《書·顧命》作"咤"，訓爲"奠爵"，與"舍爵"同義。裘錫圭讀爲"舉爵"。《儀禮·聘禮》："一人舉爵，獻從者，行酬，乃出。"（《讀本一》第 119—120 頁）

清華一·耆夜 14（背）"郘夜"，讀爲"黎舍"，伐黎后舍爵飲酒。

清華一·楚居 05，清華五·湯丘 04、05"夜"，從天黑到天亮的一段時間，與"晝""日"相對。《詩·唐風·葛生》："夏之日，冬之夜，百歲之後，歸于其居。"

清華三·說命下 06"夜女（如）視晨（辰）"、清華三·琴舞 08"夜之才（在）視晨（辰）"，在夜裏看二十八宿。

清華三·琴舞 03"佝夜不兔"，讀爲"夙夜不逸"。"夙夜"，朝夕，日夜。《書·旅獒》："夙夜罔或不勤，不矜細行，終累大德。"孔傳："言當早起夜寐，常勤於德。"

清華三·琴舞 06"佝夜不解"，讀爲"夙夜不懈"。《呂氏春秋·首時》："武王事之，夙夜不懈，亦不忘王門之辱。"《文子·道德》："夙夜不懈，戰戰兢兢，常恐危亡。"

清華五·厚門 20"晝、夜"，白日和黑夜。《論語·子罕》："逝者如斯夫，不舍晝夜！"

清華七·越公 65"夜中"，夜半。《春秋·莊公七年》："夏四月辛卯，夜，恆星不見，夜中，星隕如雨。"《國語·吳語》："吳王昏乃戒，令秣馬食士，夜中，乃令服兵擐甲，係馬舌，出火竈。"韋昭注："夜中，夜半也。"

諺

 清華八·攝命02 窓（宏）臂（乂）亡諺（斁）

～，從"言"，"夜"聲。

清華八·攝命02"諺"，讀爲"斁"，敗壞。《書·洪範》："帝乃震怒，不畀洪範九疇，彝倫攸斁。"孔傳："斁，敗也。"簡文"宏乂亡斁"，大治無敗。

禘

 清華一·楚居05 氏（抵）今日禘

～，從"示"，"亦"聲。"夜"，從"亦"聲，此字乃"夜祭"之專字。

清華一·楚居05"禘"，"夜祭"之專字，夜里行祭。楚月有冬禘、屈禘、遠禘、夏禘，即冬夜、屈夜、遠夜、夏夜；秦簡分別作冬夕、屈夕、遠（援）夕、夏夕。"夜""夕"同義。

定紐睪聲

睪

 清華一·程寤07 炙（務）睪（擇）用周

 清華一·耆夜01 卲（召）公保睪（奭）爲夾

 清華一·皇門03 廼方（旁）救（求）巽（選）睪（擇）元武聖夫

 清華三·說命下02 余罔又（有）睪（斁）言

清華三·琴舞 04 思坙（攸）亡罢（斁）

清華三·琴舞 14 介（匄）罢（澤）寺（恃）悳（德）

清華七·晉文公 02 命訟猒（獄）敂（拘）執罢（釋）

清華五·厚父 04 天則弗臬（斁）

清華五·封許 02 古（故）天蕫（勤）之乍〈亡〉臬（斁）

清華六·子產 25 以臬（釋）亡㣇（教）不姑（辜）

～，或作 ❋（上博五·姑 10）、❋（上博七·君乙 8）、❋（上博八·志 5）。《說文·㚔部》："罢，目視也。從橫目，從㚔。令吏將目捕罪人也。"或作 ❋（上博一·緇 21），也即《說文》所收"臬"。《說文·大部》："臬，大白澤也，從大從白。古文以爲澤字。""澤"或作 ❋（郭店·語叢四 7）；"擇"作 ❋（郭店·窮達以時 6），均可爲證。

清華一·程寤 07"罢"，讀爲"擇"，選擇。《書·洪範》："稽疑，擇建立卜筮人。"孔傳："考正疑事，當選擇知卜筮人而建立之。"簡文"擇用周"，選擇爲周。

清華一·耆夜 01"邵公保罢"，讀爲"召公保奭"。"保"是官名。《史記·周本紀》："成王在豐……召公爲保，周公爲師，東伐淮夷，殘奄，遷其君薄姑。"《史記·燕召公世家》："召公奭與周同姓，姓姬氏。周武王之滅紂，封召公於北燕。"《集解》："譙周曰：'周之支族，食邑於召，謂之召公。'"《索隱》："召者，畿内菜地。奭始食於召，故曰召公。或說者以爲文王受命，取岐周故墟周、召地分爵二公，故詩有《周》《召》二南，言皆在岐山之陽，故言南也。後武王封之北燕，在今幽州薊縣故城是也。"

清華一·皇門 03"廼方（旁）救（求）巽（選）睪（擇）元武聖夫"，此句今本《逸周書·皇門》作"乃方求論擇元聖武夫"。"巽睪"，讀爲"選擇"，挑選，選取。《墨子·尚同中》："是故選擇天下賢良聖知辯慧之人，立以爲天子。"《史記·滑稽列傳》："選擇賢材，各任之以其能，賞異等，罰不肖。"

清華三·説命下 02"余岡又睪言"，讀爲"余岡有斁言"，參《書·呂刑》："敬忌，岡有擇言在身。"簡文"睪"，《書·呂刑》"擇"，均讀爲"斁"，訓敗。參上。

清華三·琴舞 04"亡睪"、清華五·厚父 04"弗臭"，讀爲"無斁""弗斁"，與"亡臭""無斁""無射"義同，不厭惡，不厭倦。毛公鼎（《集成》02841）："肆皇天亡臭。"《詩·周南·葛覃》："爲絺爲綌，服之無斁。"毛傳："斁，厭也。"

清華五·封許 02"乍〈亡〉臭（斁）"，"乍"，乃"亡"之訛。"亡斁"，參上。

清華三·琴舞 14"睪"，疑讀爲"澤"，恩澤。《書·多士》："殷王亦岡敢失帝，岡不配天其澤。"簡文"勾澤恃德"，祈求上天的恩澤依憑有德。

清華七·晉文公 02"睪"，讀爲"釋"，赦宥，免除。《國語·魯語上》："今君來討弊邑之罪，其亦使聽從而釋之，必不泯其社稷。"韋昭注："釋，置也。"《漢書·趙充國傳》："釋有罪，誅亡辜。"顔師古注："釋，置也，放也。"簡文"訟獄拘執釋"，即釋放訟獄所拘執之人。

清華六·子產 25"以臭亡丞不姑"，讀爲"以釋亡教不辜"。"臭"，讀爲"釋"，赦宥，免除。參上。

睪

清華一·楚居 04 酓（熊）睪（繹）與屈紃（紃）

清華八·攝命 18 女（汝）其有睪（斁）有甚（湛）

～，與 （上博六·用 7）同。《説文·廾部》："睪，引給也。从廾，睪聲。"

清華一·楚居 04"酓睪"，讀爲"熊繹"，熊狂之子。《史記·楚世家》："熊繹當周成王時，舉文、武勤勞之後嗣，而封熊繹於楚蠻，封以子男之田，姓芈氏，居丹陽。楚子熊繹與魯公伯禽、衛康叔子牟、晉侯燮、齊太公子吕伋俱事成王。"《左傳·昭公十二年》："昔我先王熊繹，與吕伋、王孫牟、燮父、禽父並事康王，四國皆有分，我獨無有。"

清華八·攝命 18"睪",讀爲"斁"或"殬",訓"敗"。《說文·歺部》:"殬,敗也。从歺,睪聲。《商書》曰'彝倫攸殬'。"《玉篇》:"殬亦作斁。"《詩·大雅·思齊》:"古之人無斁。"簡文"汝其有斁有湛",句意爲"你有敗落"。

透紐赤聲

赤

 清華二·繫年 019 赤鄻(翟)王峀虐记(起)眚(師)伐牽(衛)

 清華二·繫年 116 回(圍)赤潼

 清華二·繫年 117 衒(率)自(師)救(救)赤墥

 清華三·說命上 06 是爲赤(敕)敄(俘)之戎

 清華三·赤鵠 01 曰故(古)又(有)赤鵒(鵠)

 清華三·赤鵠 15(背)赤鵒之集湯之屋(屋)

 清華四·筮法 50 赤色也

《說文·赤部》:"赤,南方色也。从大,从火。凡赤之屬皆从赤。,古文从炎、土。"

清華二·繫年 019"赤鄻",讀爲"赤翟(狄)",即"狄"。杜預《春秋經傳集解後序》引《紀年》:"衛懿公及赤翟戰于洞〈泂〉澤。"《左傳·閔公二年》:"及狄人戰於熒澤,衛師敗績,遂滅衛。"

1633

清華二·繫年116"赤𡍬"、117"赤壃",即"赤岸",地名。《楚辭·七諫·哀命》"哀高丘之赤岸兮,遂沒身而不反"之"赤岸",與此無關。

清華三·說命上06"赤",讀爲"赦",釋放。《左傳·襄公十一年》:"庚辰,赦鄭囚,皆禮而歸之。"

清華三·赤鵠01、15(背)"赤鶅",讀爲"赤鵠",紅色的天鵝。"鵠",似雁而大,頸長,飛翔甚高,羽毛潔白。亦有黃、紅者。《莊子·天運》:"夫鵠不日浴而白。"

清華四·筮法50"赤色",紅色。《管子·幼官》:"君服赤色。"

泥紐若聲

若

 清華一·尹至04 女(汝)告我顕(夏)𧧱(隱)衕(率)若寺

 清華一·尹至04 尹曰:若寺

 清華一·保訓02 [王]若曰

 清華一·金縢04 不若但(旦)也

 清華一·金縢04 是年(佞)若丂(巧)能

 清華一·皇門01 公若曰

 清華一·祭公01 王若曰

（祖）卲（召）公　　清華一・祭公 05　我亦隹（惟）又（有）若且（祖）周公概（暨）且（祖）卲（召）公

　　清華一・祭公 07　我亦隹（惟）又（有）若且（祖）𥎢（祭）公

　　清華一・楚居 04　思（使）若（鄀）嗌（嗌）卜遅（徙）於夷屯

　　清華一・楚居 06　若嚻（敖）酓（熊）義（儀）

　　清華一・楚居 06　若嚻（敖）酓（熊）義（儀）遅（徙）居箬（鄀）

　　清華一・楚居 10　若嚻（敖）記（起）禍

　　清華三・說命中 02　允若寺（時）

　　清華三・說命中 02　若金

　　清華三・說命中 04　若藥

　　清華三・說命中 04　若天雩（旱）

　　清華三・說命中 05　若圛〈圛〉（津）水

　　清華三・說命中 07　若詆（抵）不視

· 1635 ·

清華三·説命中 07 余告女(汝)若寺(時)

 清華三·説命下 07 若賈

 清華三·説命下 07 思(使)若玉冰

 清華三·芮良夫 05 卑之若童(重)載以行隋(崝)隡(險)

 清華五·封許 08 余既監于殷之不若

 清華五·厚父 01 王若曰

 清華五·厚父 03 𩁹(問)民之若否

 清華五·厚父 06 天廼弗若(赦)

 清華五·厚父 08 䛐(肆)女(如)其若龜筮(筮)之言亦勿可䢦(專)改

 清華五·厚父 12 若山氒(厥)高

 清華五·厚父 12 若水氒(厥)㴱(深)

清華五·湯丘 12 又（有）顕（夏）之悳（德）可（何）若才（哉）

清華五·湯丘 14 若自事朕身也

清華五·湯丘 17 爲君汞（奚）若

清華五·湯丘 17 爲臣汞（奚）若

清華五·啻門 12 媄（美）悳（德）汞（奚）若

清華五·啻門 12 亞（惡）悳（德）汞（奚）若

清華五·啻門 12 媄（美）事汞（奚）若

清華五·啻門 12 亞（惡）事汞（奚）若

清華五·啻門 12 媄（美）殳（役）汞（奚）若

清華五·啻門 12 亞（惡）殳（役）汞（奚）若

清華五·啻門 13 媄（美）正（政）汞（奚）若

清華五·啻門 13 亞（惡）正（政）汞（奚）若

清華五·筡門 13 岦（美）型（刑）繇（奚）若

清華五·筡門 13 亞（惡）型（刑）繇（奚）若

清華五·三壽 09 則若尖=（小人）之癰（聾）瘒（狂）而不各（友）

清華五·三壽 27 若寺（是）

清華五·三壽 28 若寺（是）

清華六·孺子 05 自𡍬（衛）與奠（鄭）若卑耳而昏（謀）

清華六·管仲 07 它（施）正（政）之道繇（奚）若

清華六·管仲 18 若夫湯者

清華六·管仲 20 若句（后）辛者

清華六·管仲 22 若武王者

清華六·管仲 23 若學（幽）王者

清華六·管仲 29 不若蕃算

清華六·管仲 30 女(汝)果若氏(是)

清華六·太伯甲 01 君若曰

清華六·太伯甲 02 卑(譬)若鷄(雞)鷇(雛)

清華六·太伯甲 04 卑(譬)若黌而不酨(貳)

清華六·太伯甲 12 則卑(譬)若疾之亡瘴(醫)

清華六·太伯甲 13 虐(吾)若聐(聞)夫豎(殷)邦

清華六·太伯乙 01 君若曰

清華六·太伯乙 11 則卑(譬)若疾之亡瘴(醫)

清華六·太伯乙 12 虐(吾)若聐(聞)夫鄙(殷)邦曰

清華六·子儀 20 敳(豈)於孫=(子孫)若

清華七·子犯 01 子,若公子之良庶子

清華七·子犯 03 子,若公子之良庶子

清華七·子犯 08 割(曷)又(有)儓(僕)若是而不果以或(國)

清華七·子犯 09 事(使)眾若事(使)一人

清華七·子犯 10 卑(譬)若從雊(雉)肰(然)

清華七·子犯 11 若靏(望)雨方奔之而麗(鹿)雁(膺)女(焉)

清華七·子犯 13 受(紂)若大陸(岸)牆(將)具陞(崩)

清華七·越公 39 初日政勿若某

清華七·越公 41 今不若亓(其)言

清華七·越公 58 詢(徇)命若命

清華七·越公 64 若明日

清華八·攝命 02 甚余我邦之若否

清華八·攝命 12 亦若之頌(庸)弔羕

清華八·攝命 20 隹(唯)人乃亦無智(知)亡矞(聞)于民若否

清華八·攝命 26 亦義若寺（時）

清華八·邦道 07 亦若上之欲善人

清華八·邦道 08 卑（譬）之若溪浴（谷）

清華八·邦道 19 夫若是

清華八·邦道 23 卑（譬）之若日月之徐（敘）

清華八·心中 01 返（復）何若倞（諒）

清華八·心中 01 因名若䚦（響）

～，與 ❲圖❳（上博四·逸·交 1）、❲圖❳（上博二·子 8）、❲圖❳（上博三·彭 2）、❲圖❳（上博七·凡乙 12）同。《說文·叒部》："叒，日初出東方湯谷，所登榑桑，叒木也。象形。❲圖❳，籒文。"《艸部》："若，擇菜也。从艸、右。右，手也。一曰杜若，香艸。"

清華一·尹至 04"女告我顛隉衛若寺"，讀爲"汝告我夏隱率若茲"。參《呂氏春秋·慎大》："湯謂伊尹曰：'若告我曠夏盡如詩。'""若"，訓如。

清華一·保訓 02、祭公 01，清華五·厚父 01"王若曰"，《書·盤庚上》："王若曰：格汝眾，予告汝訓。""若"，助詞，無實際意義。

清華一·皇門 01"公若曰"，參上。

清華六·太伯甲 01、太伯乙 01"君若曰"，參上。

清華一·金縢 04"不若"，不如，比不上。《墨子·親士》："歸國寶，不若獻賢而進士。"

清華一·金縢04"是年若丂能",讀爲"是侫若巧能",此周公稱己有高才而巧能。今本《書·金縢》作"予仁若考能"。"若",連詞。而,而且。《書·金縢》:"予仁若考,能多材多藝,能事鬼神。"王引之《經義述聞·尚書上》引王念孫曰:"考、巧古字通,若、而語之轉。予仁若考者,予仁而巧也。"《楚辭·招魂》:"肥牛之腱,臑若芳些。"王念孫《讀書雜誌餘編·楚辭》:"臑,熟也;若,猶而也;言既熟而且芳也。"

清華一·祭公05、07"我亦隹(惟)又(有)若且(祖)周公既(暨)且(祖)卲(召)公",今本《逸周書·祭公》作"我亦維有若文祖周公暨列祖召公",潘振云:"有若,言有如此人也。""若",如此,這樣的。《書·大誥》:"爾丕克遠省,爾知寧王若勤哉!"《孟子·梁惠王上》:"以若所爲,求若所欲,猶緣木而求魚也。"焦循《正義》:"若,如此也。"

清華一·楚居04"若",讀爲"鄀"。春秋列國名,在今湖北宜城東南,後滅於楚,春秋後期爲楚都。《左傳·定公六年》:"楚國大惕,懼亡……於是乎遷郢於鄀。"《文選·曹植〈王仲宣誄〉》:"投戈編鄀,稽顙漢北。"李善注:"《漢書》,南郡有鄀縣。"張銑注:"編、鄀,二縣名。"

清華一·楚居06、10"若嚻",讀爲"若敖"。"若",地名,或作"箬""萅""箬郢",即史書中的"鄀"。據"若嚻(敖)酓(熊)義(儀)徙居箬(鄀)""焚冒酓(熊)帥(率)自箬(鄀)徙居焚""宵嚻(敖)酓(熊)鹿自焚徙居宵",可知"若""焚""宵"皆爲楚先公所徙居之地。

清華三·説命中02、07,清華八·攝命26"若寺",讀爲"若時",如是。《書·皋陶謨》:"咸若时,惟帝其难之。"

清華三·説命中02、04、05、07"若",參《書·説命上》:"若金,用汝作礪;若濟巨川,用汝作舟楫;若歲大旱,用汝作霖雨。啓乃心,沃朕心,若藥弗瞑眩,厥疾弗瘳;若跣弗視地,厥足用傷。"《國語·楚語上》作:"若金,用女作礪。若津水,用女作舟。若天旱,用女作霖雨。啓乃心,沃朕心。若藥不瞑眩,厥疾不瘳。若跣不視地,厥足用傷。"

清華五·封許08"余既監于殷之不若",《書·高宗肜日》:"民有不若德。"屈萬里《尚書集釋》云:"若,順也。若德,謂順從美德行事。"(臺灣聯經出版事業公司,一九八三年,第一〇〇頁)。《左傳·昭公二十六年》"王昏不若",義同。

清華五·厚父03,清華八·攝命02、20"若否",善惡。《詩·大雅·烝民》"邦國若否,仲山甫明之",鄭箋:"'若否'猶'臧否',謂善惡也。"

清華五·厚父 06"弗若",讀爲"弗赦",《左傳·僖公二十六年》:"我先王熊摯有疾,鬼神弗赦,而自竄於夔。"一説讀如字,訓爲順。

清華五·厚父 12"若山乓高",讀爲"若山厥高"。《吕氏春秋·安死》:"世之爲丘壟也,其高大若山,其樹之若林,其設闕庭、爲宫室、造賓阼也若都邑。"

清華五·厚父 12"若水乓肙",讀爲"若水厥深"。《吕氏春秋·明理》:"有若水之波,有若山之楫。"

清華五·湯丘 12"可若",讀爲"何若",如何,怎樣。《晏子春秋·問上》:"景公問晏子曰:'明王之教民何若?'"

清華五·湯丘 14"若自事朕身也",好像自己侍奉自己。

清華五·湯丘 17,畬門 12、13,清華六·管仲 07"系若",即"奚若",猶奚如、何如。《禮記·檀弓下》:"歲旱,穆公召縣子而問然,曰:'天久不雨,吾欲暴尫而奚若?'"鄭玄注:"奚若,何如也。"《説苑·善説》:"是以知仲尼之賢,而不知其奚若?"

清華六·管仲 18"若夫",至於。用於句首或段落的開始,表示另提一事。《易·繫辭下》:"若夫雜物撰德,辯是與非,則非其中爻不備。"《史記·范雎蔡澤列傳》:"若夫窮辱之事,死亡之患,臣不敢畏也。"

清華五·三壽 27、28"若寺(是)",清華六·管仲 30"若氏(是)",清華七·子犯 08、清華八·邦道 19"若是",如此,這樣。《國語·楚語上》:"若是而不從,動而不悛,則文詠物以行之,求賢良以翼之……若是而不濟,不可爲也。"

清華六·太伯甲 02、04、12,太伯乙 11,清華七·子犯 10"卑若",讀爲"譬若",譬如。《逸周書·皇門》:"譬若畋犬,驕用逐禽,其猶不克有獲。"《史記·魏公子列傳》:"公子喜士,名聞天下。今有難,無他端而欲赴秦軍,譬若以肉投餒虎,何功之有哉?"

清華六·子儀 20"敚於孫=若",讀爲"豈於子孫若"。"豈若",猶何如,表示不如。《論語·微子》:"且而與其從辟人之士也,豈若從辟世之士哉?"

清華七·子犯 01、03"子,若公子之良庶子"。"若",第二人稱代詞。《史記·項羽本紀》:"吾翁即若翁。"大盂鼎(《集成》02837):"王曰:盂,若敬乃正(政),勿灋(廢)朕令(命)。"(陳偉)

清華七·子犯 09、11、13"若",像,如同。《書·盤庚上》:"若網在綱,有條而不紊。"《老子》:"中士聞道,若存若亡。"《楚辭·九歌·國殤》:"旌蔽日兮敵若雲。"《荀子·不苟》:"總天下之要,治海内之衆,若使一人。"

清華七·越公 41"今不若亓言",讀爲"今不若其言",過去對我曾經如此

1643

説,現在不像那時説的那樣。意在責其不信。

清華七·越公 58"若",順。《穀梁傳·莊公元年》:"不若於道者,天絶之也。"范甯注:"若,順。"簡文"詢命若命",大意是上面發布命令,下面則如命踐行。

清華七·越公 64"若明日",疑"若"讀爲"諾",應許義。《莊子·外物》:"監河侯曰:'諾。'"成玄英疏:"諾,許也。"《大戴禮記·保傅》:"不知已諾之正。"王聘珍《解詁》:"諾,相然許之辭。"(陳偉)

清華八·邦道 07"亦若上之欲善人"之"若",如同。

清華三·芮良夫 05,清華八·邦道 08、23"卑之若",讀爲"譬之若",即"譬若",參上。

清華八·心中 01"遆(復)何若倞(諒)"之"若",猶"以"也。《禮記·經解》引《易》曰:"差若毫釐,繆以千里。"

清華八·心中 01"因名若䫉",讀爲"因名若響"。《易·繫辭上》:"是以君子將有爲也,將有行也,問焉而以言,其受命也如響。"孔穎達疏:"謂蓍受人命,報人吉凶,如響之應聲也。"

諾

 清華七·越公 15 許諾

 清華七·越公 24 孤敢不許諾

～,與 ▨(上博四·柬 4)、▨(上博四·柬 15)同。《説文·言部》:"諾,䚻也。从言,若聲。"

清華七·越公 15、24"許諾",同意,應允。《儀禮·鄉射禮》:"司正禮辭,許諾,主人再拜,司正答拜。"《國語·吳語》:"越王許諾,乃命諸稽郢行成於吳。"

若

 清華一·楚居 04 乃䉼(竊)若(鄀)人之牺(犧)以祭

清華三·琴舞 09 亙（桓）爯（稱）亓（其）又（有）若（若）

清華三·琴舞 12 寺（持）隹（惟）文人之若（若）

清華三·琴舞 15 是䢍（墜）于若（若）

清華三·芮良夫 03 𨳿（間）鬲（隔）若（若）否

清華五·三壽 16 晨（振）若（若）敘（除）慝（慝）

～，與 同，从"艸"，"若"聲。

清華一·楚居 04 "若"，讀爲"鄀"，國名，後爲地名。

清華三·琴舞 09、12、15，清華五·三壽 16"若"，讀爲"若"，善，和善。《爾雅·釋詁上》："若，善也。"邢昺注："若者，惠順之善也。"《左傳·宣公三年》："故民入川澤山林，不逢不若，螭魅罔兩，莫能逢之。"《漢書·禮樂志》："神若宥之，傳世無疆。"顏師古注："若，善也。"

清華三·芮良夫 03"𨳿鬲若否"，讀爲"間隔若否"，間隔如塞。

箬

清華一·楚居 07 若嚻（敖）酓（熊）義（儀）遟（徙）居箬（鄀）

清華一·楚居 07 至焚冒酓（熊）帥（率）自箬（鄀）遟（徙）居焚

清華一·楚居 09 至宵嚻（敖）自福丘遟（徙）襲（襲）箬（鄀）郢

清華一·楚居09 至成王自箬（郜）郢遲（徙）袭（襲）湫涅

～，從"竹"，"若"聲。

清華一·楚居"箬"，讀爲"郜"。參上。

蠚

清華三·赤鵠09 是思（使）句（后）之身疴（疴）蠚

～，從"虫"，"若"聲，"蠚""蠚"之異體。《説文·虫部》："蠚，螫也。從虫，若省聲。"

清華三·赤鵠09"蠚"，讀爲"疴"。《説文·疒部》："疴，病也。"《廣雅·釋詁》："蠚，痛也。""疴蠚"，病痛。與上博二·容成33"蠚匿"同義。

縞

清華二·繫年039 二邦伐縞（郜）

～，從"糸"，"若"聲。

清華二·繫年039"縞"，讀爲"郜"。參上。

從紐乍聲

乍

清華一·保訓07 甬（用）乍（作）三隆（降）之悳（德）

清華一·皇門09 乃隹（維）乍（詐）區（詬）以會（答）

清華二·繫年001 乃乍（作）帝伋（籍）

清華二·繫年 015 殜(世)乍(作)周危(衛)

清華二·繫年 017 以乍(作)周厚嗶(屏)

清華四·筮法 61 上下皆乍(作)

清華五·封許 02 古(故)天堇(勤)之乍〈亡〉臭(斁)

清華六·孺子 14 母(毋)作(措)手之(止)

清華六·孺子 17 今二三夫=(大夫)畜孤而乍(作)女(焉)

清華七·晉文公 05 乃乍(作)爲羿(旗)勿(物)

清華七·晉文公 07 因以大乍(作)

清華七·越公 26 王乍(作)安邦

清華七·越公 30 乃乍(作)五政

清華八·攝命 19 乃乍(作)穆=(穆穆)

清華八·攝命 29 余佳(唯)亦羿(功)乍(作)女(汝)

清華八·攝命 32 王乎(呼)乍(作)册任册命白(伯)㮯(攝)

清華八·邦道25 侯〈医〉(殹)虐(吾)乍(作)事

清華八·虞夏01 乍(作)政用俉(御)

清華八·虞夏01 乍(作)樂《翠(竽)籥(管)》九成

清華八·虞夏02 首備(服)乍(作)旱(晷)

清華八·虞夏02 乍(作)樂《䜘(韶)》《焦〈隻〉(濩)》

清華八·虞夏02 首備(服)乍(作)曼(冕)

清華八·虞夏03 乍(作)樂《武》《象》

～，與 、同。《説文·亾部》："乍，止也，一曰亡也。从亡，从一。"

清華一·保訓07"乍"，讀爲"作"，興。

清華一·皇門09"乃佳(維)乍(詐)區(詬)以含(答)"，今本《逸周書·皇門》作"維作誣以對"。"乍區"，讀爲"詐詬"，指欺詐。

清華二·繫年015"殊乍周危"，讀爲"世作周衛"。《後漢書·袁紹劉表列傳》："臣備公族子弟，生長京輦，頗聞俎豆，不習干戈；加自乃祖先臣以來，世作輔弼，咸以文德盡忠，得免罪戾。"

清華二·繫年017"以乍周厚㫋"，讀爲"以作周厚屏"，與繫年015"世作周衛"義近。

清華四·筮法61"上下皆乍"，讀爲"上下皆作"，上下卦都出現。

清華五·封許02"乍"，"亾"字之誤。"亡臭"，見西周師詢簋（《集成》04342）"肆皇帝亡臭"，毛公鼎（《集成》02841）"肆皇天亡臭"。"亡臭"即"亡斁"，《詩·周南·葛覃》："服之亡斁。"

清華六·孺子14"作"，讀爲"措"，安放。《論語·子路》："刑罰不中，則民無所錯手足。"桓寬《鹽鐵論·世務》："是猶措重寶於道路而莫之守也。"

清華六·孺子 17"畜孤而乍",讀爲"畜孤而作",意云順服君命行事。

清華七·晉文公 07"大作",猶大事。《逸周書·祭公》："汝無以小謀敗大作。"孔晁注："大作,大事也。"

清華七·越公 26"王乍安邦"之"乍",讀爲"作",始。《詩·魯頌·駧》："思馬斯作。"毛傳："作,始也。"《廣雅·釋詁》："作,始也。"

清華七·越公 30"乃乍五政"之"乍",讀爲"作",創制,設立。《左傳·昭公四年》："君子作法於涼,其敝猶貪。作法於貪,敝將若之何?"

清華八·攝命 32"作册",古官名,商代設置。西周時也稱作册内史、作命内史、内史。掌著作簡册,奉行國王告命。《書·洛誥》："王命周公後,作册逸誥。"

清華八·邦道 25"乍事",讀爲"作事",謂役民興造。《左傳·昭公八年》："(師曠曰:)抑臣又聞之曰:'作事不時,怨讟動于民,則有非言之物而言。'今宮室崇侈,民力彫盡,怨讟并作,莫保其性。石言,不亦宜乎?"

清華八·虞夏 01、02、03"乍樂",讀爲"作樂",製作音樂。《禮記·明堂位》："六年,朝諸侯於明堂,制禮作樂。"

怍

清華六·子儀 07 是尚求弔（懕）昜（惕）之怍

～,與 （上博六·用 7）同。《説文·心部》："怍,慙也。從心,作省聲。"

清華六·子儀 07"怍",改變容色。《玉篇》："怍,顏色變也。"《孟子·盡心上》："仰不愧於天,俯不怍於人。"《管子·弟子職》："危坐鄉師,顏色毋怍。"尹知章注："怍,謂變其容皃。"《禮記·曲禮上》："將即席,容毋怍。"鄭玄注："怍,顏色變也。"

复

清華一·尹誥 02 氒（厥）辟复（作）怨（怨）于民

清華一·尹誥 03 虐(吾)可(何)复(作)于民

清華一·保訓 04 昔叕(舜)舊(久)复(作)火=(小人)

清華一·耆夜 02 复(作)策(冊)䞉(逸)爲東尚(堂)之客

清華一·耆夜 03 复(作)訶(歌)一終曰《藥=(樂樂)脂(旨)酉(酒)》

清華一·耆夜 05 复(作)訶(歌)一終曰《䎦(輶)兓(乘)》

清華一·耆夜 06 复(作)訶(歌)一終曰《贔=(贔贔)》

清華一·耆夜 08 复(作)祝誦一終曰《明=(明明)上帝》

清華一·耆夜 09 复(作)孳(兹)祝誦

清華一·耆夜 10 [周]公复(作)訶(歌)一終曰《螽(蟋)蟗(蟀)》

清華一·耆夜 13 則終以复(祚)

清華一·皇門 13 母(毋)复(作)䄄(祖)考頮(羞)才(哉)

清華一·祭公 02 余畏天之叀(作)畏(威)

清華一·祭公 04 叀(作)戩(陳)周邦

清華三·説命中 02 甬(用)隹(惟)女(汝)叀(作)礪(礪)

清華三·説命中 04 女(汝)叀(作)㾝(淫)雨

清華三·説命中 05 女(汝)叀(作)舟

清華三·説命中 05 叀(且)天出不恙(祥)

清華三·説命中 06 叀(且)隹(惟)口记(起)戎出好

清華三·説命中 07 隹(惟)戋(干)戈叀(作)疾

清華三·説命下 03 叀(作)余一人

清華三·琴舞 01 周公叀(作)多士敬(儆)毖(毖)

清華三·琴舞 02 城(成)王叀(作)敬(儆)毖(毖)

清華三·芮良夫 02 內(芮)良夫乃叀(作)諆(毖)再終

清華三·芮良夫 14 以力及复(作)

清華三·芮良夫 28 虐(吾)甬(用)复(作)訕(愍)再終

清華四·筮法 13 复(作)於陽

清華四·筮法 61 复(作)於上

清華四·筮法 61 复(作)於下

清華五·厚父 05 复(作)之君

清華五·厚父 05 复(作)之帀(師)

清華五·三壽 10 四晵(海)之旦(夷)則复(作)

清華五·三壽 21 土(妒)悁(怨)母(毋)复(作)

清華六·子產 28 大或(國)古(故)肎(肯)复(作)亓(其)惎(謀)

清華七·越公 29 雩(越)王句戔(踐)女(焉)訡(始)复(作)絽(紀)五政之聿(律)

清華八·邦道 10 母（毋）复（詐）悬（偽）

清華八·邦道 12 悬（偽）不复（作）

清華八·心中 04 忘（妄）复（作）奠（衡）隼（觸）

～，與 ▲（上博一·緇 14）、▲（上博四·柬 17）、▲（上博四·曹 17）、▲（上博五·季 12）、▲（上博二·容 42）、▲（上博八·志 2）同，贅加"又"旁，"作"之繁體。

清華一·尹誥 02"氒辟复息于民"，讀爲"厥辟作怨于民"。《書·康誥》："封，敬哉！無作怨，勿用非謀非彝。"孔傳："言當修己以敬，無爲可怨之事，勿用非善謀、非常法。"

清華一·尹誥 03"复"，讀爲"作"。簡文"吾何作于民"，對民我要幹些什麼。（廖名春）或讀爲"祚"，賜福，佑助。《國語·周語下》："皇天嘉之，祚以天下。"《説文·示部》："祚，福也。"

清華一·保訓 04"昔윶舊复仦="，讀爲"昔舜久作小人"。《書·無逸》："其在祖甲，不義惟王，舊爲小人。"《史記·魯世家》集解引馬融本作"久爲小人"。"作"，即爲。

清華一·耆夜 02"复策逸"，讀爲"作册逸"。《書·洛誥》："王命作册逸祝册，惟告周公其後。王賓，殺禋，咸格，王入太室祼。王命周公後，作册逸誥。在十有二月。"

清華一·耆夜 03、05、06、10"复訶一終"，讀爲"作歌一終"。《吕氏春秋·音初》："有娀氏有二佚女……二女作歌一終，曰《燕燕往飛》。"古時的詩都可入樂，演奏一次叫作"一終"。

清華一·耆夜 08"复祝誦一終"，讀爲"作祝誦一終"。"作祝誦"，《詩·小雅·節南山》："家父作誦，以究王訩。"鄭箋："大夫家父作此詩而爲王誦也。以窮極王之政所以致多訟之本意。"《詩·大雅·崧高》："吉甫作誦，其詩孔碩。"

清華一·耆夜 09"复孳祝誦"，讀爲"作兹祝誦"，參上。

清華一·耆夜 13"复",即"作",讀爲"祚",福也。

清華一·皇門 13"母复俎考顄才",讀爲"毋作祖考羞哉",不要使(你們的)祖考蒙受羞恥啊。《書·康王之誥》:"無遺鞠子羞。"

清華一·祭公 02"复畏",讀爲"作威",謂利用威權濫施刑罰。《左傳·襄公三十一年》:"我聞忠善以損怨,不聞作威以防怨。"董仲舒《春秋繁露·保位權》:"所好多則作福,所惡多則作威。"

清華一·祭公 04"复",即"作",《詩·魯頌·駉》:"思無斁,思馬斯作。"毛傳:"作,始也。"

清華三·説命中 02"甬隹女复礪",讀爲"用惟汝作礪"。《書·説命上》:"若金,用汝作礪。"《國語·楚語上》作"若金,用女作礪"。

清華三·説命中 04"女复霪雨",讀爲"汝作淫雨"。《書·説命上》:"若歲大旱,用汝作霖雨。"《國語·楚語上》作"若天旱,用女作霖雨"。

清華三·説命中 05"女复舟",讀爲"汝作舟"。《書·説命上》:"若濟巨川,用汝作舟楫。"《國語·楚語上》作"若津水,用女作舟"。

清華三·説命中 05"复天出不恙",讀爲"且天出不祥"。《書·君奭》:"其終出于不祥。""复",讀爲"且",訓若,見裴學海《古書虛字集釋》第六六九—六七〇頁。

清華三·説命中 06"复隹口记戎出好",讀爲"且惟口起戎出好"。《禮記·緇衣》引《説命》作:"惟口起羞,惟甲冑起兵,惟衣裳在笥,惟干戈省厥躬。"《墨子·尚同中》:"是以先王之書《術令》之道曰:'唯口出好興戎。'"

清華三·説命中 07"隹戎戈复疾",讀爲"惟干戈作疾",參上。

清華三·説命下 03"复(作)余一人"之"复",即"作",《説文·人部》:"作,起也。"

清華三·琴舞 01"周公复多士敬悊",讀爲"周公作多士儆毖",即周公製作了對衆士的告誡之詩。"作",製作。

清華三·芮良夫 02、28"复諔再終",即"作惄再終"和"作歌一終"相似。

清華四·筮法 13"复於陽",即"作於陽",卦例之右兌出於乾卦之上。

清華四·筮法 61"复於上",即"作於上",出現在上。

清華四·筮法 61"复於下",即"作於下",出現在下。

清華五·厚父 05"复之君,复之帀",讀爲"作之君,作之師"。《孟子·梁惠王下》:"《書》曰:'天降下民,作之君,作之師,惟曰其助上帝寵之。四方有罪無罪惟我在,天下曷敢有越厥志?'一人衡行於天下,武王恥之。此武王之勇也。而武王亦一怒而安天下之民。今王亦一怒而安天下之民,民惟恐王之不好勇也。"趙岐注:"言天生下民,爲作君,爲作師,以助天光寵之也。四方善惡皆在己,所謂在予一人,天下何敢有越其志者也。"孫奭疏:"言天生下民,而立之君師以治以教之,惟曰其在助相上帝,寵安四方,有善有惡皆在我,天下安有敢違越其志者也。"

清華五·三壽 10"四晷(海)之旻(夷)則复(作)"之"作",起事。

清華六·子產 28"大或(國)古(故)頁(肯)复(作)亓(其)思(謀)"之"作",訓爲"用"。《周禮·夏官·羅氏》:"蜡,則作羅襦。"鄭注:"作,猶用也。"

清華八·邦道 10"复惥",讀爲"詐僞",弄虛作假,僞裝假冒。《禮記·月令》:"(季夏之月)黑黃倉赤,莫不質良,毋敢詐僞。"

清華八·心中 04"忘复",讀爲"妄作",無知而任意胡爲。《老子》:"不知常,妄作,凶。"《孟子·離婁下》:"此亦妄人也已矣。"趙岐注:"妄人,妄作之人。"焦循《正義》:"不知而作,是爲妄作。"

俊

　清華五·厚父 08 俊(作)辟事三后

　清華五·厚父 11 氒(厥)俊(作)隹(惟)枼(葉)

～,與𢓩(上博五·三 11)、𢓩(上博五·鬼 7)、𢓩(九 A31)同,從"人","复"聲,"作"字異體。《說文·人部》:"作,起也。从人,从乍。"

清華五·厚父 08"俊(作)辟事三后"之"作",訓則。《書·酒誥》:"作稽中德。"
清華五·厚父 11"氒俊隹枼",讀爲"厥作惟葉",人的所作所爲像枝葉。

攼

　清華二·繫年 001 乃乍(作)帝攼(籍)

　清華二·繫年 004 洹(宣)王是訂(始)弃(棄)帝攼(籍)弗畋

（田）

～，从"攴"，"乍"聲，"作"字異體。

清華二·繫年 001、004"𢼸"，讀爲"籍"。中山王方壺（《集成》09735）"籍斂中則庶民附"，"籍"作"𢼸"可證。《國語·周語上》："宣王即位，不籍千畝。"韋昭注："籍，借也，借民力以爲之。"《北堂書鈔》禮儀部十二引賈逵云："天子躬耕藉田，民助力也。"或說"籍"古訓稅，《左傳·襄公二十五年》："賦車籍馬。"孔穎達疏："賦與籍俱是稅也。"《管子·國蓄》："租籍者，所以彊求也。租稅者，所慮而請也。"尹知章注："在工商曰租籍；在農曰租稅。"

柞

 清華一·程寤 01 𢟪=（化爲）松柏械柞

 清華一·程寤 04 械橐（覆，包）柞

 清華一·程寤 06 女（如）械柞亡堇（根）

《說文·木部》："柞，木也。从木，乍聲。"

清華一·程寤"柞"，柞木。

心紐素聲

索

 清華五·封許 06 䜌（鸞）鈴（鈴）索（素）旂

 清華八·虞夏 01 曰昔又（有）吳（虞）是（氏）用索（素）

～，與 𣘗（上博三·彭 6）、𣘗（上博二·容 47）、𣘗（上博八·李 1【背】）同，象人兩手持糸以作繩索之形。《說文·巿部》："索，艸有莖葉可作繩索。从宋、糸。杜林説：宋亦朱木字。"

清華五・封許06"索旂"，讀爲"素旂"。"素"，白色，無色。《詩・召南・羔羊》："羔羊之皮，素絲五紽。"毛傳："素，白也。"《管子・水地》："素也者，五色之質也。"尹知章注："無色謂之素。"

清華八・虞夏01"索"，讀爲"素"，質樸，不加裝飾。《禮記・檀弓下》"奠以素器"，鄭注："凡物無飾曰素。"

心紐昔聲

昔

清華一・保訓03 昔耑（前）人連（傳）保（寶）

清華一・保訓04 昔垚（舜）舊（久）复（作）火=（小人）

清華一・保訓08 昔屵（微）叚（假）中于河

清華一・金縢11 昔公堇（勤）勞王豙（家）

清華一・皇門02 我䎽（聞）昔才（在）二又（有）或（國）之折（哲）王

清華一・祭公19 昔才（在）先王

清華二・繫年001 昔周武王監觀商王之不龏（恭）帝=（上帝）

清華三・説命下08 昔在大戊

清華三·芮良夫 12 昔才(在)先王

　清華五·三壽 19 昔勤不居

　清華六·孺子 01 昔虐(吾)先君

　清華六·孺子 09 昔虐(吾)先君史(使)二三臣

　清華六·孺子 14 女(焉)宵(削)昔(錯)器於巽(選)賛(藏)之中

　清華六·太伯甲 04 昔虐(吾)先君逗(桓)公遂(後)出自周

　清華六·子儀 09 昔之襴(臘)可(兮)余不與

　清華六·子儀 12 昔鴉(質)之夆(來)也

　清華六·子儀 16 昔鴉(質)之行

　清華六·子產 01 昔之聖君取虞(獻)於身

　清華六·子產 20 善君必豚(循)昔耑(前)善王之蘆(法)

　清華七·子犯 09 昔之舊聖折(哲)人之埔(敷)政命(令)荆(刑)罰

 清華七·子犯 11 昔者成湯以神事山川

 清華七·趙簡子 01 昔虐(吾)子之牆(將)方少

 清華七·趙簡子 06 归(抑)昔之旻(得)之與逵(失)之

 清華七·趙簡子 07 昔虐(吾)先君獻公是尻(居)

清華七·越公 11 昔虐(吾)先王盍膚(盧)所以克内(入)郢邦

清華七·越公 41 昔日與㠯(己)言員(云)

 清華七·越公 69 昔不毂(穀)先秉利於雩(越)

 清華七·越公 71 昔天以雩(越)邦賜吳

 清華八·邦道 02 古(故)昔之盟(明)者

 清華八·邦道 04 古(故)昔之明者旻(得)之

 清華八·天下 01 昔天下之獸(守)者

清華八·天下 05 昔三王者之所以取之=(之之)器

清華八·天下 06 昔三王之所胃(謂)戕(陳)者

　清華八·虞夏 01 曰昔又(有)吳(虞)是(氏)用索(素)

～,與🝰(上博二·子1)、🝰(上博二·昔1)、🝰(上博二·容16)、🝰(上博七·吳3)同。《説文·日部》:"昔,乾肉也。从殘肉,日以晞之。與俎同意。🝰,籀文从肉。"

清華一·金縢 11"昔公堇(勤)勞王豕(家)",今本《書·金縢》作"昔公勤勞王家"。

清華一·皇門 02"我餌(聞)昔才(在)二又(有)或(國)之折(哲)王",今本《逸周書·皇門》作"我聞在昔有國誓王之不綏于卹",陳逢衡注:"在昔有國誓王,古我夏先后與殷先哲王也。"

清華一·祭公 19、清華三·芮良夫 12"昔才(在)先王",今本《逸周書·祭公》作"昔在先王"。

清華三·説命下 08"昔在大戊",參《書·無逸》:"昔在殷王中宗。"《書·堯典序》:"昔在帝堯,聰明文思,光宅天下。"

清華五·三壽 19"昔勤不居"之"昔",或讀爲"措"。(補白)

清華六·孺子 01、09,清華六·太伯甲 04"昔虐先君",讀爲"昔吾先君"。《吕氏春秋·長攻》:"此昔吾先王之所以霸。"

清華六·孺子 14"昔",讀爲"錯"。《方言》卷六:"錯,藏也。周秦曰錯。"《周禮·考工記·弓人》:"老牛之角紾而昔。"鄭玄注:"鄭司農云:'昔,讀爲交錯之錯,謂牛角觕理錯也。'玄謂昔讀'履錯然'之錯。"

清華六·子産 01"昔之聖君取虞於身",讀爲"昔之聖君取獻於身"。《墨子·法儀》:"昔之聖王禹、湯、文、武,兼愛天下之百姓。"

清華七·子犯 11"昔者",往日,從前。《易·説卦》:"昔者聖人之作《易》也,幽贊於神明而生蓍。"孔穎達疏:"據今而稱上世,謂之昔者也。"

清華七·越公 41"昔日",往日,從前。《史記·田敬仲完世家》:"昔日趙攻甄,子弗能救。"《列子·黄帝》:"我内藏猜慮,外矜觀聽,追幸昔日之不焦溺也。"

清華七·越公 69"昔不穀先秉利於雩",讀爲"昔不穀先秉利於越"。《國語·吳語》:"昔不穀先委制於越君。"

清華七·越公71"昔天以雩邦賜吳",讀爲"昔天以越邦賜吳"。《國語·吳語》:"昔天以越賜吳。"

清華八·天下01"昔天下之獸者",讀爲"昔天下之守者"。《史記·酷吏列傳》:"昔天下之網嘗密矣,然姦僞萌起,其極也,上下相遁,至於不振。"

清華八·天下05"昔三王者之所以取之=器",《管子·中匡》:"昔三王者,既弑其君。"

惜

清華一·祭公08 愆(遜)惜(措)乃心

清華五·湯丘02 惜(舒)快以忞(恆)

～,從"心","昔"聲。《説文·心部》:"惜,痛也。從心,昔聲。"

清華一·祭公08"惜",讀爲"措"。《説文·手部》:"措,置也。"

清華五·湯丘02"惜",讀爲"舒",緩慢,從容。《詩·召南·野有死麕》:"有女如玉,舒而脱脱兮。"毛傳:"舒,徐也。"《禮記·大學》:"爲之者疾,用之者舒,則財恆足矣。"或讀爲"懌",訓爲"悦"。(白於藍)

心紐索聲歸素聲

並紐步聲

步

清華六·子儀05 徒伃所遊又步里護讙也

《説文·步部》:"步,行也。從止少相背。凡步之屬皆從步。"

清華六·子儀05"步",步行,用腳走。《書·武成》:"王朝步自周,于征伐商。"孔傳:"步,行也。"

並紐白聲

白

清華一・尹至 01 隹(惟)尹自顥(夏)虁(徂)白(亳)

清華一・尹誥 04 乃至(致)衆于白(亳)审(中)邑

清華一・楚居 02 妣生經白(伯)、遠中(仲)

清華一・楚居 13 白公記(起)禍

清華二・繫年 003 龏(共)白(伯)和立

清華二・繫年 003 龏(共)白(伯)和歸于宋〈宗〉

清華二・繫年 005 生白(伯)盤

清華二・繫年 006 王與白(伯)盤述(逐)坪(平)王

清華二・繫年 007 幽王及白(伯)盤乃滅

清華二・繫年 057 奠(鄭)白(伯)爲右芋(盂)

清華二·繫年 058 史（使）孫（申）白（伯）亡（無）悁（畏）哢（聘）于齊

清華二·繫年 059 宋人是古（故）殺孫（申）白（伯）亡（無）悁（畏）

清華二·繫年 068 母（毋）能涉白水

清華二·繫年 083 以敗（敗）楚自（師）于白（柏）塁（舉）

清華二·繫年 124 奠（鄭）白（伯）刟（駘）

清華二·繫年 126 宋公畋（田）、奠（鄭）白（伯）刟（駘）皆朝于楚

清華三·良臣 01 禹又（有）白（伯）㠯（夷）

清華三·良臣 03 又（有）郍（芮）白（伯）

清華三·良臣 03 又（有）白（伯）适

清華三·良臣 09 土（杜）白（伯）

清華三·良臣 10 王子白（伯）慰（願）

清華三·赤鵠07 帝命二黃它（蛇）與二白兔尻句（后）之歸（寢）室之棟

 清華三·赤鵠11 帝命二黃它（蛇）與二白兔

 清華三·赤鵠13 殺黃它（蛇）與白兔

 清華三·赤鵠14 殺二黃它（蛇）與一白兔

 清華三·赤鵠14 亓（其）一白兔不旻（得）

 清華三·赤鵠15 以钺（御）白兔

 清華四·筮法42 白色

 清華六·太伯甲01 太［白（伯）］坣（當）邑

 清華六·太伯甲01 太白（伯）又（有）疾

 清華六·太伯甲01 白（伯）父

 清華六·太伯甲02 白（伯）父是（實）被複（覆）

 清華六·太伯甲02 與不彀（穀）爭白（伯）父

清華六·太伯甲 03 所天不豫（舍）白（伯）父

 清華六·太伯甲 03 太白（伯）曰

 清華六·太伯乙 01 太白（伯）堂（當）邑

 清華六·太伯乙 01 太白（伯）又（有）疾

 清華六·太伯乙 01 白（伯）父

 清華六·太伯乙 02 與不敎（穀）請（爭）白（伯）父

 清華六·太伯乙 02 所天不豫（舍）白（伯）父

 清華六·子產 21 王子白（伯）惌（願）

 清華八·攝命 32 士赴右白（伯）夷（攝）

 清華八·攝命 32 王乎（呼）乍（作）册任册命白（伯）夷（攝）

 清華八·八氣 02 或六旬白霝（露）降

～，與 ⊖（上博一·緇 18）、⊖（上博五·弟 19）、⊖（上博七·君甲 1）同。《說文·白部》："白，西方色也。陰用事，物色白。从入合二。二，陰數。凡白之屬皆从白。⊖，古文白。"

清華一·尹至 01、04"白"，讀爲"亳"，古都邑名，商湯的都城。相傳有三處：(1)在今河南商丘縣東南，傳說湯曾居於此，又名南亳。《史記·殷本紀》：

"湯始居亳。"張守節《正義》引《括地志》:"宋州穀熟縣西南三十五里南亳故城,即南亳,湯都也。"(2)在今河南商丘縣北,又名北亳。(3)在今河南偃師縣西,又名西亳。簡文"自夏徂亳",參《書·説命下》:"自河徂亳,暨厥終罔顯。"

清華一·楚居02"經白(伯)",季連的大兒子。

清華一·楚居13"白公",楚平王太子建之子,名勝,號白公。《史記·楚世家》:"(惠王)六年,白公請兵令尹子西伐鄭。初,白公父建亡在鄭,鄭殺之,白公亡走吴,子西復召之,故以此怨鄭,欲伐之。子西許而未爲發兵。八年,晉伐鄭,鄭告急楚,楚使子西救鄭,受賂而去。白公勝怒,乃遂與勇力死士石乞等襲殺令尹子西、子綦於朝,因劫惠王,置之高府,欲弑之。惠王從者屈固負王亡走昭王夫人宫。白公自立爲王。月餘,會葉公來救楚,楚惠王之徒與共攻白公,殺之。惠王乃復位。"

清華二·繫年003"龍白和""夒白和",讀爲"共伯和"。《史記·周本紀》索隱引《紀年》:"共伯和干王位。"

清華二·繫年005、006、007"白盤",讀爲"伯盤"。《左傳·昭公二十六年》正義引《紀年》:"平王奔西申,而立伯盤以爲大子。"《國語·晉語一》《鄭語》《史記·周本紀》作"伯服","服"乃"盤"之誤。

清華二·繫年057"奠白爲右芋",讀爲"鄭伯爲右盂"。《左傳·文公十年》:"宋公爲右盂,鄭伯爲左盂。"

清華二·繫年058、059"孫白亡愄",讀爲"申伯無畏",申無畏又稱申舟。或説申氏出自楚文王,故稱"孫"。

清華二·繫年068"白水",指河。《左傳·僖公二十四年》:"所不與舅氏同心者,有如白水!"楊伯峻注:"'有如白水'即'有如河',意謂河神鑒之,《晉世家》譯作'河伯視之'是也。"簡文"毋能涉白水",郤克以不能涉河歸晉爲誓。《左傳·宣公十七年》:"獻子怒,出而誓曰:'所不此報,無能涉河!'"

清華二·繫年083"白盟",讀爲"柏舉",《公羊傳》作"伯莒",《穀梁傳》作"伯舉",今湖北麻城東北。《春秋·定公四年》:"冬十有一月庚午,蔡侯以吴子及楚人戰于柏舉,楚師敗績。楚囊瓦出奔鄭。"

清華二·繫年124、126"奠白紁",讀爲"鄭伯駘"。

清華三·良臣01"白㠱",讀爲"伯夷"。《史記索隱》:"伯夷名允,字公信。叔齊名致,字公達。"《國語·鄭語》:"伯夷,能禮於神以佐堯者也。"

清華三·良臣03"邴白",讀爲"芮伯"。《書·旅獒》:"巢伯來朝,芮伯作《旅巢命》。"孔傳:"芮伯,周同姓,圻内之國,爲卿大夫。陳威德以命巢。"

清華三·良臣 03"白适"，讀爲"伯适"，文王八士之一。《論語·微子》："周有八士：伯達、伯适、仲突、仲忽、叔夜、叔夏、季隨、季騧。"
　　清華三·良臣 09"土白"，讀爲"杜伯"，周宣王時臣。《國語·周語上》："杜伯射王於鄗。"韋昭注："杜國，伯爵，陶唐氏之後也。"
　　清華三·良臣 10、清華六·子產 21"王子白恋"，讀爲"王子伯願"，人名。鄭有王子氏，如《左傳·宣公六年》"王子伯廖"。
　　清華三·赤鵠 07、11、13、14、15"白兔"，白色的兔子。《後漢書·光武帝紀下》："日南徼外蠻夷獻白雉、白兔。"
　　清華四·筮法 42"白色"，見《管子·幼官》："九和時節，君服白色。"
　　清華六·太伯"太白"，即"太伯"，鄭莊公的子人氏長子太伯，繼子人成子執政。
　　清華六·太伯"白父"，伯父，指"太伯"。
　　清華八·攝命 32"白奘"，讀爲"伯攝"，或認爲即懿王太子夷王燮。《書·冏命序》："穆王命伯冏爲周太僕正，作《冏命》。""伯冏"，《尚書大傳》《史記·周本紀》等作"伯臩"，"臩"，即"奘（攝）"字之訛。
　　清華八·八氣 02"白零"，即"白露"，秋天的露水。《詩·秦風·蒹葭》："蒹葭蒼蒼，白露爲霜。"又爲二十四節氣之一，在每年陽曆九月八日前後交節。《逸周書·時訓》："白露之日鴻雁來。"《禮記·月令》"（孟春之月）東風解凍"，孔穎達疏："謂之白露者，陰氣漸重，露濃色白。"

敀

 清華七·趙簡子 10 兼敀（霸）者（諸）侯

 清華七·趙簡子 11 肰（然）則達（失）敀（霸）者（諸）侯

　　~，與 敀（上博五·季 11）同。《説文·攴部》："敀，迮也。从攴，白聲。《周書》曰：'常敀常任。'"
　　清華七·趙簡子 10、11"敀者侯"，讀爲"霸諸侯"，作諸侯聯盟的首領，稱霸諸侯。《論語·憲問》："子曰：'管仲相桓公，霸諸侯，一匡天下，民到于今受其賜。微管仲，吾其被髮左衽矣。豈若匹夫匹婦之爲諒也，自經於溝瀆而莫之知也。'"《吕氏春秋·不廣》:"於是天子賜之南陽之地,遂霸諸侯。"

泊

 清華八·邦道 09 禹(稱)丌(其)行之厚洦(薄)以史(使)之

 清華八·邦道 20 洦(薄)閈(關)市

～,與🖼(上博四·柬 1)、🖼(上博四·曹 54)、🖼(上博六·用 7)同,從"水","白"聲。《玉篇·水部》:"洦,止舟也。"

清華八·邦道 09"厚洦",讀爲"厚薄",猶大小,多少。《商君書·開塞》:"夫過有厚薄,則刑有輕重;善有大小,則賞有多少。"

清華八·邦道 20"洦",讀爲"薄",減輕。《孟子·盡心上》:"易其田疇,薄其稅斂,民可使富也。"《左傳·昭公二十年》:"公説,使有司寬政,毀關,去禁,薄斂,已責。"

帛

 清華二·繫年 059 貤(奪)丌(其)玉帛

～,與🖼(上博二·魯 2)、🖼(上博一·孔 20)同。《説文·帛部》:"帛,繒也。從巾,白聲。"

清華二·繫年 059"玉帛",圭璋和束帛。古代祭祀、會盟、朝聘等均用之。《周禮·春官·肆師》:"立大祀用玉帛牲牷。"《左傳·哀公七年》:"禹合諸侯於塗山,執玉帛者萬國。"

邰

 清華三·良臣 11 楚恭(共)王又(有)邰(伯)州利(犁)

～,從"邑","白"聲。

清華三·良臣 11"邲州利",讀爲"伯州犁",晉伯宗之子,奔楚後爲大宰。《左傳·昭公元年》:"令尹命大宰伯州犁對曰。"《元和姓纂》引《世本》:"伯宗氏,晉孫伯起生伯宗,因氏焉。"

朏

 清華一·程寤 01 隹王元祀貞(正)月既生朏(霸)

～,从"月","白"聲,"魄"字異體。

清華一·程寤 01"朏",即"魄""霸",指月未盛明時所發的光。簡文"既生魄",月既生而未大明,指從上弦至望的一段時間。《逸周書·大戒》:"維正月既生魄,王訪于周公。"《書·武成》:"既生魄,庶邦冢君暨百工,受命于周。"孔傳:"魄生明死,十五日之後。"

柏

 清華一·程寤 01 悤=(化爲)松柏棫柞

 清華一·程寤 04 杍(梓)松柏副

 清華一·程寤 06 欲隹(惟)柏夢

《説文·木部》:"柏,鞠也。从木,白聲。"

清華一·程寤 01、04"松柏",松樹和柏樹。兩樹皆長青不凋,爲志操堅貞的象徵。《禮記·禮器》:"其在人也,如竹箭之有筠也,如松柏之有心也。"《荀子·大略》:"歲不寒無以知松柏。"

百

 清華一·皇門 04 百眚(姓)萬民

 清華二·繫年60 以女子與兵車百鼞(乘)

 清華三·說命上01 王命氒(厥)百攻(工)向

 清華三·說命下08 弗易百青(姓)

 清華三·說命下09 虐(吾)乃尃(敷)之于百青(姓)

 清華三·芮良夫09 凡百君子

 清華三·芮良夫18 政(正)百又(有)司

 清華六·孺子12 諰(屬)之夫=(大夫)及百執事

 清華六·子儀02 車脁(逸)於舊䑕(數)三百

 清華六·子儀03 徒脁(逸)于舊典六百

 清華五·湯丘07 今少(小)臣能𡉚(展)章(彰)百義

 清華五·啻門10 百志皆窟(窮)

 清華六·管仲13 百官之典

清華六·子產 22 王子百

清華七·子犯 12 爲桼(桎)櫸(梏)三百

清華七·趙簡子 10 駞(馳)馬四百駟

清華七·越公 18 徥雩(越)百里

清華七·越公 31 雩(越)庶民百眚(姓)乃禹(稱)譶䜌(悚)思(懼)

清華八·攝命 04 雩(越)御事庶百又告有訾

清華八·處位 04 宔(主)賃(任)百敚(役)

清華八·邦道 06 則耑(草)木以迖(及)百繠(穀)曼(慢)生

清華八·邦道 07 則耑(草)木以迖(及)百繠(穀)茅(茂)長駱實

清華八·邦道 09 則百官敬

清華八·邦道 13 是以専(敷)均於百眚(姓)之溓(兼)厯(利)而惡(愛)者

清華八·邦道 25 䜌（靖）悈（殹）以智（知）之于百𧧻（姓）

清華八·心中 02 百體四叟（相）莫不𩵋（逸）透（沈）

清華四·算表 07 百

清華四·算表 10 百

清華四·算表 11 百

清華四·算表 16 百

清華四·算表 19 百

清華四·算表 08 百二十

清華四·算表 09 百二十

清華四·算表 15 百二十

清華四·算表 06 百廿=（二十）

清華四·算表 10 百廿=（二十）

清華四·算表 17 百廿=（二十）

清華四·算表 18 百廿=（二十）

清華四·算表 19 百廿=（二十）

清華四·算表 05 百四十

清華四·算表 10 百四十

清華四·算表 14 百四十

清華四·算表 19 百四十

清華四·算表 09 百五十

清華四·算表 07 百卒=（五十）

清華四·算表 16 百卒=（五十）

清華四·算表 18 百卒=（五十）

清華四·算表 04 百六十

清華四·算表 13 百六十

清華四·算表 08 百卒=（六十）

清華四·算表 10 百卒=（六十）

清華四·算表 17 百卒=（六十）

清華四·算表 19 百卒=（六十）

清華四·算表 15 百八十

清華四·算表 03 百夲=（八十）

清華四·算表 06 百夲=（八十）

清華四·算表 09 百夲=（八十）

清華四·算表 10 百夲=（八十）

清華四·算表 12 百夲=（八十）

清華四·算表 14 一百夲=（八十）

清華四·算表 18 百八=（八十）

清華四·算表 19 百八=（八十）

清華四·算表 06 千二百

清華四·算表 08 千二百

清華四·算表 09 千二百

清華四·算表 10 千二百

清華四·算表 05 千四百

清華四·算表 10 千四百

清華四·算表 07 千五百

清華四·算表 09 千五百

清華四·算表 04 千六百

清華四·算表 08 千六百

清華四·算表 10 千六百

清華四·算表 03 千八百

清華四·算表 06 千八百

清華四·算表 09 千八百

清華四·算表 10 千八百

清華四·算表 07 二百

清華四·算表 08 二百

清華四·算表 10 二百

清華四·算表 11 二百

清華四·算表 16 二百

清華四·算表 17 二百

清華四·算表 05 二百一十

清華四・算表 09 二百十

清華四・算表 14 二百十

清華四・算表 18 二百十

清華四・算表 04 二百四十

清華四・算表 06 二百四十

清華四・算表 08 二百四十

清華四・算表 09 二百四十

清華四・算表 13 二百四十

清華四・算表 15 二百四十

清華四・算表 17 二百四十

清華四・算表 18 二百四十

清華四・算表 07 二百芊=（五十）

 清華四·算表 16 二百罕=（五十）

 清華四·算表 03 二百七十

 清華四·算表 09 二百宇=（七十）

 清華四·算表 12 二百宇=（七十）

 清華四·算表 18 二百宇=（七十）

 清華四·算表 05 二百兮=（八十）

 清華四·算表 08 二百兮=（八十）

 清華四·算表 17 二百兮=（八十）

 清華四·算表 05 二千一百

 清華四·算表 09 二千一百

清華四·算表 04 二千四百

清華四·算表 06 二千四百

 清華四·算表 08 二千四百

清華四·算表 09 二千四百

 清華四·算表 07 二千五百

清華四·算表 03 二千七百

 清華四·算表 09 二千七百

 清華四·算表 05 二千八百

 清華四·算表 08 二千八百

 清華四·算表 06 三百

清華四·算表 07 三百

 清華四·算表 09 三百

 清華四·算表 11 三百

 清華四·算表 15 三百

清華四·算表 16 三百

 清華四·算表 04 三百廿(二十)

 清華四·算表 08 三百廿=(二十)

 清華四·算表 13 三百廿=(二十)

 清華四·算表 05 三百卒=(五十)

 清華四·算表 07 三百卒=(五十)

 清華四·算表 14 三百五十

 清華四·算表 16 三百五十

 清華四·算表 03 三百六十

 清華四·算表 06 三百卒=(六十)

 清華四·算表 08 三百六十

清華四·算表 12 三百六十

清華四·算表 15 三百卒₌（六十）

清華四·算表 04 三千二百

清華四·算表 08 三千二百

清華四·算表 05 三千五百

清華四·算表 07 三千五百

清華四·算表 03 三千六百

清華四·算表 06 三千六百

清華四·算表 08 三千六百

清華四·算表 04 四百

清華四·算表 07 四百

清華四·算表 08 四百

清華四·算表 10 四百

清華四·算表11 四百

清華四·算表13 四百

清華四·算表05 四百廿(二十)

清華四·算表06 四百廿=(二十)

清華四·算表14 四百廿=(二十)

清華四·算表15 四百二十

清華四·算表03 四百五十

清華四·算表12 四百五十

清華四·算表07 四百卒=(五十)

清華四·算表04 四百八十

清華四·算表06 四百夲=(八十)

清華四·算表13 四百八十

清華四·算表 15 四百仈=（八十）

清華四·算表 05 四百九十

清華四·算表 14 四百卆=（九十）

清華四·算表 05 四千二百

清華四·算表 03 四千五百

清華四·算表 07 四千五百

清華四·算表 04 四千八百

清華四·算表 06 四千八百

清華四·算表 05 四千九百

清華四·算表 07 五百

清華四·算表 11 五百

清華四·算表 03 五百四十

清華四·算表 06 五百四十

清華四·算表 12 五百四十

清華四·算表 15 五百四十

清華四·算表 04 五百六十

清華四·算表 05 五百卒=（六十）

清華四·算表 13 五百六十

清華四·算表 14 五百卒=（六十）

清華四·算表 03 五千四百

清華四·算表 06 五千四百

清華四·算表 04 五千六百

清華四·算表 05 五千六百

清華四·算表 06 六百

清華四·算表 09 六百

清華四·算表 10 六百

清華四·算表 11 六百

清華四·算表 03 六百卅₌(三十)

清華四·算表 05 六百卅₌(三十)

清華四·算表 12 六百卅₌(三十)

清華四·算表 14 六百卅₌(三十)

清華四·算表 04 六百四十

清華四·算表 13 六百四十

清華四·算表 03 六千三百

清華四·算表 05 六千三百

清華四·算表 04 六千四百

清華四·算表 05 七百

 清華四·算表 11 七百

 清華四·算表 03 七百二十

 清華四·算表 04 七百二十

 清華四·算表 12 七百廿=(二十)

 清華四·算表 13 七百廿=(二十)

 清華四·算表 03 七千二百

 清華四·算表 04 七千二百

 清華四·算表 04 八百

 清華四·算表 08 八百

 清華四·算表 10 八百

 清華四·算表 11 八百

清華四·算表 03 八百一十

 清華四·算表 12 八百十

 清華四·算表 03 八千一百

 清華四·算表 03 九百

 清華四·算表 09 九百

 清華四·算表 11 九百

 清華二·繫年 100(背)百

 清華二·繫年 101(背)百一

 清華二·繫年 102(背)百二

 清華二·繫年 103(背)百三

 清華二·繫年 104(背)百厶(四)

 清華二·繫年 105(背)百五

清華二·繫年106(背)百六

 清華二·繫年107(背)百七

 清華二·繫年108(背)百八

 清華二·繫年109(背)百九

 清華二·繫年110(背)百十

 清華二·繫年111(背)百十一

 清華二·繫年112(背)百十二

 清華二·繫年113(背)百十三

 清華二·繫年114(背)百十厶(四)

 清華二·繫年115(背)百十五

 清華二·繫年116(背)百十六

 清華二·繫年117(背)百十七

 清華二·繫年118(背)百十八

清華二·繫年 119(背)百十九

 清華二·繫年 120(背)百廿(二十)

 清華二·繫年 121(背)百廿(二十)一

 清華二·繫年 122(背)百廿(二十)二

 清華二·繫年 123(背)百廿(二十)三

 清華二·繫年 124(背)百廿(二十)厶(四)

 清華二·繫年 125(背)百廿(二十)五

 清華二·繫年 126(背)百廿(二十)六

 清華二·繫年 127(背)百廿(二十)七

 清華二·繫年 128(背)百廿(二十)八

 清華二·繫年 129(背)百廿(二十)九

 清華二·繫年 130(背)百卅(三十)

 清華二·繫年 131(背)百卅(三十)一

清華二·繫年132(背)百卅(三十)二

清華二·繫年133(背)百卅(三十)三

清華二·繫年134(背)百卅(三十)厶(四)

清華二·繫年135(背)百卅(三十)五

清華二·繫年136(背)百卅(三十)六

清華二·繫年137(背)百卅(三十)七

清華三·良臣08 史百(伯)

清華三·良臣10 王子百

，與(上博一·孔13)、(上博一·緇7)、(上博二·容28)、(上博四·柬12)、(上博五·姑1)、(上博七·凡甲22)同；，與(《先秦編》217)、(《珍戰》200)同。《説文·白部》："百，十十也。從一、白。數，十百爲一貫。相章也。，古文百从自。"

清華一·皇門4"百眚萬民"，讀爲"百姓萬民"。《管子·輕重丁》："寡人欲爲百姓萬民藏之，爲此有道乎？"

清華二·繫年60"百鞁"，即"百乘"，兵車一百輛。《禮記·大學》："百乘之家，不畜聚斂之臣。"《晏子春秋·諫上十》："景公有男子五人，所使傅之者，

皆有車百乘者也。"

清華三·說命上01"百攻",讀爲"百工",各種工匠。《墨子·節用中》:"凡天下群百工,輪車鞼匏,陶冶梓匠,使各從事其所能。"《漢書·東方朔傳》:"異類之物,不可勝原,此百工所取給,萬民所卬足也。"

清華三·說命下08、09,清華八·邦道13、25"百眚",讀爲"百姓",人民,民衆。《書·泰誓中》:"百姓有過,在予一人。"孔穎達疏:"此'百姓'與下'百姓懍懍',皆謂天下衆民也。"《論語·顔淵》:"百姓足,君孰與不足?百姓不足,君孰與足?"

清華三·芮良夫09"凡百君子",《詩·小雅·雨無正》:"凡百君子,各敬爾身。"鄭箋:"凡百君子,謂衆在位者。"

清華三·芮良夫18"百又司",讀爲"百有司",猶百官。古代設官分職,各有專司,故稱。《書·大禹謨》:"好生之德,洽于民心,兹用不犯于有司。"

清華六·孺子12"百執事",猶百官。《書·盤庚下》:"邦伯、師長、百執事之人,尚皆隱哉。"《國語·吳語》:"王總其百執事,以奉其社稷之祭。"韋昭注引賈逵曰:"百執事,百官。"

清華五·湯丘07"百義",指各種善行。

清華五·啻門10"百志",《禮記·大傳》:"庶民安故財用足,財用足故百志成。"鄭玄注:"百志,人之志意所欲也。"

清華六·管仲13、清華八·邦道09"百官",古指公卿以下的衆官。後泛指各級官吏。《書·說命中》:"惟說命總百官。"《禮記·郊特牲》:"獻命庫門之内,戒百官也。"鄭玄注:"百官,公卿以下也。"

清華七·趙簡子10"馬四百駟",四百匹馬或四百輛車。《左傳·宣公二年》:"宋人以兵車百乘、文馬百駟,以贖華元于鄭。"《史記·滑稽列傳》:"於是齊威王乃益齎黃金千鎰,白璧十雙,車馬百駟。"

清華七·越公18"百里",一百里,謂距離甚遠。《易·震》:"震驚百里,不喪匕鬯。"《詩·大雅·桑柔》:"維此聖人,瞻言百里。"

清華七·越公31"庶民百眚",讀爲"庶民百姓",平民百姓。

清華八·攝命04"雩(越)御事庶百又俗有省",《荀子·君子》:"百吏官人無怠慢之事,衆庶百姓無姦怪之俗。"

清華八·處位04"百設",讀爲"百役",指各種職務、職事。

清華八·邦道06、07"百穀",讀爲"百穀",穀類的總稱。"百",舉成數而言,謂衆多。《書·舜典》:"帝曰:'棄,黎民阻飢,汝后稷,播時百穀。'"《詩·豳風·七月》:"亟其乘屋,其始播百穀。"

清華八·心中02"百體",人體的各個部位。《管子·立政》:"令則行,禁則止,憲之所及,俗之所被,如百體之從心,政之所期也。"《史記·范雎蔡澤列傳》:"夫人生百體堅彊,手足便利,耳目聰明而心聖智,豈非士之願與?"

清華三·良臣08"史百",讀爲"史伯",周大史,與鄭桓公對話。見《國語·鄭語》:"桓公爲司徒,甚得周衆與東土之人,問於史伯曰:'王室多故,余懼及焉,其何所可以逃死?'"

清華三·良臣10、清華六·子產22"王子百",人名。

其餘"百",數詞。《書·堯典》:"朞三百有六旬有六日,以閏月定四時,成歲。"

明紐莫聲

莫

清華一·皇門01 隹(惟)莫覒(開)余嘉悳(德)之兌(説)

清華一·皇門11 善夫莫達才(在)王所

清華一·祭公17 肰(然)莫卹(恤)亓(其)外

清華二·繫年036 亦莫之能内(入)

清華二·繫年052 我莫命卲(招)之

清華二·繫年114 王命莫嚻(敖)昜爲衒(率)自(師)以定公室

清華二·繫年116 王命莫囂（敖）昜爲衍（率）自（師）戡（侵）晉

清華二·繫年117 多云（棄）幡（旃）莫（幕）

清華三·琴舞06 殹（繄）莫肎（肯）曹（造）之

清華三·芮良夫01 莫綑（治）庶艱（難）

清華三·芮良夫01 莫卹邦之不寍（寧）

清華三·芮良夫04 甬（用）莫能㐱（止）欲

清華三·芮良夫05 而莫肎（肯）齊好

清華三·芮良夫06 莫之㪅（扶）道（導）

清華三·芮良夫12 莫敢忞憧

清華三·芮良夫16 莫好安情

清華三·芮良夫16 莫禹（稱）氒（厥）立（位）

清華三·芮良夫16 莫……型

清華三·芮良夫 18 莫之能枳（支）

清華三·芮良夫 23 而莫旻（得）亓（其）弔（次）

清華三·芮良夫 26 莫之能惻（測）

清華三·芮良夫 27 莫我或聖（聽）

清華四·筮法 43 莫（暮）屯（純）乃室中

清華四·筮法 49 莫日

清華五·厚父 11 今民莫不曰余媒（保）孝（教）明惪（德）

清華五·命訓 05 正人莫女（如）又（有）亟（極）

清華五·命訓 05 道天莫女（如）亡（無）亟（極）

清華五·命訓 10 福莫大於行

清華五·命訓 10 祸（禍）莫大於遥（淫）祭

清華五·命訓 10 俚（恥）莫大於瘍（傷）人

清華五·命訓 11 賞莫大於壤(讓)

清華五·命訓 11 罰莫大於多虞(詐)

清華五·三壽 04 虐(吾)䎽(聞)夫長莫長於風

清華五·三壽 05 虐(吾)䎽(聞)夫噞(險)莫噞(險)於心

清華五·三壽 06 虐(吾)䎽(聞)夫長莫長於水

清華五·三壽 07 虐(吾)䎽(聞)夫噞(險)莫噞(險)於槼(鬼)

清華五·三壽 07 虐(吾)䎽(聞)夫長莫長於□

清華五·三壽 17 監(濫)莧(媚)莫淦(感)

清華五·三壽 20 神民莫責

清華六·管仲 22 莫㤅(愛)裝(勞)力於亓(其)王

清華六·太伯甲 10 長不能莫(慕)虐(吾)先君之武敢(烈)臧(壯)𢀖(功)

清華六·太伯乙09 長不能莫（慕）虐（吾）先君之武歆（烈）虩（壯）𢦏（功）

清華六·子儀09 莫遄（往）可＝（兮何）以賓（寘）言（焉）

清華七·子犯11 莫可䎽（聞）

清華七·子犯11 四方𢀛（夷）莫句（後）

清華七·子犯13 用凡君所䎽（問）莫可䎽（聞）

清華七·越公35 乃莫不勑（耕）

清華七·越公58 叡（近）御莫徹（躐）

清華七·越公60 進者莫退

清華八·邦道15 古（故）莫敢刉（急）

清華八·心中03 百體四叟（相）莫不晷（逸）㾪（沈）

〜，與（上博四·逸·多1）、𦱤（上博五·弟8）、𦱤（上博七·君甲5）同。《說文·茻部》：「莫，日且冥也。从日在茻中。」

　　清華一·皇門01"莫"，代詞，沒有誰。《論語·憲問》：「子曰：莫我知也夫。」

清華一·皇門11"善夫莫達才(在)王所",今本《逸周書·皇門》作"俾莫通在士王所"。

清華一·皇門11,祭公17,清華二·繫年036、052"莫",副詞。表示否定。不,不能。《詩·邶風·終風》:"莫往莫來,悠悠我思。"《荀子·解蔽》:"桀死於鬲山,紂縣於赤斾,身不先知,人又莫之諫,此蔽塞之禍也。"《史記·陳丞相世家》:"高帝既出,其計祕,世莫得聞。"

清華二·繫年114、116"莫囂(敖)易爲",見曾侯乙墓一號竹簡"大莫囂旖爲"。新蔡甲三·三六作"大莫囂旖爲"。

清華二·繫年117"幝莫",讀爲"旟幕",旗幟與帳幕。"幕",帳幕,篷帳。《左傳·莊公二十八年》:"楚幕有烏。"杜預注:"幕,帳也。"

清華三·琴舞06、清華三·芮良夫05"莫肎",即"莫肯",不肯。《詩·小雅·沔水》:"莫肯念亂,誰無父母?"

清華三·芮良夫01"莫絅庶懃",讀爲"莫治庶難"。《孟子·滕文公上》:"無君子,莫治野人;無野人,莫養君子。"

清華三·芮良夫01"莫卹",不卹,不憂。《國語·晉語三》:"吾君慼焉,其亡之不卹。"

清華三·芮良夫06、18、26"莫之",《孟子·梁惠王上》:"保民而王,莫之能禦也。"

清華三·芮良夫12、清華八·邦道15"莫敢",不敢。

清華三·芮良夫16"莫好安情",沒有人喜歡安於情。

清華三·芮良夫23"莫旻",即"莫得",不得。《世說新語·德行》:"劉尹在郡,臨終綿惙,聞閣下祠神鼓舞,正色曰:'莫得淫祀!'"

清華四·筮法43"莫",古"暮"字。《禮記·檀弓上》:"魯人有朝祥而莫歌者。"

清華四·筮法49"莫日",疑原祇作"暮",誤分爲兩字。

清華五·命訓05"莫女",讀爲"莫如",不如。《國語·魯語上》:"不厚其棟,不能任重,重莫如國,棟莫如德。"《史記·樂毅列傳》:"王必欲伐之,莫如與趙及楚魏。"

清華五·命訓、三壽"莫……於……",沒有……比……。馬王堆帛書《老子·德經》:"罪莫大於可欲,禍莫大於不知足,咎莫憯於欲得。"

清華五·三壽17"監芫莫淦",讀爲"濫媚莫感",姦聲柔佞不惑。

清華六·管仲22"莫悉袭力於亓王",讀爲"莫愛勞力於其王"。《説苑·

貴德》:"既以生,莫愛其賜。"

清華六·太伯甲10、太伯乙09"莫",讀爲"慕",思慕,嚮往。《書·畢命》:"弗率訓典,殊厥井疆,俾克畏慕。"《孟子·萬章上》:"人少則慕父母。"趙岐注:"慕,思慕也。"

清華六·子儀09"莫進",即"莫往"。《管子·形勢》:"道往者其人莫往,道來者其人莫來。"

清華七·子犯11、13"莫可䎽",即"莫可聞",不可聞。《韓非子·十過》:"昔者晉獻公與寡人交,諸侯莫弗聞。"

清華五·厚父11、清華七·越公35、清華八·心中03"莫不",無不,沒有一個不。《詩·周頌·時邁》:"薄言震之,莫不震疊。"《左傳·成公十六年》:"民生敦厖,和同以聽,莫不盡力,以從上命。"

清華七·越公58"莫䟯",即"莫蹠",不敢逾越。

慕

清華三·琴舞14 大亓(其)又(有)慕(謨)

清華五·三壽26 返(急)利嚚神慕(莫)龏(恭)而不䀠(顧)于迟(後)

《説文·心部》:"慕,習也。从心,莫聲。"

清華三·琴舞14"慕",讀爲"謨",謀略。

清華五·三壽26"慕",讀爲"莫",副詞,表示否定,不,不能。《詩·邶風·終風》:"莫往莫來,悠悠我思。"

幕

清華二·繫年136 楚人聿(盡)厺(棄)亓(其)旞(旗)、幕、車、兵

《説文·巾部》:"幕,帷在上曰幕,覆食案亦曰幕。从巾,莫聲。"

清華二·繫年136"幕",帳幕,篷帳。《左傳·莊公二十八年》:"楚幕有烏。"杜預注:"幕,帳也。"

歾(墓)

 清華二·繫年 016 以獸(守)周之垚(墳)歾(墓)

~，與 同，从"死"，"莫"聲，"墓"之異體。《說文·土部》："墓，丘也。从土，莫聲。"

清華二·繫年 016"垚歾"，即"墳墓"。古代埋葬死者，封土隆起的叫墳，平的叫墓。《周禮·地官·大司徒》："安萬民，一曰媺宮室，二曰族墳墓。"《史記·酈生陸賈列傳》："足下中國人，親戚昆弟墳墓在真定。"

夢

清華二·繫年 058 宋公之車夢(暮)軍(駕)

清華五·三壽 28 棘(革)束(簡)和夢(慕)

~，从"夕"，"莫"聲。

清華二·繫年 058"夢軍"，即"暮駕"，晚駕，遲駕。與"夙駕"相對。《左傳·文公十年》："子朱及文之無畏爲左司馬，命夙駕載燧。"楊伯峻注："夙駕，早駕也。"

清華五·三壽 28"夢"，讀爲"慕"，《說文》："慕，習也。"《管子·勢》："慕和其衆，以修天地之從。"《禮記·儒行》："禮之以和爲貴，忠信之美，優游之法，慕賢而容衆，毁方而瓦合。"

正編·陽部

陽 部

影紐央聲

央

 清華五·啻門 10 燹(氣)逆䚢(亂)以方是亓(其)爲疾央(殃)

 清華六·子產 10 旻(得)民天央(殃)不至

～,與 、同。《説文·冂部》:"央,中央也。从大在冂之内。大,人也。央、旁同意。一曰久也。"

清華五·啻門 10"疾央",讀爲"疾殃",病患災殃。《周禮·天官·女祝》:"掌以時招梗禬禳之事,以除疾殃。"

清華六·子產 10"天央",讀爲"天殃",天降的禍殃。《禮記·月令》:"(孟春之月)是月也,不可以稱兵。稱兵,必天殃。"《春秋繁露·郊語》:"由是觀之,天殃與主罰所以别者,闇與顯耳。"

曉紐皀聲

卿

 清華一·祭公 05 卿(享)亓(其)明悳(德)

 清華一·祭公 16 女(汝)母(毋)以俾(嬖)士息(疾)夫₌(大夫)卿夌(士)

 清華二·繫年 002 卿夌(士)、者(諸)正、萬民弗刃(忍)于氒(厥)心

 清華五·厚父 02 乎(呼)命咎(皋)繇(繇)下爲之卿事

 清華八·邦道 16 卿夫₌(大夫)獸(守)正(政)

 清華四·筮法 02 乃卿(饗)

 清華四·筮法 04 乃亦卿(饗)

 清華五·厚父 04 其才(在)寺(時)𨒥(後)王之卿

 清華五·厚父 13 隹(惟)神之卿(饗)

 清華八·攝命 01 亡承朕卿(鄉)

 清華八·攝命 32 北卿(鄉)

～，是"饗"的初文，象二人相嚮而食之形。與 ⿳(上博五·三 4)、⿳(上博三·周 23)、⿳(上博六·天乙 7)同。《說文·卯部》："卿，章也。六卿：天官

冢宰、地官司徒、春官宗伯、夏官司馬、秋官司寇、冬官司空。从卯,皀聲。"

清華一·祭公05"卿亓明惪",讀爲"享其明德"。《左傳·僖公五年》:"如是則非德,民不和,神不享矣。"《墨子·明鬼下》:"神曰:'無懼!帝享女明德,使予錫女壽十年有九,使若國家蕃昌,子孫茂,毋失鄭。'"

清華一·祭公16"女(汝)母(毋)以俾(嬖)士息(疾)夫=(大夫)卿夌(士)",《禮記·緇衣》作:"毋以小謀敗大作,毋以嬖御人疾莊后,毋以嬖御士疾莊士、大夫、卿士。"郭店簡《緇衣》作:"毋以小謀敗大煮(圖),毋以卑(嬖)御息(塞)莊后,毋以卑(嬖)士息(塞)大夫、卿事(士)。""卿士",指卿、大夫。後用以泛指官吏。《書·牧誓》:"是信是使,是以爲大夫卿士。"孫星衍疏:"大夫卿士不云'卿大夫士',蓋以此士,卿之屬也。"

清華二·繫年002"卿夌(士)",參上。

清華五·厚父02"卿事",見於小子𨛙簋(《集成》03904)、番生簋(《集成》04326)等處,爲官名。

清華八·邦道16"卿夫=",即"卿大夫",公卿和大夫。後借指高級官員。《國語·魯語下》:"卿大夫朝考其職,晝講其庶政。"《周禮·秋官·司寇》:"凡卿大夫之獄訟,以邦瀘斷之。凡庶民之獄訟,以邦成弊之。"

清華四·筮法02、04"卿(饗)",神鬼享用祭品。

清華五·厚父04"其才(在)寺(時)侅(後)王之卿",或說"卿"字連下讀,"卿或"讀爲"享國",猶云在位,見《書·無逸》。

清華五·厚父13"隹神之卿",讀爲"惟神之饗",神鬼享用祭品。《詩·小雅·楚茨》:"先祖是皇,神保是饗。"鄭箋:"其鬼神又安而享其祭祀。"《國語·周語上》:"神饗而民聽。"《左傳·僖公五年》:"如是則非德,民不和,神不享矣。"《孟子·萬章上》:"使之主祭而百神享之,是天受之。"

清華八·攝命01"卿",讀爲"鄉",訓爲"往、昔"。

清華八·攝命32"北卿",讀爲"北鄉",朝北,嚮北。《呂氏春秋·季秋》:"司徒搢扑,北嚮以誓之。"《史記·項羽本紀》:"項王即日因留沛公與飲……沛公北嚮坐,張良西嚮侍。"

曉紐喜聲

喜

 清華二·繫年 121 戉（越）公內（入）喜（饗）於魯

 清華三·說命下 04 余克喜（享）于朕辟

 清華三·琴舞 01 無悬（悔）喜（享）君

 清華三·琴舞 01 喜（享）隹（惟）滔（慆）市

 清華三·琴舞 09 曰喜（享）畣（答）舍（余）一人

 清華三·琴舞 14 曰喜（享）人大

 清華三·芮良夫 18 龏（恭）毉（監）喜（享）祀

 清華三·赤鵠 01 我亓（其）喜（享）之

 清華四·筮法 01 凸（凡）喜（享）

 清華四·筮法 62 曰喜（享）

清華五·封許 09 經嗣萇（世）亯（享）

 清華五·湯丘 01 亯（烹）之和

 清華五·三壽 14 余（餘）亯（享）獻社（攻）

 清華八·攝命 23 廼隹（唯）惪（德）亯（享）

～，與 ☐（上博五·三 4）、☐（上博五·三 9）同。《說文·亯部》："亯，獻也。从高省，曰象進孰物形。《孝經》曰：'祭則鬼亯之。'☐，篆文亯。"

清華二·繫年 121"戉（越）公內（入）亯於魯"之"亯"，讀爲"饗"，以隆重的禮儀宴請賓客。泛指宴請，以酒食犒勞、招待。《詩·小雅·彤弓》："鐘鼓既設，一朝饗之。"鄭箋："大飲賓曰饗。"孔穎達疏："謂以大禮飲賓，獻如命數，設牲俎豆，盛於食、燕。"《儀禮·士昏禮》："舅姑共饗婦以一獻之禮。"鄭玄注："以酒食勞人曰饗。"

清華三·說命下 04，清華三·琴舞 01、14"亯"，即"享"，獻。《書·洛誥》："汝其敬識百辟享，亦識其有不享。"孔傳："奉上謂之享。"孔穎達疏："享訓獻也。獻是奉上之詞，故奉上謂之享。"克罍、盉（《近出》987、942）："惟乃明乃心，享于乃辟，余大對乃享。"

清華三·琴舞 09"亯畣"，讀爲"享答"，亦即"饗答"。《漢書·郊祀志下》："不答不饗，何以甚此！"顏師古注："不答，不當天意。"

清華三·芮良夫 18"亯祀"，讀爲"享祀"，祭祀。《易·困》："困于酒食，朱紱方來，利用享祀。"《詩·魯頌·駉之什》："春秋匪解，享祀不忒。皇皇后帝！皇祖后稷！"

清華三·赤鵠 01"亯"，即"享"，《春秋·莊公四年》："四年，春，王二月，夫人姜氏享齊侯于祝丘。"杜預注："享，食也。"

清華四·筮法 01"亯"，即"享"，祭享。

清華四·筮法 62"亯"，即"享"，十七個占筮的命辭種類之一。

清華五·封許09"枼言",讀爲"世享",《書·康誥》:"乃以殷民世享。"屈萬里《尚書集釋》:"世享,世世祭享,意謂永保其國也。"

清華五·湯丘01"言",即"享",讀爲"烹",煮。《左傳·昭公二十年》:"水火醯醢鹽梅,以烹魚肉,燀之以薪。"杜預注:"烹,煮也。"

清華五·三壽14"余言",讀爲"餘享",祭饗豐多。

清華八·攝命23"言",即"享"。

萲

   清華八·天下01 萲亓(其)飤(食)

~,與萲(上博六·競9)同,从"艸","言"聲。

清華八·天下01"萲",讀爲"芳"。《荀子·富國》:"必將芻豢稻粱、五味芬芳以塞其口。"上博六·競9"番涅毄萲",讀爲"播馨揚芳"。"享""芳"二字古通。《易·損》:"曷之用二簋。可用享。"漢帛書本"享"作"芳"。《易·困》:"利用享祀。"漢帛書本"享"作"芳"。或讀爲"享"。

曉紐向聲

向

   清華三·良臣05 𢘓(後)又(有)弔(叔)向

   清華一·程寤07 明=(明明)才(在)向

   清華三·說命上01 王命毕(厥)百攻(工)向

   清華四·筮法11 𥊽(易)向

清華四·筮法 13 不遏（易）向

　清華五·封許 02 向（尚）脣（純）乓（厥）悳（德）

，與 （上博三·彭 8）、（上博四·柬 1）同。《説文·宀部》："向，北出牖也。从宀，从口。《詩》曰：'塞向墐户。'"徐鍇曰："牖所以通人气，故从口。"

清華三·良臣 05"弔向"，讀爲"叔向"。《列女傳·仁智傳》："叔姬者，羊舌子之妻也，叔向、叔魚之母也，一姓楊氏。叔向名肸，叔魚名鮒。"

清華一·程寤 07"明₌才向"，讀爲"明明在上"。《書·吕刑》："穆穆在上，明明在下，灼于四方，罔不惟德之勤，故乃明于刑之中，率乂于民棐彝。"

清華三·説命上 01"向"，讀爲"像"，指畫像。

清華四·筮法 11、13"徜向"，讀爲"易向"，指改變四隅卦的位置，如卦例所見。

清華五·封許 02"向"，讀爲"尚"。

　清華八·心中 01 因名若蠁（響）

～，从"蚰"，"向"聲。或疑即"響"字古文"蚫"。

清華八·心中 01"蠁"，讀爲"響"。《説文》："響，聲也。"《左傳·昭公十二年》："今與王言如響。"《易·繫辭上》："是以君子將有爲也，將有行也，問焉而以言，其受命也如響。"孔穎達疏："謂蓍受人命，報人吉凶，如響之應聲也。"

曉紐兄聲

兄

　清華一·皇門 12 朕遺父兄眔朕薦（藎）臣

清華六·子儀 12 救兄弟以見東方之者（諸）侯

　清華七·越公 16 兹（使）虗（吾）式邑之父兄子弟朝夕棧（粲）肰（然）爲犲（豺）狼

　清華八·邦政 05 父兄與於終要

～，與 、同。《説文·兄部》："兄，長也。从儿，从口。"

清華一·皇門 12、清華八·邦政 05"父兄"，父親與兄長。《論語·子罕》："出則事公卿，入則事父兄。"

清華六·子儀 12"救兄弟"，拯救嬴姓國家。

清華七·越公 16"父兄"，父親與兄長。《爾雅·釋親》："男子先生爲兄，後生爲弟。"《論語·子罕》："出則事公卿，入則事父兄。"《禮記·樂記》："在閨門之内，父子兄弟同聽之，則莫不和親。"

胜

　清華一·耆夜 03 紝㠯胜（兄）俤（弟）

　清華一·金縢 07 官（管）弔（叔）返（及）亓（其）群胜（兄）俤（弟）

　清華六·鄭子 07 老婦亦不敢以胜（兄）弟昏（婚）因（姻）之言以䛊（亂）夫＝（大夫）之正（政）

～，與 、同，加注"生"聲，"兄"字繁體。

清華一·耆夜03、清華一·金縢07"胜俤",即"兄弟",哥哥和弟弟。《爾雅·釋親》:"男子先生爲兄,後生爲弟。"《詩·小雅·常棣》:"凡今之人,莫如兄弟。"鄭箋:"人之恩親,無如兄弟之最厚。"

清華六·孺子07"胜弟昏因",讀爲"兄弟婚姻"。《詩·小雅·采菽》:"騂騂角弓,翩其反矣。兄弟婚姻,無胥遠矣。"

匣紐杏聲

杏

清華六·子儀03 以視楚子義(儀)於杏會

~,與(左塚漆桐)、(包山95)同,即"杏"。《説文·木部》:"杏,果也。从木,可省聲。"或釋"本"。

清華六·子儀03"杏會",地名。待考。

匣紐行聲

行

清華一·程寤07 卑(俾)行量亡(無)乏

清華一·耆夜09 戕(歲)又(有)剴(歇)行

清華一·耆夜10 殳(役)車亓(其)行

清華一·皇門13 既告女(汝)忞(元)惪(德)之行

清華一·楚居03 麗不從(縱)行

清華二·繫年 051 乃命左行瘽（蔑）

清華二·繫年 054 左行瘽（蔑）

清華二·繫年 056 乃行

清華二·繫年 063 晉中行林父衔（率）自（師）救（救）奠（鄭）

清華二·繫年 079 繡（申）公櫼（竊）載少孟（孟）以行

清華二·繫年 080 爲南深（懷）之行

清華二·繫年 088 王或（又）事（使）宋右帀（師）芋（華）孫兀（元）行晉楚之成

清華二·繫年 099 爲南深（懷）之行

清華二·繫年 102 晉人旻（且）又（有）軋（范）氏与（與）中行氏之褐（禍）

清華三·説命上 06 一豕陞（地）宙（中）之自行

清華三·琴舞 03 貽（示）告舎（余）㬎（顯）息（德）之行

清華三·芮良夫 06 卑之若童（重）載以行隋（崝）隡（險）

清華三·赤鵠 10 少（小）臣乃记（起）而行

清華四·筮法 22 凸（凡）行，嚳（數）出

清華四·筮法 44 臾（坤）祟：門、行

清華四·筮法 62 曰行

清華五·命訓 03 女（如）又（有）俚（恥）而亙（恆）行

清華五·命訓 06 不呁（信）則不行

清華五·命訓 08 弗智（知）則不行

清華五·命訓 08 迀（干）善韋（違）則不行

清華五·命訓 10 福莫大於行

清華五·命訓 12 行之以耑（權）

清華五·命訓 15 以耑（權）從攄（法）則不行

清華五·筮門 05 六以行之

清華五·筮門 19 六以行之

清華五·筮門 20 六以行之

清華五·三壽 10 四厰（嚴）𠂤（將）行

清華五·三壽 11 而星月𨄔（亂）行

清華五·三壽 14 走（上）卲（昭）忎（順）穆而敬民之行

清華五·三壽 23 寺（是）名曰𧭈（叡）訏（信）之行

清華六·管仲 05 言則行之首

清華六·管仲 10 行之以行

清華六·管仲 11 行之以行

清華六·管仲 17 湯之行正

清華六·管仲 18 聖（聽）以行武

清華六·管仲 19 勧(壯)者忎(願)行

清華六·管仲 23 篙(篤)利而弗行

清華六·管仲 26 昏㬎(㬎)以行

清華六·子儀 16 昔鴍(質)之行

清華六·子產 06 秝(秩)所以夋(從)即(節)行豊(禮)

清華六·子產 11 事起貨(禍)行

清華六·子產 15 不以利行直(德)

清華六·子產 24 班羞(好)勿(物)畍(俊)之行

清華六·子產 25 行以夋(尊)命(令)裕義(儀)

清華七·越公 01 乃史(使)夫=(大夫)住(種)行成於吳帀(師)曰

清華七·越公 60 女(焉)訂(始)䌽(絕)吳之行夌(李)

清華七·越公 69 行成

清華八·攝命 04 即行女（汝）

清華八·攝命 08 引（矧）行劈（墮）敬茅（懋）

清華八·攝命 30 余亦隹（唯）肈（肇）敷（耆）女（汝）悳（德）行

清華八·邦政 10 亓（其）君子尃（薄）於斅（教）而行愳（詐）

清華八·處位 09 良人女（如）未行政

清華八·邦道 08 詰亓（其）行

清華八·邦道 09 禹（稱）亓（其）行之厚泊（薄）以史（使）之

清華八·邦道 14 命是以不行

清華八·邦道 17 必管（熟）聞（問）亓（其）行

清華八·八氣 05 旬（玄）楧（冥）衙（率）水以飤（食）於行

～，與 ⿰（上博一·緇 19）、⿰（上博二·容 21）、⿰（上博六·孔 5）同。
《説文·行部》："行，人之步趨也。从彳，从亍。"
　　清華一·程寤 07 "卑行量亡乏"，讀爲 "俾行量無乏"，所行之處無有困乏。
　　清華一·耆夜 09 "剴行"，或讀爲 "枲行"，標準恆常的道路。（郭永秉）或

讀爲"設行"。（沈培）

清華一・耆夜10"没車亓行"，即"役車其行"，服役的車子出行。參《詩・唐風・蟋蟀》："蟋蟀在堂，役車其休。"

清華一・皇門13"既告女忢悳之行"，讀爲"既告汝元德之行"。《詩・大雅・大明》："乃及王季，維德之行。"

清華三・琴舞03"貽（示）告舍（余）㬎（顯）悳（德）之行"，參上。

清華一・楚居03"麗不從行"，讀爲"麗不縱行"，麗季不是正常出生。

清華二・繫年051、054"左行瘥"，讀爲"左行蔑"，即先蔑。《左傳・僖公二十八年》："晉侯（文公）作三行以禦狄，荀林父將中行，屠擊將右行，先蔑將左行。"

清華二・繫年056、清華三・説命上06、清華三・芮良夫06、清華三・赤鵠10"行"，行走。《詩・唐風・杕杜》："獨行踽踽。豈無他人？不如我同父。"

清華二・繫年063"中行林父"，即荀林父、中行桓子。《左傳・宣公十二年》："夏六月，晉師救鄭。荀林父將中軍，先縠佐之。士會將上軍，郤克佐之。趙朔將下軍，欒書佐之。趙括、趙嬰齊爲中軍大夫。鞏朔、韓穿爲上軍大夫。荀首、趙同爲下軍大夫。韓厥爲司馬。"

清華二・繫年102"晉人㫃又笵氏与中行氏之䄏"，讀爲"晉人且有范氏與中行氏之禍"。《左傳・哀公二年》："范氏、中行氏，反易天明，斬艾百姓，欲擅晉國而滅其君。"

清華二・繫年079"繡公㩁載少孟以行"，讀爲"申公竊載少孟以行"。《史記・晉世家》："乃與趙衰等謀，醉重耳，載以行。"

清華二・繫年088"王或（又）事（使）宋右帀（師）芋（華）孫兀（元）行晉楚之成"，《左傳・成公十一年》："宋華元善於令尹子重，又善於欒武子，聞楚人既許晉糴茷成，而使歸復命矣。冬，華元如楚，遂如晉，合晉、楚之成。"

清華四・筮法22"凢（凡）行"，凡是筮問"行"。

清華四・筮法44"門""行"，五祀中的兩種。"行"，路神名，即行神。《禮記・月令》："（孟冬之月）其祀行，祭先腎。"

清華四・筮法62"曰行"，問行。

清華五・命訓03"女（如）又（有）佴（恥）而亙（恆）行"，今本《逸周書・命訓》作"若有醜而競行不醜"。簡文之"恆行"，今本作"競行不醜"。"佴"即"恥"字，與"醜"義近。《逸周書・常訓》："明王自血氣耳目之習以明之醜，醜明乃樂義，樂義乃至上，上賢而不窮。"《逸周書・程典》："爲上不明，爲下不順，無醜；輕其行。"

清華五・命訓06"不呻（信）則不行"，今本《逸周書・命訓》作"不信則不行"。

清華五·命訓 08"弗智(知)則不行",今本《逸周書·命訓》作"不知則不存"。

清華五·命訓 08"迂(干)善韋(違)則不行",今本《逸周書·命訓》作"干善則不行"。

清華五·命訓 10"福莫大於行",今本《逸周書·命訓》作"福莫大於行義"。"行",《左傳·昭公二十五年》:"人所履行。"

清華五·命訓 12"行之以崇",今本《逸周書·命訓》作"行之以權"。

清華五·命訓 15"以崇(權)從攄(法)則不行",今本《逸周書·命訓》作"以權從法則行"。

清華五·菅門 05、19、20"六以行之",指晝、夜、春、夏、秋、冬運行。

清華五·三壽 10"四厰迺行",讀爲"四嚴將行",將實行嚴厲的行政措施。

清華五·三壽 11"星月躝(亂)行",長沙子彈庫楚帛書:"日月星辰,亂逆其行。""亂行",亂了行列。《晉書·天文志中》:"違曆錯度,而失路盈縮者,爲亂行。"

清華六·管仲 05"言則行之首",言語和行爲。《易·繫辭上》:"言行,君子之樞機。"

清華六·管仲 17"湯之行正",品行端正。

清華六·管仲 18"聖以行武",讀爲"聽以行武"。《韓非子·五蠹》:"上德不厚而行武,非道也。"

清華六·管仲 19"勸者忢行",讀爲"壯者願行",壯年的想着跑。

清華六·管仲 23"管(篤)利而弗行"之"行",《吕氏春秋·悕君》高誘注:"奉也。"

清華六·管仲 26"昏寀以行",讀爲"昏彔以行",雖於夜晚也要行進。

清華六·子產 06"行豊",讀爲"行禮",按一定的儀式或姿勢致敬。《禮記·曲禮下》:"君子行禮,不求變俗。"《史記·劉敬叔孫通列傳》:"叔孫通曰:'上可試觀',上既觀,使行禮,曰:'吾能爲此。'"

清華六·子產 15"行直",讀爲"行德",實行德政。《吕氏春秋·愛士》:"人主其胡可以無務行德愛人乎?"《史記·殷本紀》:"武丁修政行德,天下咸驩,殷道復興。"

清華七·越公 01、69"行成",謂議和。《左傳·僖公二十八年》:"鄭伯如楚致其師,爲楚師既敗而懼,使子人九行成于晉。"《國語·越語上》:"大夫種進對曰……遂使之行成於吳。"

清華七·越公 60"行李",即"行李",使者。《左傳·僖公三十年》:"行李之往來,共其乏困。"杜預注:"行李,使人。"

清華八·攝命08"引行劈敬茅",讀爲"矧行墮敬懋",行墮者亦敬勉之。

清華八·攝命30"惪行",即"德行",道德品行。《易·節》:"君子以制數度,議德行。"孔穎達疏:"德行謂人才堪任之優劣。"《孟子·公孫丑上》:"宰我、子貢善爲説辭;冉牛、閔子、顔淵善言德行。"

清華八·邦政10"行憨",讀爲"行詐",做欺詐的壞事。《論語·子罕》:"子疾病,子路使門人爲臣。病間,曰:'久矣哉,由之行詐也。無臣而爲有臣,吾誰欺？欺天乎？'"班固《答賓戲》:"韓設辯以激君,吕行詐以賈國。"

清華八·處位09"行政",執掌國家政權,管理國家事務。《孟子·梁惠王上》:"爲民父母,行政,不免於率獸而食人,惡在其爲民父母也?"《史記·殷本紀》:"帝太甲既立三年,不明,暴虐,不遵湯法,亂德,於是伊尹放之於桐宮。三年,伊尹攝行政當國,以朝諸侯。"

清華八·邦道08"詰亓(其)行",《墨子·尚賢中》:"然後聖人聽其言,迹其行,察其所能,而慎予官,此謂事能。"

清華八·邦道09、17"行",品行。

清華八·邦道14"命是以不行",《荀子·致士》:"用其終爲始,則政令不行而上下怨疾,亂所以自作也。"

清華八·八氣05"行",路神名,即行神。《禮記·月令》:"(孟冬之月)其祀行,祭先腎。"

衡

清華二·繫年044 述(遂)朝周襄王于衡雝(雍)

清華三·良臣02 又(有)保奐(衡)

清華五·三壽16 楑(揆)宔(中)水奐(衡)

清華八·心中04 忘(妄)复(作)奐(衡)觕(觸)

～，或從"角"，從"大"，與🔲(上博七・凡甲4)、🔲(上博七・凡乙3)同。《説文・角部》："衡，牛觸，橫大木其角。從角，從大，行聲。《詩》曰：'設其楅衡。'🔲，古文衡如此。"

清華二・繫年044"衡灉"，讀爲"衡雍"，鄭地，在今河南原陽西南，原武西北。《左傳・僖公二十八年》："晉師三日館穀，及癸酉而還。甲午，至于衡雍，作王宮于踐土。"杜預注："衡雍，鄭地，今滎陽卷縣。"《史記・晉世家》："四月戊辰，宋公、齊將、秦將與晉侯次城濮。己巳，與楚兵合戰，楚兵敗，得臣收餘兵去。甲午，晉師還至衡雍，作王宮于踐土。"

清華三・良臣02"保奐"，即"保衡"，《書・君奭》："在太甲，時則有若保衡。"《詩・商頌・長發》："實維阿衡，實左右商王。"毛傳："阿衡，伊尹也。"

清華五・三壽16"揆审水奐"，讀爲"揆中水衡"，執中準平。"衡"，平。《詩・商頌・長發》："實維阿衡。"鄭箋："衡，平也。"

清華八・心中04"奐"，即"衡"。《周禮・玉人》："衡四寸。"鄭玄注："衡，古文橫，假借字也。""橫"，指放縱自任。《荀子・修身》："橫行天下。"楊倞注："橫行，不順理而行也。"

永

　清華五・厚父03 隹(惟)天乃永保顕(夏)邑

　清華五・厚父04 永保顕(夏)邦

　清華五・厚父04 永斁(斁)才(在)服

　清華五・封許08 以永厚周邦

　清華六・子儀08 鳥飛可(兮)蕫(懵)永

清華六·子儀 14 占夢僮（憯）永不休

清華八·攝命 27 亦余一人永㝨（安）才（在）立（位）

《説文·永部》："永，長也。象水巠理之長。《詩》曰：'江之永矣。'"

清華五·厚父 03、04"永保頨（夏）邦"，參《書·仲虺之誥》："欽崇天道，永保天命。"

清華五·厚父 04、清華五·封許 08"永"，永久，永遠。《詩·衛風·木瓜》："匪報也，永以爲好也。"

清華六·子儀 08、14"僮（憯）永"。《書·高宗肜日》："降年有永有不永。"

清華八·攝命 27"亦余一人永㝨才立"，讀爲"亦余一人永安在位"。《書·文侯之命》："有績予一人永綏在位。"孔傳："能有成功，則我一人長安在王位。"

匣紐王聲

王

清華一·程寤 01 隹王元祀貞（正）月既生朗（魄，霸）

清華一·程寤 02 告王

清華一·程寤 02 祝忻敜（蔽）王

清華一·程寤 03 王及大（太）子發（發）並拜吉夢

清華一·保訓 01 隹王五十=（五十）年

清華一·保訓 01 王念日之多丂(歷)

清華一·耆夜 01 武王八年

清華一·耆夜 03 王夜筵(爵)酻(酬)縪(畢)公

清華一·耆夜 04 王夜筵(爵)酻(酬)周公

清華一·耆夜 07 王又(有)脂(旨)酉(酒)

清華一·耆夜 08 周公或夜筵(爵)酻(酬)王

清華一·金縢 01 武王既克殹(殷)三年

清華一·金縢 01 王不瘳(豫)又(有)遟(遲)

清華一·金縢 01 我亓(其)爲王穆卜

清華一·金縢 02 未可以感(戚)虐(吾)先王

清華一·金縢 03 史乃册祝告先王曰

清華一·金縢 06 自以弋(代)王之敓(說)于金縢(縢)之匱

清華一·金縢06 臺(就)逡(後)武王力(陟)

清華一·金縢06 城(成)王由(猶)學(幼)才(在)立(位)

清華一·金縢08 亡(無)以返(復)見於先王

清華一·金縢08 於逡(後)周公乃遺王志(詩)曰《周(雕)鴞》

清華一·金縢09 王亦未逆公

清華一·金縢10 王旻(得)周公之所自以爲祀(功)

清華一·金縢10 以弋(代)武王之敓(說)

清華一·金縢10 王問(問)執事人

清華一·金縢11 王捕(把)箸(書)以淫(泣)

清華一·金縢11 昔公堇(勤)勞王豪(家)

清華一·金縢12 王乃出逆公至鄗(郊)

清華一·金縢14 (背)周武王又(有)疾

清華一·金縢 14(背)周公所自以弋(代)王之志

清華一·皇門 02 我餗(聞)昔才(在)二又(有)或(國)之折(哲)王

清華一·皇門 03 堇(勤)䢃王邦王豪(家)

清華一·皇門 03 王豪(家)

清華一·皇門 03 膳(羞)于王所

清華一·皇門 04 獻言才(在)王所

清華一·皇門 04 是人斯䙶(助)王共(恭)明祀

清華一·皇門 04 王用又(有)監

清華一·皇門 04 王用能承天之魯命

清華一·皇門 05 才(在)王廷

清華一·皇門 05 先王用又(有)勸(勸)

清華一·皇門 05 堇(勤)勞王邦王豪(家)

清華一·皇門 05 王豪（家）

清華一·皇門 06 王邦用窢（寧）

清華一·皇門 06 王用能盍（奄）又（有）四叟（鄰）

清華一·皇門 07 孫=（子孫）用穮（末）被先王之耿光

清華一·皇門 07 至于氒（厥）逡（後）嗣立王

清華一·皇門 07 廼弗肎（肯）用先王之明刑

清華一·皇門 08 弗卹王邦王豪（家）

清華一·皇門 08 王豪（家）

清華一·皇門 08 以䛐（問）求于王臣

清華一·皇門 08 我王訪良言於是人

清華一·皇門 09 卑（俾）王之亡（無）依亡（無）勴（助）

清華一·皇門 11 善夫莫達才（在）王所

(之所)

清華一・祭公 01 王若曰

清華一・祭公 03 朕（朕）賵（魂）才（在）朕（朕）辟卲（昭）王斎=

清華一・祭公 04 王曰

清華一・祭公 04 朕（朕）之皇且（祖）周文王

清華一・祭公 04 剌（烈）且（祖）武王

清華一・祭公 07 保肙（乂）王豪（家）

清華一・祭公 07 王曰：公禹（稱）不（丕）顯惪（德）

清華一・祭公 08 王曰

清華一・祭公 10 隹（惟）周文王受之

清華一・祭公 10 隹（惟）武王大敓（敗）之

清華一・祭公 11 隹（惟）天奠（定）我文王之志

清華一·祭公 18 尃（敷）求先王之共（恭）明悳（德）

清華一·祭公 19 昔才（在）先王

清華一·祭公 21 王拜䭮=（稽首）臦（舉）言

清華一·楚居 07 至武王酓（熊）䥽自宵遷（徙）居免

清華一·楚居 08 至文王自疆浧遷（徙）居湫（沈）鄀

清華一·楚居 09 至成王自䢈（郙）鄀遷（徙）袞（襲）湫（沈）浧

清華一·楚居 10 至穆王自睽（睽）鄀遷（徙）袞（襲）爲鄀

清華一·楚居 10 至臧（莊）王遷（徙）袞（襲）䕻鄀

清華一·楚居 11 至龏（共）王、康王、乳=（孺子）王皆居爲鄀

清華一·楚居 11 康王

清華一·楚居 11 乳=（孺子）王

清華一·楚居 11 至需（靈）王自爲鄀遷（徙）居秦（乾）溪之上

清華一·楚居12 競(景)坪(平)王即立(位)

清華一·楚居12 至卲(昭)王自秦(乾)溪之上遷(徙)居𡟭(微)郢

清華一·楚居13 至獻惠王自𡟭(嫩)郢遷(徙)袞(襲)爲郢

清華一·楚居14 王大(太)子以邦返(復)於湫(沈)郢

清華一·楚居14 王自䢼吁遷(徙)郶(蔡)

清華一·楚居14 王大(太)子自湫(沈)郢遷(徙)居疆郢

清華一·楚居15 王自郶(蔡)返(復)邨(鄢)

清華一·楚居15 柬大王自疆郢遷(徙)居藍郢

清華一·楚居15 王大(太)子以邦居鄩(鄩)郢

清華一·楚居16 至恕(悼)折(哲)王猷居鄩(鄩)郢

清華二·繫年001 昔周武王監觀商王之不龏(恭)帝=(上帝)

清華二·繫年001 商王之不龏(恭)帝=(上帝)

清華二·繫年 002 至=(至于)朿(厲)王

清華二·繫年 003 乃歸朿(厲)王于敬(彘)

清華二·繫年 003 朿(厲)王生洹(宣)王

清華二·繫年 003 洹(宣)王即立(位)

清華二·繫年 004 洹(宣)王是訂(始)弃(棄)帝攷(籍)弗畋(田)

清華二·繫年 005 周幽王取(娶)妻于西繻(申)

清華二·繫年 005 生坪(平)王

清華二·繫年 005 孚(褒)台(姒)辟(嬖)于王

清華二·繫年 006 王與白(伯)盤达(逐)坪(平)王

清華二·繫年 006 幽王起自(師)

清華二·繫年 006 回(圍)坪(平)王于西繻(申)

清華二・繫年007 以攻幽王

清華二・繫年007 邦君者(諸)正乃立幽王之弟舍(余)臣于虢(虢)

清華二・繫年007 是䂂(攜)惠王

清華二・繫年008 晉文侯戙(仇)乃殺惠王于虢(虢)

清華二・繫年008 周亡王九年

清華二・繫年009 晉文侯乃逆坪(平)王于少鄂(鄂)

清華二・繫年012 楚文王以啟于灘(漢)膓(陽)

清華二・繫年013 周武王既克䵻(殷)

清華二・繫年013 武王陟

清華二・繫年014 成王屎(踐)伐商邑

清華二・繫年014 成王伐商盍(蓋)

清華二・繫年015 坪(平)王東遷(遷)

清華二·繫年017 周成王、周公既遷（遷）殷民于洛邑

清華二·繫年018 周惠王立十又七年

清華二·繫年019 赤鄱（翟）王峎䁈记（起）肖（師）伐壟（衛）

清華二·繫年024 乃史（使）人于楚文王曰

清華二·繫年025 文王记（起）肖（師）伐賽（息）

清華二·繫年026 文王敗（敗）之於新（莘）

清華二·繫年026 文王爲客於賽（息）

清華二·繫年027 賽（息）侯以文王歓=（歓酒）

清華二·繫年027 亦告文王曰

清華二·繫年028 文王命見之

清華二·繫年028 王固命見之

清華二·繫年029 是生皇（堵）嚚（敖）及成王

清華二·繫年 029 文王以北啓出方成(城)

清華二·繫年 041 楚成王銜(率)者(諸)侯以回(圍)宋伐齊

清華二·繫年 042 楚王豫(舍)回(圍)歸

清華二·繫年 044 述(遂)朝周襄王于衡灉(雍)

清華二·繫年 056 楚穆王立八年

清華二·繫年 056 王會者(諸)侯于厥䝙(貉)

清華二·繫年 057 穆王思(使)毆(驅)槑(孟)者(諸)之麇

清華二·繫年 058 穆王即殜(世)

清華二·繫年 058 臧(莊)王即立(位)

清華二·繫年 059 臧(莊)王銜(率)自(師)回(圍)宋九月

清華二·繫年 061 楚臧(莊)王立十又四年

清華二·繫年 061 王會者(諸)侯于䣙(厲)

清華二·繫年 061 臧（莊）王述（遂）加奠（鄭）䚈（亂）

清華二·繫年 063 ［臧（莊）］王回（圍）奠（鄭）三月

清華二·繫年 063 臧（莊）王述（遂）北

清華二·繫年 074 楚臧（莊）王立

清華二·繫年 074 臧（莊）王立十又五年

清華二·繫年 075 臧（莊）王衒（率）自（師）回（圍）陳

清華二·繫年 075 王命繡（申）公屈晉（巫）迈（適）秦求自（師）

清華二·繫年 076 王內（入）陳

清華二·繫年 077 臧（莊）王即殜（世）

清華二·繫年 077 龏（共）王即立（位）

清華二·繫年 078 王命繡（申）公甹（聘）於齊

清華二·繫年 080 以至霝（靈）王

清華二·繫年 080 執吳王子鱤(蹶)繇(由)

清華二·繫年 080 霝(靈)王即殜(世)

清華二·繫年 081 競(景)坪(平)王即立(位)

清華二·繫年 082 競(景)坪(平)王即殜(世)

清華二·繫年 082 卲(昭)王即立(位)

清華二·繫年 083 卲(昭)王歸(歸)隓(隨)

清華二·繫年 084 吳王子唇(晨)㹴(將)记(起)禍(禍)於吳

清華二·繫年 084 吳王盍(闔)虜(盧)乃歸(歸)

清華二·繫年 084 卲(昭)王女(焉)返(復)邦

清華二·繫年 085 楚龏(共)王立七年

清華二·繫年 086 龏(共)王史(使)芸(鄖)公聘(聘)於晉

清華二·繫年 087 龏(共)王事(使)王子唇(辰)聘(聘)於晉

清華二・繫年087 王子唇(辰)

清華二・繫年088 王或(又)事(使)宋右币(師)芋(華)孫兀(元)行晉楚之成

清華二・繫年088 楚王子波(罷)會晉文子燮(變)及者(諸)侯之夫₌(大夫)

清華二・繫年090 髸(共)王亦銜(率)自(師)回(圍)奠(鄭)

清華二・繫年096 楚康王立十又四年

清華二・繫年097 康王即殜(世)

清華二・繫年097 乳₌(孺子)王即立(位)

清華二・繫年097 靁(靈)王爲命尹

清華二・繫年098 乳₌(孺子)王即殜(世)

清華二・繫年098 靁(靈)王即立(位)

清華二・繫年098 靁(靈)王先起兵

清華二·繫年099 需（靈）王見禍（禍）

清華二·繫年099 競（景）坪（平）王即立（位）

清華二·繫年100 競（景）坪（平）王即殜（世）

清華二·繫年100 卲（昭）王即立（位）

清華二·繫年102 楚卲（昭）王戠（侵）尹（伊）、洛

清華二·繫年104 楚需（靈）王立

清華二·繫年104 競（景）坪（平）王即立（位）

清華二·繫年104 競（景）坪（平）王即殜（世）

清華二·繫年106 卲（昭）王既返（復）邦

清華二·繫年106 卲（昭）王即殜（世）

清華二·繫年106 獻惠王立十又一年

清華二·繫年109 以與吳王昌（壽）夢相見于鄹（虢）

清華二·繫年 109 與吳王盍(闔)虜(盧)伐楚

清華二·繫年 110 夫秦(差)王即立(位)

清華二·繫年 110 以與夫秦(差)王相見于黃池

清華二·繫年 114 楚柬(簡)大王立七年

清華二·繫年 114 王命莫囂(敖)昜爲衒(率)自(師)以定公室

清華二·繫年 116 王命莫囂(敖)昜爲衒(率)自(師)戢(侵)晉

清華二·繫年 119 楚聖(聲)起(桓)王即立(位)兀(元)年

清華二·繫年 124 晉公獻齊俘馘於周王

清華二·繫年 125 朝周王于周

清華二·繫年 126 楚聖(聲)起(桓)王立四年

清華二·繫年 126 王衒(率)宋公以城牆(犢)闡(關)

清華二·繫年 127 聖(聲)王即殜(世)

清華二·繫年 127 勿（悼）折（哲）王即立（位）

清華二·繫年 129 以內（入）王子定

清華二·繫年 129 不果內（入）王子

清華二·繫年 133 王命坪（平）亦（夜-輿）悼武君衒（率）自（師）

戠（侵）晉

清華二·繫年 136 陳人女（焉）反而內（入）王子定於陳

清華二·繫年 137 王命坪（平）亦（夜）悼武君麞（使）人於齊陳

渂求自（師）

清華三·說命上 01 隹（惟）殹（殷）王賜敓（說）于天

清華三·說命上 01 隹（惟）殹（殷）王賜敓（說）于天

清華三·說命上 03 王廼係（訊）敓（說）曰

清華三·說命上 04 王曰

清華三·說命上 07 王甬（用）命敓（說）爲公

清華三·說命中 01 王䚔(原)比㔾(厥)夢

清華三·說命中 03 故(古)我先王烕(滅)頿(夏)

清華三·說命下 03 王曰

清華三·說命下 04 王曰

清華三·說命下 06 王曰

清華三·說命下 07 王曰

清華三·說命下 08 王曰

清華三·說命下 10 王曰

清華三·琴舞 02 城(成)王复(作)敬(儆)怭(毖)

清華三·琴舞 07 需(孺)子王矣

清華三·琴舞 13 差(佐)寺(事)王𦕼(聰)明

清華三·芮良夫 08 而隹(惟)啻(帝)爲王

清華三·芮良夫 12 昔才(在)先王

清華三·良臣 02 文王又(有)忢(閎)夭

清華三·良臣 04 武王又(有)君奭

清華三·良臣 04 述(遂)差(佐)成王

清華三·良臣 05 楚成王又(有)命(令)胥(尹)子蘴(文)

清華三·良臣 05 楚韶(昭)王又(有)命(令)胥(尹)子西

清華三·良臣 07 吳王光又(有)五(伍)之疋(胥)

清華三·良臣 07 雩(越)王句賤(踐)又(有)大同

清華三·良臣 09 王子白(伯)忢(願)

清華三·良臣 10 王子百

清華三·良臣 11 楚恭(共)王又(有)邵(伯)州利(犁)

清華五·厚父 01 □□□□王監劼絭(績)

清華五·厚父 01 王若曰

清華五·厚父 03 才（在）顕（夏）之劀（哲）王

清華五·厚父 04 其才（在）寺（時）後（後）王之卿

清華五·厚父 05 之匿（慝）王廼渴（竭）豍（失）其命

清華五·厚父 06 弗甬（用）先劀（哲）王孔甲之典荆（刑）

清華五·厚父 07 王曰

清華五·封許 05 虔（虔）血（恤）王豪（家）

清華五·封許 07 王曰

清華五·命訓 01 立明王以懲（訓）之

清華五·命訓 06 夫明王卲（昭）天訐（信）人以凥（度）攻（功）

清華五·命訓 11 是古（故）明王奉此六者

清華五·湯丘 04 君天王

清華五·湯丘 10 君天王之言也

清華五·湯丘 13 虽（夏）王不旻（得）亓（其）煮（圖）

清華五·三壽 12 敢畾（問）先王之遺忎（訓）

清華五·三壽 22 牧民而馭（御）王

清華六·管仲 21 夫周武王甚元以智而武以良

清華六·管仲 22 莫恧（愛）袈（勞）力於亓（其）王

清華六·管仲 22 若武王者

清華六·管仲 23 及斈（幽）王之身

清華六·管仲 23 若斈（幽）王者

清華六·太伯甲 08 虐（吾）达（逐）王於鄒（葛）

清華六·太伯乙 07 虐（吾）达（逐）王於鄒（葛）

清華六·子儀 20 君不尚芒鄙王之北昃（没）

清華六·子產 20 善君必豚（循）昔㫚（前）善王之䁷（法）

清華六·子產 21 王子白（伯）恧（願）

清華六·子產 22 王子百

清華七·子犯 14 文王

清華七·子犯 14 武王

清華七·子犯 15 剌（厲）王

清華七·子犯 15 幽王

清華七·越公 03 虡（吾）君天王

清華七·越公 08 王辟（親）鼓之

清華七·越公 09 吳王酓（聞）雩（越）徒（使）之柔以弝（剛）也

清華七·越公 09 王亓（其）勿許

清華七·越公 11 吳王曰

清華七·越公 11 昔虐(吾)先王盍膚(盧)所以克内(入)鄆邦

清華七·越公 12 右我先王

清華七·越公 12 虐(吾)先王邊(逐)之走

清華七·越公 13 王用克内(入)于鄆

清華七·越公 15 吳王乃出

清華七·越公 23 今夫=(大夫)嚴(儼)肰(然)監(銜)君王之音

清華七·越公 25 雩(越)王

清華七·越公 26 雩(越)王句戉(踐)牂(將)惎(基)逡(復)吳

清華七·越公 26 王乍(作)安邦

清華七·越公 27 王乃不咎不惎(基)

清華七·越公 28 王夬亡(無)好攸(修)于民厽(三)工之堵

清華七·越公 29 雩(越)王句戉(踐)女(焉)訂(始)复(作)絽

(紀)五政之聿(律)

清華七·越公 30 王思邦遊民

清華七·越公 30 王好蓐(農)工(功)

清華七·越公 30 王辟(親)自䎫(耕)

清華七·越公 30 王辟(親)涉沟(溝)淳(澱)淢塗

清華七·越公 31 王亓(其)又(有)縈(勞)疾

清華七·越公 31 王䎽(聞)之

清華七·越公 32 王必酓(飲)飤(食)之

清華七·越公 33 王亦酓(飲)飤(食)之

清華七·越公 33 又(有)司及王左右

清華七·越公 33 先跍(誥)王訓

清華七·越公 33 王必與之𨒌(坐)飤(食)

清華七·越公 35 凡王左右大臣

清華七·越公 37 王乃好訐(信)

清華七·越公 39 凡鄾(邊)鄹(縣)之民及又(有)管(官)帀(師)之人或告于王廷曰

清華七·越公 40 王必辟(親)見〈視〉而聖(聽)之

清華七·越公 41 乃亡(無)敢增歷亓(其)政以爲獻於王

清華七·越公 41 凡又(有)訧(獄)訟辛=(至于)王廷

清華七·越公 42 王必辟(親)聖(聽)之

清華七·越公 43 王則閦=(閒閒)

清華七·越公 44 王乃好陞(徵)人

清華七·越公 44 王乃遬(趣)使(使)人戠(察)睛(省)

清華七·越公 44 王則賊(比視)

清華七·越公 45 王既戠（察）智（知）之

清華七·越公 45 王必辟（親）聖（聽）之

清華七·越公 45 王見亓（其）執事人則訋（怡）忩（豫）憙（憙）也

清華七·越公 46 王見亓（其）執事人

清華七·越公 46 王既必（比）聖（聽）之

清華七·越公 47 交于王寶（府）厽（三）品

清華七·越公 48 王則隹（唯）餕（句）、苳（落）是徹（趣）

清華七·越公 50 王乃好兵

清華七·越公 50 王日忎（甄）之

清華七·越公 50 王日侖（論）眚（省）

清華七·越公 51 王乃歸（親）徥（使）人

清華七·越公 51 王則眕=（比視）

清華七·越公 53 王乃憗（敕）民

清華七·越公 53 王竁（訊）之

清華七·越公 54 王竁（訊）之

清華七·越公 54 乃徹（趣）詢（徇）于王宮

清華七·越公 54 王乃大詢（徇）命于邦

清華七·越公 56 王乃徹（趣）羣=（至于）洶（溝）隉（塘）之工（功）

清華七·越公 56 王乃徹（趣）執（設）戍于東尸（夷）、西尸（夷）

清華七·越公 57 王又（有）達（失）命

清華七·越公 57 王則自罰

清華七·越公 59 王監雩（越）邦之既苟（敬）

清華七·越公 59 王乃犾（試）民

清華七·越公 60 王思(懼)

清華七·越公 60 王大悥(喜)

清華七·越公 61 乃由王众(卒)君子宇(六千)

清華七·越公 61 王众(卒)既備(服)

清華七·越公 62 雩(越)王句戋(踐)乃命䣄(邊)人敢(聚)悁(怨)

清華七·越公 63 吳王起帀(師)

清華七·越公 63 雩(越)王起帀(師)

清華七·越公 63 雩(越)王乃中分亓(其)帀(師)以爲左軍、右軍

清華七·越公 67 雩(越)王句戋(踐)

清華七·越公 69 回(圍)王宮

清華七·越公 69 吳王乃思(懼)

清華七·越公 72 乃使(使)人告於吳王曰

清華七·越公73 王亓(其)母(毋)死

清華七·越公73 不穀(穀)亓(其)牆(將)王於甬句重(東)

清華七·越公74 唯王所安

清華七·越公74 以屈聿(盡)王年

清華七·越公74 吳王乃諀(辭)曰

清華八·攝命01 王曰

清華八·攝命03 王曰

清華八·攝命04 王曰

清華八·攝命15 王曰

清華八·攝命17 王曰

清華八·攝命21 王曰

清華八·攝命23 王曰

清華八·攝命 24 王曰

清華八·攝命 25 王子則克悉甬（用）王教王學

清華八·攝命 26 王子則克悉甬（用）王教王學

清華八·攝命 26 王子則克悉甬（用）王教王學

清華八·攝命 28 王曰

清華八·攝命 30 王曰

清華八·攝命 32 王才（在）蒿（鎬）京

清華八·攝命 32 王乎（呼）乍（作）册任册命白（伯）㗊（攝）

清華八·邦道 04 以㫷（待）明王聖君之立

清華八·邦道 08 句（苟）王之愻（訓）敎（教）

清華八·心中 06 君公、侯王

清華八·天下 05 昔三王者之所以取之₌（之之）器

清華八·天下06 昔三王之所胃（謂）戕（陳）者

～，與 (上博二·容47)、 (上博八·志1)同。《說文·王部》："王，天下所歸往也。董仲舒曰：'古之造文者，三畫而連其中謂之王。三者，天、地、人也，而參通之者王也。'孔子曰：'一貫三爲王。'凡王之屬皆从王。 ，古文王。"

清華一·程寤"王"，周文王。

清華一·金縢10、11、12"王"，周成王。

清華一·皇門02"折王"，讀爲"哲王"，聰慧賢能的君王。《書·康誥》："往敷求于殷先哲王，用保乂民。"《逸周書·商誓》："在商先誓（哲）王明祀上帝。"今本《逸周書·皇門》作"我聞在昔有國誓王之不綏于卹"，陳逢衡注："在昔有國誓王，古我夏先后與殷先哲王也。"

清華一·祭公07"保胄王豪"，讀爲"保乂王家"。《書·康王之誥》："則亦有熊羆之士，不二心之臣，保乂王家，用端命於上帝。"

清華一·金縢11"王豪"，即"王家"，猶王室，王朝，朝廷。《書·武成》："至于大王，肇基王迹，王季其勤王家。"孔穎達疏："王季修古公之道，諸侯順之，是能纘統大王之業，勤立王家之基本也。"

清華一·皇門03、05、06、08"王邦"，即王國，謂天子之國。《書·立政》："太史，司寇蘇公，式敬爾由獄，以長我王國。"

清華一·皇門03、04、11"王所"，指燕寢，古代帝王休息安寢的處所。《周禮·天官·九嬪》："九嬪掌婦學之灋……而以時御敘于王所。"鄭玄注："王所息之燕寢。"《史記·周本紀》："武王至于周，自夜不寐，周公旦即王所曰：'曷爲不寐？'"

清華一·皇門05"王廷"，朝廷。《三國志·魏志·毛玠傳》："昔王叔、陳生爭正王廷。"

清華一·皇門07"立王"，所立的君王，在位的君王。《書·無逸》："自時厥後，立王生則逸。"《左傳·昭公三年》："楚人曰徵敝邑，以不朝立王之故。"

清華一·皇門08"王臣"，志匡王室之臣。《易·蹇》："六二，王臣蹇蹇。匪躬之故。"王弼注："執心不回，志匡王室者也。"《詩·小雅·北山》："溥天之下，莫非王土；率土之濱，莫非王臣。"

清華一·祭公03"卲王"，讀爲"昭王"，楚昭王珍，楚平王之子。

清華一·楚居 07"武王舍龒",即楚武王熊通。《史記·楚世家》:"三十七年,楚熊通怒曰:'吾先鬻熊,文王之師也,蚤終。成王舉我先公,乃以子男田令居楚,蠻夷皆率服,而王不加位,我自尊耳。'乃自立爲武王,與隨人盟而去。"《世本·居篇》:"楚鬻熊居丹陽,武王徙郢。"

清華一·楚居 14、15"王大子",讀爲"王太子",指惠王的太子,即下文之柬大王。

清華二·繫年 002、003"柬王",清華七·子犯 15"剌王",讀爲"厲王"。《史記·周本紀》:"夷王崩,子厲王胡立。厲王即位三十年,好利,近榮夷公。"《左傳·昭公二十六年》:"至于厲王,王心戾虐,萬民弗忍,居王于彘。"

清華二·繫年 003、004"洹王",讀爲"宣王"。《史記·周本紀》:"共和十四年,厲王死於彘。太子靜長於召公家,二相乃共立之爲王,是爲宣王。宣王即位,二相輔之,脩政,法文、武、成、康之遺風,諸侯復宗周。十二年,魯武公來朝。宣王不脩籍於千畝,虢文公諫曰不可,王弗聽。三十九年,戰於千畝,王師敗績於姜氏之戎。"

清華二·繫年 005、006、007"周幽王",清華七·子犯 15"幽王"、清華六·管仲 23"學(幽)王",《史記·周本紀》:"四十六年,宣王崩,子幽王宮湦立。"

清華二·繫年 005、006、015"坪王",讀爲"平王"。《史記·周本紀》:"遂殺幽王驪山下,虜褒姒,盡取周賂而去。於是諸侯乃即申侯而共立故幽王太子宜臼,是爲平王,以奉周祀。"

清華二·繫年 007"曬(攜)惠王",清華二·繫年 008、009"惠王",又稱"攜王"。《左傳·昭公二十六年》:"至于幽王,天不弔周,王昏不若,用愆厥位,攜王奸命。"孔穎達疏引《紀年》:"二十一年,攜王爲晉文公所殺,以本非適,故稱攜王。"

清華二·繫年 012、024"楚文王",清華一·楚居 08,清華二·繫年 025、026、027、028、029"文王",楚文王熊貲。《史記·楚世家》:"武王卒師中而兵罷。子文王熊貲立,始都郢。"

清華一·楚居 09、清華二·繫年 029、清華二·繫年 041、清華三·良臣 05"楚成王",《史記·楚世家》:"莊敖五年,欲殺其弟熊惲,惲奔隨,與隨襲弒莊敖代立,是爲成王。成王惲元年,初即位,布德施惠,結舊好於諸侯。"

清華二·繫年 044"周襄王",《史記·秦本紀》:"其秋,周襄王弟帶以翟伐王,王出居鄭。"

清華二·繫年 056"楚穆王",清華一·楚居 10、057、058"穆王",《史記·

楚世家》:"丁未,成王自絞殺。商臣代立,是爲穆王。"

清華一·楚居 10,清華二·繫年 061"楚臧王",繫年 058、059、061、063、074、075、077"臧王",讀爲"莊王"。《史記·楚世家》:"穆王三年,滅江。四年,滅六、蓼。六、蓼,皋陶之後。八年,伐陳。十二年,卒。子莊王侶立。"

清華一·楚居 11、清華二·繫年 077"龏王",清華二·繫年 085"楚龍王"、086"龍王"、087"龏王"、090"龏王",清華三·良臣 11"楚恭王",讀爲"共王""楚共王"。《史記·楚世家》:"二十三年,莊王卒,子共王審立。"

清華二·繫年 080"吳王子鱥䊷",讀爲"吳王子蹶由",即王子繇,《左傳》作"蹶由",《韓非子·説林下》作"蹶融",《漢書·古今人表》作"厥由"。《左傳·昭公五年》:"是行也,吳早設備,楚無功而還,以蹶由歸。"

清華一·楚居 11,清華二·繫年 097、098、099、104、080"需王",讀爲"靈王"。《史記·楚世家》:"子比奔晉,而圍立,是爲靈王。"

清華一·楚居 12,清華二·繫年 081、082、099、100、104"競坪",讀爲"景平"。《史記·楚世家》:"丙辰,棄疾即位爲王,改名熊居,是爲平王。"

清華二·繫年 084、087"吳王子唇(晨)",即夫槩王。《左傳·定公四年》:"闔廬之弟夫槩王晨請於闔廬。"

清華二·繫年 084、109"吳王盍(闔)雱(廬)",即清華三·良臣 07"吳王光",《史記·吳太伯世家》:"公子光詳爲足疾,入於窟室,使專諸置匕首於炙魚之中以進食。手匕首刺王僚,鈹交於匈,遂弒王僚。公子光竟代立爲王,是爲吳王闔廬。闔廬乃以專諸子爲卿。"

清華二·繫年 088"楚王子波",讀爲"楚王子罷",《左傳》作"公子罷"。《左傳·成公十二年》:"宋華元克合晉、楚之成,夏五月,晉士燮會楚公子罷、許偃。"

清華一·楚居 11,清華二·繫年 096"楚康王"、097"康王",名昭,楚共王子。《史記·楚世家》:"三十一年,共王卒,子康王招立。康王立十五年卒,子員立,是爲郟敖。"

清華一·楚居 11,清華二·繫年 097、098"乳=(孺子)王",即嗣子王,名麇,楚康王之子。《史記·楚世家》:"三十一年,共王卒,子康王招立。康王立十五年卒,子員立,是爲郟敖。康王寵弟公子圍、子比、子晳、棄疾。郟敖三年,以其季父康王弟公子圍爲令尹,主兵事。四年,圍使鄭,道聞王疾而還。十二月己酉,圍入問王疾,絞而弒之,遂殺其子莫及平夏。"《春秋·襄公二十八年》:"十有二月……乙未,楚子昭卒。"《左傳·襄公二十九年》:"夏四月……楚郟敖即位,王子圍爲令尹。"

清華三·良臣05"楚韶王",清華一·楚居12、清華二·繫年102"楚邵王",清華二·繫年082、083、084、100、106"邵王",即楚昭王,《史記·楚世家》:"乃立太子珍,是爲昭王。"

清華一·楚居13、清華二·繫年106"獻惠王",《史記·楚世家》:"乃與子西、子綦謀,伏師閉塗,迎越女之子章立之,是爲惠王。然後罷兵歸,葬昭王。"

清華二·繫年109"吳王昌(壽)夢",《史記·吳太伯世家》:"是時晉獻公滅周北虞公,以開晉伐虢也。句卑卒,子去齊立。去齊卒,子壽夢立。壽夢立而吳始益大,稱王。"

清華二·繫年110"夫秦(差)王",讀爲"夫差王",吳王夫差。

清華一·楚居15、清華二·繫年114"楚柬(簡)大王",即楚簡王。《史記·楚世家》:"五十七年,惠王卒,子簡王中立。簡王元年,北伐滅莒。"

清華二·繫年119、126"楚聖(聲)起(桓)王",清華二·繫年127"聖(聲)王",楚聖起王,即楚聲王。《史記·楚世家》:"二十四年,簡王卒,子聲王當立。"

清華一·楚居16"忽(悼)折(哲)王"、清華二·繫年127"匆(悼)折(哲)王",楚悼王熊疑。《史記·楚世家》:"聲王六年,盜殺聲王,子悼王熊疑立。"

清華二·繫年129、136"王子定",《史記·六國年表》王子定奔晉在楚悼王三年。晉入王子定未果,王子定奔晉。據簡文,王子定在三四年後流落到齊人田氏的領地。

清華三·説命上01"豎(殷)王",商王。

清華三·琴舞07"需子王",讀爲"孺子王"。《書·立政》:"今文子文孫,孺子王矣!其勿誤于庶獄,惟有司之牧夫。"

清華三·良臣09、清華六·子產21"王子白忢",讀爲"王子伯願",鄭有王子氏,如《左傳·宣公六年》王子伯廖,襄公八年、十一年王子伯駢。王子伯願等人,文獻中均未見。

清華三·良臣10、清華六·子產22"王子百",人名,待考。

清華一·祭公01、清華五·厚父01"王若曰",《書·盤庚上》:"王若曰:'格汝眾,予告汝訓,汝猷黜乃心,無傲從康。'"

清華五·厚父03、06"剖王",讀爲"哲王",賢明的君王。《書·康誥》:"往敷求于殷先哲王用保乂民。"《書·酒誥》:"在昔殷先哲王,迪畏天。"

清華五·湯丘04、10"天王",猶大王。

清華五·湯丘13"虘(夏)王",即夏王。

清華六·子儀 20"君不尚芒䣛王",待考。

清華六·子產 20"善王",《戰國策·秦四》:"今王中道而信韓、魏之善王也,此正吳信越也。"

清華七·越公 03"天王",猶大王。《國語·吳語》:"昔者越國見禍,得罪於天王。"俞樾曰:"天王猶大王也。"

清華七·越公 09"吳王",指吳王夫差。

清華七·越公 39、41"王廷",越王朝廷。

清華七·越公 61"王𠂤",即"王卒",優良軍隊。

清華三·良臣 07"雩王句賤"、清華七·越公"雩王句戈",讀爲"越王句踐"。《史記·越王句踐世家》:"越王句踐,其先禹之苗裔,而夏后帝少康之庶子也。封於會稽,以奉守禹之祀。文身斷髮,披草萊而邑焉。後二十餘世,至於允常。允常之時,與吳王闔廬戰而相怨伐。允常卒,子句踐立,是爲越王。"

清華七·越公 69"王宮",越王之宮殿。

清華八·攝命 25、26"王子則克悉甬(用)王教王學"之"王教",王者的教化。劉向《列女傳·楚平伯嬴》:"夫婦之道,固人倫之始,王教之端。""王學",與"王教"義同。"學",教導。《國語·晉語九》:"順德以學子,擇言以教子,擇師保以相子。"韋昭注:"學,教也。"

清華五·命訓 01、06、11,清華八·邦道 04"明王",聖明的君主。《左傳·宣公十二年》:"古者明王伐不敬。"

清華八·心中 06"侯王",泛指諸侯。《老子》:"道常無爲而無不爲,侯王若能守之,萬物將自化。"《史記·項羽本紀》:"乃分天下,立諸將爲侯王。"

清華八·天下 05、06"三王",指夏、商、周三代之君,即夏禹、商湯、周文王。《孟子·告子下》:"五霸者,三王之罪人也。"趙岐注:"三王,夏禹、商湯、周文王是也。"

清華"文王",周文王,即西伯,又稱周侯,周季歷之子,姬姓,名昌,生於西岐(今寶雞市岐山縣)。

清華"武王",周武王,姬姓,名發,西周王朝開國君主,周文王次子。《史記·殷本紀》:"於是周武王爲天子。其後世貶帝號,號爲王。"

清華"城王""成王",即周成王,姬姓,名誦,周武王之子,是中國西周第二代國王,謚號成王。

清華"先王",前代君王。《書·伊尹》:"惟元祀,十有二月,乙丑,伊尹祠于先王。"孔傳:"此湯崩,踰月太甲即位,奠殯而告。"也指上古賢明君王。《易·

比》:"先王以建萬國,親諸侯。"

清華"王",夏商周三代天子之稱號。《書·盤庚上》:"王若曰:'格,汝衆。'"《周禮·天官序》:"惟王建國。"陸德明《釋文》引干寶云:"王,天子之號,三代所稱。"戰國時列國國君皆稱王。《孟子·梁惠王下》:"吾王之好鼓樂,夫何使我至於此極也。"

皇

清華一·程寤 04 受商命于皇帝=(上帝)

清華一·金縢 12 今皇天潼(動)亞(威)

清華一·祭公 04 朕(朕)之皇且(祖)周文王

清華一·祭公 04 隹(惟)寺(時)皇上帝厇(宅)亓(其)心

清華一·祭公 10 皇天改大邦殷(殷)之命

清華二·繫年 130 奠(鄭)皇子

清華三·琴舞 08 皇天之𥙫(功)

清華三·良臣 01 又(有)史皇

清華五·厚父 03 廼嚴寅鬼(畏)皇天上帝之命

清華五·厚父 08 隹（惟）寺（時）余經念乃高且（祖）克憲（憲）皇天之政工（功）

～，楚文字或作 ![字](上博五·三 7)、![字](上博六·競 12)、![字](上博六·孔 22)。《説文·王部》："皇，大也。从自。自，始也。始皇者，三皇，大君也。自，讀若鼻，今俗以始生子爲鼻子。"

　　清華一·程寤 04、清華一·祭公 04"皇上帝"，《藝文類聚》卷七九、《太平御覽》卷三九七、《册府元龜》卷八九二引作"皇天上帝"。

　　清華五·厚父 03"皇天上帝"，天帝，上帝。《吕氏春秋·季夏》："令民無不咸出其力，以供皇天上帝、名山大川、四方之神，以祀宗廟社稷之靈，爲民祈福。"

　　清華一·金縢 12、祭公 10、清華三·琴舞 08、清華五·厚父 08"皇天"，對天及天神的尊稱。《書·大禹謨》："皇天眷命，奄有四海，爲天下君。"

　　清華一·祭公 04"皇且"，讀爲"皇祖"，君主的祖父或遠祖。《書·五子之歌》："皇祖有訓：民可近，不可下。"孔傳："皇，君也，君祖禹有訓戒。"《儀禮·聘禮》："孝孫某，孝子某，薦嘉禮于皇祖某甫。"《左傳·哀公二年》："曾孫蒯聵，敢昭告皇祖文王、烈祖康叔、文祖襄公。"

　　清華二·繫年 130"奠（鄭）皇子"，鄭有皇氏，如《左傳·僖公二十四年》的皇武子、宣公十二年的皇戌、成公十八年的皇辰等。上博六·莊 4"皇子"即鄭將皇頡。《左傳·襄公二十六年》稱"穿封戌囚皇頡"。

　　清華三·良臣 01"史皇"，見《世本·作篇》："史皇作圖。"宋衷注："黃帝臣也，圖爲畫物象也。"《淮南子·脩務》："史皇產而能書。"高誘注："史皇，倉頡。"

匣紐圭聲

圭

　　清華三·芮良夫 17 卑圭（匡）以戒（誡）

　　清華三·芮良夫 19 甬（用）圭（皇）可畏

清華六·管仲 11 坒（匡）之以厽（三）

清華七·趙簡子 04 用繇（由）今以坒（往）

~，與 坒（上博一·孔 10）、坒（上博二·容 5）同。《説文·之部》："坒，艸木妄生也，从之在土上，讀若皇。"

清華三·芮良夫 17"坒"，讀爲"匡"。《詩·小雅·六月》："以匡王國。"鄭箋："正也。"

清華三·芮良夫 19"坒"，讀爲"皇"。《逸周書·成開》"式皇敬哉"、《祭公》"汝其皇敬哉"，孔晁注："皇，大也。"

清華六·管仲 11"坒"，疑讀爲"匡"。《左傳·襄公十四年》："過則匡之。"杜預注："匡，正也。"簡文"坒之以三，度之以五"應與"斂之三，博之以五"有關。

清華七·趙簡子 04"以坒"，讀爲"以往"，以後。《左傳·襄公二十五年》："自今以往，兵其少弭矣。"《吕氏春秋·察微》："自今以往，魯人不贖人矣。"

往

清華七·越公 49 乃波徔（往）逞（歸）之

清華七·越公 60 母（毋）或（有）徔（往）逨（來）

《説文·彳部》："往，之也。从彳，坒聲。 ，古文从辵。"

清華七·越公 49"乃波徔逞之"，讀爲"乃波往歸之"，像水湧流一樣歸嚮他。"往歸"，歸嚮。《穀梁傳·莊公三年》："其曰王者，民之所歸往也。"

清華七·越公 60"徔逨"，即"往來"，來去，往返。《戰國策·齊一》："與秦交和而舍，使者數相往來。"

迬（往）

清華一•尹至 04 湯迬（往）正（征）弗𢀇（附）

清華三•赤鵠 01 湯迬（往）□

清華三•赤鵠 09 衆鵻（烏）乃迬（往）

清華五•湯丘 05 吟（今）君迬（往）不以時

清華六•太伯甲 01 㫃（文）公迬（往）餌（問）之

清華六•太伯乙 01 㫃（文）公迬（往）餌（問）之

清華六•子儀 09 莫迬（往）可（兮）

～，與（上博三•周 37）、（上博五•弟 19）同，爲《說文》"往"字古文所本。《說文•彳部》："往，之也。从彳，坒聲。，古文从辵。"

清華一•尹至 04"湯迬正弗𢀇"，讀爲"湯往征弗附"。《書•胤征》："羲和湎淫，廢時亂日，胤往征之，作《胤征》。"

清華三•赤鵠 01、09，清華五•湯丘 05，清華六•太伯甲 01，太伯乙 01，清華六•子儀 09"迬"，即"往"，去。《詩•小雅•采薇》："昔我往矣，楊柳依依；今我來思，雨雪霏霏。"

伢

清華三·芮良夫 08 伢(兄)俤(弟)慝(閱)矣

～，從"人"，"坒"聲，"兄"字異體。

清華三·芮良夫 08"伢俤"，即"兄弟"，哥哥和弟弟。《爾雅·釋親》："男子先生爲兄，後生爲弟。"《詩·小雅·常棣》："凡今之人，莫如兄弟。"鄭箋："人之恩親，無如兄弟之最厚。"

桂(枉)

清華五·三壽 15 桂(往)厇(宅)母(毋)謹(徙)

清華五·三壽 20 共(供)桂(皇)思坒(修)

清華五·三壽 28 尃(補)欮(缺)而救桂(枉)

～，與 桂(上博七·武 15)同，《說文·木部》："枉，衺曲也。从木，坒聲。"

清華五·三壽 20"桂"，讀爲"皇"。《爾雅·釋言》："皇，正也。"

清華五·三壽 28"救桂"，即"救枉"，糾正邪曲、不正直。《禮記·學記》："教也者，長善而救其失者也。"

悻(狂)

清華一·楚居 04 至酓(熊)悻(狂)亦居京宗

清華六·子產 19 古之悻(狂)君

～，與 (上博三·中附簡)、 (上博六·競 9)同。《說文·犬部》："狂，獄犬也。从犬，生聲。䏦，古文从心。"

清華一·楚居 04"惟"，《說文》狂之古文。"酓惟"，讀爲"熊狂"。《史記·楚世家》："熊麗生熊狂。"

清華六·子產 19"惟"，即"狂"。《韓非子·解老》："心不能審得失之地，則謂之狂。"《左傳·昭公二十三年》："胡、沈之君幼而狂，陳大夫齧壯而頑。"

宔

清華一·祭公 13 宔（皇）寋（戡）方邦

清華五·命訓 01 又（有）尚（常）則宔＝（廣，廣）以敬命

清華五·命訓 08 乃宔（曠）命以弋（代）亓（其）上

清華六·管仲 27 田埅（地）宔（壙）虛

～，與 宔（上博七·吴 5）同，从"宀"，"生"聲，"廣"字異體。"宀""广"二旁古通，"黃""生"（往）同音聲旁替換。《說文·广部》："廣，殿之大屋也。从广，黃聲。"

清華一·祭公 13"宔（皇）寋（戡）方邦"，今本《逸周書·祭公》作"大開方封于下土"。"宔"，讀爲"皇"，訓大。

清華五·命訓 01"又（有）尚（常）則宔＝（廣，廣）以敬命"，今本《逸周書·命訓》作"成則敬，有常則廣"。

清華五·命訓 08"乃宔（曠）命以弋（代）亓（其）上"，今本《逸周書·命訓》作"曠命以誡其上"。

清華六·管仲 27"宔虛"，讀爲"壙虛"，空地，荒地。《管子·五輔》："實壙虛，墾田疇，修牆屋，則國家富。"

匩

 清華六·管仲 06 鉴（賢）礩（質）不匩（枉）

《説文·匚部》："匩，飲器，筥也。从匚，㞷聲。，匩或从竹。"

清華六·管仲 06"匩"，即"匩"，讀爲"枉"。《禮記·少儀》"毋循枉"，《釋文》："循枉，邪曲也。"《新序·節士》："吾聞之也，直而不枉，不可與往。"

矬

 清華五·三壽 10 矬=（惶惶）先反

～，从"矢"，"生"聲。

清華五·三壽 10"矬="，讀爲"惶惶"，恐懼不安貌。《世說新語·言語》："帝曰：'卿面何以汗？'毓對曰：'戰戰惶惶，汗出如漿。'"

弳

 清華八·邦道 10 則□□□母（毋）從（縱）欲以弳（枉）元（其）道

～，从"弓"，"生"聲。

清華八·邦道 10"弳"，讀爲"枉"。《論語·微子》："直道而事人，焉往而不三黜？枉道而事人，何必去父母之邦？"

痙

 清華三·說命下 04 女（汝）母（毋）痙（忘）曰

清華四·筮法 49 五，乃痙（狂）者

清華四·筮法 50 四,非痒(狂)乃繍(緰)者

清華五·厚父 13 亦隹(惟)酉(酒)甬(用)忍(恆)痒(狂)

清華五·三壽 09 則若火=(小人)之瘫(寵)痒(狂)而不吝(友)

清華八·處位 01 君唯聾痒(狂)

～,从"疒","㞢"聲。

清華三·說命下 04"母痒",讀爲"毋忘",不要忘記。

清華四·筮法 49、50"痒者",讀爲"狂者",狂悖之人。《吕氏春秋·大樂》:"狂者非不武也。"高誘注:"狂悖之人,雖武不足畏。"或指精神病患者。《淮南子·説林》:"狂者傷人,莫之怨也。"

清華五·厚父 13"忍痒",讀爲"癡狂",癡狂。《淮南子·俶真》:"夫人之受於天者……一也,或通於神明,或不免於癡狂者何也?"《論衡·率性》:"有癡狂之疾,歌啼於路,不曉東西,不睹燥濕,不覺疾病,不知飢飽,性已毁傷。"《韓非子·解老》:"心不能審得失之地,則謂之狂。"(白於藍)

清華五·三壽 09"瘫痒"、清華八·處位 01"聾痒",均讀爲"聾狂",愚昧狂亂。"狂",狂亂。《老子》:"馳騁畋獵,令人心發狂。"

匣紐黄聲

黄

清華二·繫年 110 以與夫秦(差)王相見于黄池

清華二·繫年 115 城黄池

清華二·繫年 115 衜(率)自(師)回(圍)黃池

清華二·繫年 116 以返(復)黃池之自(師)

清華三·琴舞 17 黃句(耈)隹(惟)䮾(盈)

清華三·良臣 01 黃帝之帀(師)

清華三·赤鵠 07 二黃它(蛇)

清華三·赤鵠 11 二黃它(蛇)

清華三·赤鵠 13 殺黃它(蛇)與白兔

清華三·赤鵠 14 殺二黃它(蛇)與一白兔

～，與 ✱(上博三·周 47)、✱(上博七·武 1)同。《説文·黃部》："黃，地之色也。从田从炗，炗亦聲。炗，古文光。✱，古文黃。"

清華二·繫年 110、115、116"黃池"，《春秋·哀公十三年》："公會晉侯及吳子于黃池。"楊伯峻注："黃池當在今河南封丘縣南，濟水故道南岸。"春秋初爲衛地，後屬宋。戰國時屢易其主。趙孟庎壺（《集成》09678）："禺(遇)邗王于黃池，爲趙孟庎(介)邗王之惕(賜)金，台(以)爲祠器。"

清華三·琴舞 17"黃句"，讀爲"黃耈"，年老，高壽。《詩·小雅·南山有臺》："樂只君子，遐不黃耈。"毛傳："黃，黃髮也；耈，老。"《漢書·韋賢傳》："歲月其徂，年其逮耈。"顏師古注："耈者，老人面色如垢也。"

清華三·良臣 01"黃帝",古帝名。《易·繫辭下》:"神農氏沒,黃帝、堯、舜氏作,通其變,使民不倦。"孔穎達疏:"黃帝,有熊氏少典之子,姬姓也。"《史記·五帝本紀》:"黃帝者,少典之子,姓公孫,名曰軒轅。"裴駰《集解》:"號有熊。"司馬貞《索隱》:"有土德之瑞,土色黄,故稱黃帝,猶神農火德王而稱炎帝然也。"

清華三·赤鵠"黃它",讀爲"黃蛇"。

闄

 清華八·攝命 02 余亦闄于四方

~,從"門","黄"聲。

清華八·攝命 02"闄于四方",疑讀爲"光于四方"。《墨子·兼愛》引《泰誓》有"光于四方",《書·堯典》云"光被四表",《漢書·王莽傳》《後漢書·崔駰列傳》等作"橫被",孔傳訓"被"爲"充"。

匣紐永聲歸行聲

見紐畕聲

彊

 清華三·琴舞 05 思虔彊之

~,所從"畺",上從"中",下從"畕"。楚文字"畕"或作 畕(上博一·孔9)。《説文·弓部》:"彊,弓有力也。從弓,畺聲。"

清華三·琴舞 05"思虔彊之",讀爲"思懋彊之",使勤勉。《爾雅·釋詁》:"彊,勤也。"或釋爲"紳",讀爲"伸"。(黃傑)

彊

 清華三·芮良夫 22 五(互)䝿(相)不彊(彊)

清華一·耆夜 09 萬壽亡（無）疆

 清華一·程寤 09 人愳（謀）疆（競）

 清華一·楚居 08 乃渭（圍）疆浧之波（陂）而宇人女（焉）

 清華一·楚居 08 至文王自疆浧遅（徙）居湫（沈）鄩

 清華一·楚居 15 王大（太）子自湫（沈）鄩遅（徙）居疆鄩

 清華一·楚居 15 柬大王自疆鄩遅（徙）居藍鄩

～，與 同，从"土"，"畺"聲。或作 ![](，與 同，省一"田"，"田"上加"中"。《説文·畕部》："畺，界也。从畕；三，其界畫也。![]，畺或从彊、土。"

清華三·芮良夫 22"疆"，讀爲"彊"。《爾雅·釋詁》："彊，勤也。"《孟子·梁惠王下》"強爲善而已矣"，焦循《正義》引《淮南子》高誘注："強，勉也。"或讀爲"勥"。（黄傑）

清華一·耆夜 09"萬壽亡疆"，讀爲"萬壽無疆"，千秋萬世，永遠生存。祝福、祝願之語。舊時常用以祝頌帝王。《詩·豳風·七月》："稱彼兕觥，萬壽無疆。"

清華一·程寤 09"人愳疆"，讀爲"人謀競"。《逸周書·大開》："謀競，不可以藏。"潘振《周書解義》："競，力也。藏，不行也……言我後人即此謀而用力焉，不可以不行也。""疆"，讀爲"競"，訓爲競。《詩·大雅·桑柔》毛傳："競，強（疆）。"

清華一·楚居 08、15"疆鄩"，地名。疆鄩是免鄩擴建的一部分，渾言之，免鄩、疆鄩無別，析言之，二者有先後大小之别。

見紐京聲

京

 清華一·楚居 02 先尻(處)于京宗

 清華一·楚居 02 穴酓(熊)遟(遲)遅(徙)於京宗

 清華一·楚居 04 至酓(熊)狂(狂)亦居京宗

 清華二·繫年 009 立之于京𠂤(師)

 清華二·繫年 010 晉人女(焉)刣(始)啓于京𠂤(師)

 清華八·攝命 32 王才(在)蒿(鎬)京

～，與 ✦(上博五·三 7)同。《説文·京部》："京，人所爲絕高丘也。从高省，丨象高形。"

清華一·楚居 02、04"京宗"，地名，即景山。《山海經·中山經》："荆山之首曰景山……雎水出焉，東南流注于江……東北百里曰荆山……漳水出焉，而東南流注于雎……又東北百五十里曰驕山。"

清華二·繫年 009、010"晉人女刣啓于京𠂤"，讀爲"晉人焉始啓于京師"。《公羊傳·桓公九年》："京師者何？天子之居也。"

清華八·攝命 32"蒿京"，讀爲"鎬京"，西周國都。故址在今陝西省西安市西南灃水東岸。周武王既滅商，自鄷徙都於此，謂之宗周，又稱西都。《詩·大雅·文王有聲》："考卜維王，宅是鎬京。"

恴

 清華八·邦道 10 母（毋）面恴

 清華八·邦道 10 則下不敢恴上

～，從"心"，"京"聲。

清華八·邦道 10"恴"，讀爲"虞"。"京"，上古見母陽部；"虞"，疑母魚部。二字都是喉音，韵母魚陽對轉。《左傳·宣公十五年》："我無爾詐，爾無我虞。"《廣雅·釋詁》："虞，欺也。"（馬曉穩）或疑讀爲"抗"，抗拒，抵禦。《荀子·臣道》："有能抗君之命，竊君之重，反君之事，以安國之危，除君之辱，功伐足以成國之大利，謂之拂。"楊倞注："抗，拒也。"或讀爲"諒"，誠信，誠實。

諒

 清華七·越公 37 諝（偞）緰（婾）諒人則勴（刑）也

《説文·言部》："諒，信也。從言，京聲。"

清華七·越公 37"諒人"，誠實之人。《禮記·樂記》："則易直子諒之心油然生矣。"孔穎達疏："諒，謂誠信。"《禮記·内則》："朝夕學幼儀，請肄簡諒。"鄭玄注："諒，信也。"

㱍

 清華一·皇門 03 句（苟）克又（有）㱍（諒）

 清華五·厚父 10 啓之民其亡㱍（諒）

《説文·旡部》："㱍，事有不善，言㱍也。"

清華一·皇門 03"句（苟）克又（有）㱍（諒）"，今本《逸周書·皇門》作"苟克有常"。"倞",讀爲"諒"。《説文》:"諒,信也。"

清華五·厚父 10 "倞",讀爲"諒"。《詩·邶風·柏舟》:"母也天只,不諒人只。"毛傳:"諒,信也。"或讀爲"良"。

倞

 清華八·心中 01 返(復)何若倞(諒)

《説文·人部》:"倞,彊也。从人,京聲。"
清華八·心中 01 "倞",讀爲"諒",誠信。參上。

見紐庚聲

庚

 清華一·皇門 01 隹(惟)正[月]庚午

 清華一·楚居 01 見盤庚之子

 清華二·繫年 018 乃先建衛(衛)弔(叔)坆(封)于庚(康)丘

 清華二·繫年 018 衛(衛)人自庚(康)丘䢔(遷)于沂(淇)衛(衛)

 清華四·筮法 49 響(震)庚

 清華五·厚父 04 不盤于庚(康)

 清華五·厚父 13 亦隹(惟)酉(酒)甬(用)庚(康)樂

清華六・太伯甲 10 色〈孚〉淫条(媱)于庚(康)

清華六・太伯甲 13 庚(湯)爲語而受亦爲語

清華七・子犯 14 則大甲與盤庚

清華八・攝命 01 余弗造民庚(康)

清華八・攝命 03 虘(且)今民不造不庚(康)

～,與(上博五・季 2)、(上博六・慎 2)同。《説文・庚部》:"庚,位西方,象秋時萬物庚庚有實也。庚承己,象人齎。"

清華一・皇門 01"隹(惟)正[月]庚午",《書・畢命》:"惟十有二年,六月庚午,朏。"

清華一・楚居 01"盤庚",疑即商王盤庚。

清華二・繫年 018"庚丘",讀爲"康丘",其地應在殷故地邶、鄘、衛的衛範圍之中,故康叔也可稱衛叔封。

清華四・筮法 49"辰(震)庚","震"納庚。將天干納入八卦。《京氏易傳》卷下有京房"納甲"説云:"分天地乾坤之象,益之以甲乙、壬癸,震巽之象配庚辛,坎離之象配戊己,艮兑之象配丙丁。"

清華五・厚父 04"不盤于庚",讀爲"不盤于康"。"康",安樂。《詩・唐風・蟋蟀》:"無已大康,職思其居。"毛傳:"康,樂。"陳曼簠(《集成》04595、04596):"齊陳曼不敢逸康。"《書・無逸》:"文王不敢盤于遊田,以庶邦惟正之供。文王受命惟中身,厥享國五十年。"孔穎達疏引《釋詁》云:"盤,樂也。"

清華五・厚父 13"庚樂",讀爲"康樂",安樂。《禮記・樂記》:"嘽諧慢易繁文簡節之音作,而民康樂。"

清華六・太伯甲 10"庚",讀爲"康"。《爾雅・釋詁》:"康,樂也"。

清華六・太伯甲 13"庚",讀爲"湯",商湯。《史記・殷本紀》:"主癸卒,子天乙立,是爲成湯。成湯,自契至湯八遷。湯始居亳,從先王居,作帝誥。"

清華七·子犯 14 "盤庚",商王。《書·盤庚上》:"盤庚五遷,將治亳殷,民咨胥怨。作《盤庚》三篇。"《史記·殷本紀》:"帝陽甲崩,弟盤庚立,是爲帝盤庚。帝盤庚之時,殷已都河北,盤庚渡河南,復居成湯之故居,迺五遷,無定處。殷民咨胥皆怨,不欲徙。"

清華八·攝命 01 "余弗造民庚(康)",《書·大誥》:"洪惟我幼沖人……弗造哲,迪民康。"簡文謂我不遭賢人進用,致民人康安。

清華八·攝命 03 "虔今民不造不庚",讀爲"且今民不造不康"。《書·多士》:"非我一人奉德不康寧,時惟天命。"孔安國注:"我徙汝,非我天子奉德,不能使民安之,是惟天命宜然。"《書·大誥》:"民不康。"

愿

　　清華一·祭公 18 女(汝)母(毋)絧(怠)奴愿₌(康康)

~,从"心","庚"聲。

清華一·祭公 18 "愿₌",讀爲"康康",荒淫迷亂。或作"康荒"。《淮南子·主術》:"是故人主好鷙鳥猛獸,珍怪奇物,狡躁康荒,不愛民力,馳騁田獵,出入不時。"(《讀本一》第 267 頁)

康

　　清華一·保訓 09 至于成康(湯)

　　清華一·耆夜 11 則終以康

　　清華一·耆夜 12 母(毋)已大康

　　清華一·耆夜 13 康藥(樂)而母(毋)[忘(荒)]

清華一·耆夜 14 母（毋）已大康

清華一·耆夜 14 康藥（樂）而母（毋）［忘（荒）］

清華一·祭公 06 克夾卲（紹）城（成）康

清華一·祭公 08 颺（揚）城（成）、康、卲（昭）宔（主）之刺（烈）

清華一·祭公 11 康受亦弋（式）甬（用）休

清華一·祭公 20 康孜（慈）之

清華一·楚居 11 至龏（共）王、康王、乳=（孺子）王皆居爲郢

清華二·繫年 054 秦康公衒（率）𠂤（師）以遷（送）癰（雍）子

清華二·繫年 096 楚康王立十又四年

清華二·繫年 097 康王即殜（世）

清華三·芮良夫 04 康戲而不智罃（嚳）告

清華三·芮良夫 21 邦丌（其）康寍（寧）

清華三·良臣 02 康（湯）又（有）伊臸（尹）

清華五·三壽 12 象矛（茂）康駬（懋）

清華六·太伯乙 09 孚淫枀（媱）于康

清華六·太伯乙 12 康（湯）爲語而受亦爲語

～，與 、、同。《說文·禾部》："穅，穀皮也。从禾，从米，庚聲。![]，穅或省。"

清華一·保訓 09"成康"，讀爲"成湯"。參上。

清華一·耆夜 11、清華五·三壽 12"康"，《爾雅·釋詁》："康，安也。"

清華一·耆夜 12、14"毋（毋）已大康"，《詩·唐風·蟋蟀》："無已大康，職思其居。"毛傳："康，樂。"

清華一·耆夜 13、14"康藥"，讀爲"康樂"，淫樂。劉向《說苑·權謀》："中山之俗，以晝爲夜，以夜繼日，男女切踦，固無休息，淫昏康樂，歌謳好悲。其主弗知惡，此亡國之風也。"《詩·唐風·蟋蟀》："好樂無荒。"或說"康樂"，安樂。《大戴禮記·禮察》："導之以德教者，德教行而民康樂；歐之以法令者，法令極而民哀戚。"

清華一·祭公 06、08"城康"，讀爲"成康"，成王、康王。

清華一·祭公 11"康"，安樂，安寧。《詩·大雅·民勞》："民亦勞止，汔可小康。"鄭箋："康……安也。"

清華一·祭公 20"康仔（慈）之"，今本《逸周書·祭公》作"康子之攸保"。"康"，《爾雅·釋詁》："安也"。

清華一·楚居 11"康王"，清華二·繫年 096、097"楚康王"，名昭，楚共王子。《史記·楚世家》："三十一年，共王卒，子康王招立。康王立十五年卒，子員立，是爲郟敖。"

清華二·繫年 054"秦康公"，名罃。《史記·秦本紀》："繆公子四十人，其太子營代立,是爲康公。"

清華三·芮良夫 04"康",《詩·唐風·蟋蟀》"無已大康",毛傳:"康,樂。"《爾雅·釋詁》:"康,樂也。"

清華三·芮良夫 21"康寍",即"康寧",安寧。《書·多士》:"非我一人奉德不康寧。"孔傳:"非我天子奉德不能使民安之。"《漢書·宣帝紀》:"天下蒸庶,咸以康寧。"顏師古注:"康,安也。"

清華三·良臣 02、清華六·太伯乙 12"康",讀爲"湯",商朝的開國之君。又稱成湯、成唐、武湯、武王、天乙等。《書·君奭》:"成湯既受命,時則有若伊尹,格于皇天。"《書·湯誓》:"伊尹相湯伐桀。"《孟子·梁惠王下》:"是故湯事葛。"

清華六·太伯乙 09"康",參上。

見紐羹聲

羹

 清華三·赤鵠 01 脂(旨)羹(羹)之

 清華三·赤鵠 02 少(小)臣既羹(羹)之

 清華三·赤鵠 02 嘗我於而(尔)羹(羹)

 清華三·赤鵠 03 少(小)臣自堂下受(授)紝肎羹(羹)

清華三·赤鵠 05 管(執)汭(調)虘(吾)羹(羹)

～,从"鬲"省,从"采",與 徐王糧鼎(《集成》02675)、 庚兒鼎(《集成》02716)所从同,乃"羹"字(楊樹達《積微居金文說》第一二六頁)。《說文·䰜部》:"鬻,五味盉羹也,从䰜,从羔。《詩》曰:'亦有和鬻。' ,鬻或省。 ,或从美,鬻省。,小篆从羔从美。"所引即《商頌·烈祖》"亦有和羹"。

清華三·赤鵠"鎣",即"羹"。庚兒鼎銘:"用䊫(和)用鬻,眉壽無疆。"《楚辭·天問》:"緣鵠飾玉,后帝是饗。"王逸注:"后帝,謂殷湯也,言伊尹始仕,因緣烹鵠鳥之羹,修玉鼎,以事於湯。湯賢之,遂以爲相也。"

見紐竟聲歸競聲

見紐更聲歸丙聲

見紐光聲

光

 清華一·耆夜 08 臨下之光

 清華一·皇門 07 孫₌(子孫)用䄈(末)被先王之耿光

(盈)

 清華二·繫年 093 齊臧(莊)公光衒(率)自(師)以逐鄉(欒)經

 清華三·琴舞 03 叜(教)亓(其)光明

 清華三·良臣 07 吳王光又(有)五(伍)之疋(胥)

 清華五·封許 02 諡(謐)光乇(厥)剌(烈)

清華五·帝門 04 惪(德)以光之

清華五·三壽 27 昬（晦）而本由生光

～，與 ❀（上博八·李 2）同。《說文·火部》："光，明也。从火在人上，光明意也。❀，古文。❀，古文。"

清華一·耆夜 08"光"，光明，明亮。《易·益》："自上下下，其道大光。"

清華一·皇門 07"孫₌（子孫）用穖（末）被先王之耿光"，今本《逸周書·皇門》作"萬子孫用末被先王之靈光"，陳逢衡注："用末被先王之靈光，謂終受其福也。""耿光"，光明，光輝，光榮。《書·立政》："以覲文王之耿光，以揚武王之大烈。"孔傳："能使四夷賓服，所以見祖之光明，揚父之大業。""耿光"一詞又見於禹鼎（《集成》02833）、毛公鼎（《集成》02841）。

清華二·繫年 093"齊臧（莊）公"，名光，齊靈公之子。

清華三·琴舞 03"光明"，光亮，明亮。《詩·周頌·敬之》："日就月將，學有緝熙于光明。"鄭箋："且欲學於有光明之光明者，謂賢中之賢也。"《荀子·王霸》："《詩》云：'如霜雪之將將，如日月之光明。'"

清華三·良臣 07"吳王光"，即吳王闔閭。春秋末吳的國君，名光。《史記·吳太伯世家》："公子光竟代立爲王，是爲吳王闔廬。闔廬乃以專諸子爲卿。"

清華五·封許 02"諡光氒剌"，讀爲"毖光厥烈"。"光烈"，大業，偉績。《書·洛誥》："王命予來，承保乃文祖受命民，越乃光烈考武王，弘朕恭。"孔傳："於汝大業之父武王，大使我恭奉其道。"王符《潛夫論·贊學》："凡欲顯勳績、揚光烈者，莫良於學矣。"

清華五·三壽 27"光"，明也。《楚辭·九歎·離世》："群阿容以晦光兮。"王逸注："光，明也。"

見紐卅聲

釗

 清華五·封許 07 盥（籃）、釗（觥）

～,從"金","卄"聲,"礦"字異體。《説文·石部》:"礦,銅鐵樸石也。從石,黄聲,讀若穬。,古文礦。《周禮》有卄人。"

清華五·封許 07"釽",讀爲"觥",盛酒或飲酒器。《詩·周南·卷耳》:"我姑酌彼兕觥,維以不永傷。"毛傳:"兕觥,角爵也。"《説文·角部》:"觵,兕牛角可以飲者也。從角,黄聲。其狀觵觵,故謂之觵。"

溪紐亢聲

亢

　清華四·筮法 19 弌(一)卦(卦)亢之

　清華六·管仲 06 鋻(賢)礩(質)以亢(抗)

～,與 (上博八·李 1 背)同。《説文·亢部》:"亢,人頸也。從大省,象頸脈形。凡亢之屬皆從亢。,亢或從頁。"

清華四·筮法 19"亢",庇護。《左傳·昭公元年》:"吉不能亢身,焉能亢宗?"杜預注:"亢,蔽也。"《廣雅·釋詁》:"亢,遮也。"

清華六·管仲 06"亢",讀爲"抗",高。《莊子·人間世》:"解之以牛之白顙者,與豚之亢鼻者,與人之有痔病者,不可以適河。"陸德明《釋文》:"亢,高也。"

弇

　清華八·邦道 15 以弇亓(其)攸(修)

～,從"廾","亢"聲。"抗"字異體。《説文·手部》:"抗,扞也。從手亢聲。,抗或從木。"

清華八·邦道 15"弇",疑讀爲"伉"。《吕氏春秋·士節》:"身伉其難。"高誘注:"伉,當。"

攷

　　清華八·處位03 攷政眩（眩）邦

～，從"攴"，"亢"聲。或疑是"抗"字異體。

清華八·處位03"攷"，讀爲"怳"，模糊，迷離。《老子》："道之爲物，惟恍惟惚。惚兮恍兮，其中有象；恍兮惚兮，其中有物。"徐幹《中論·法象》："若夫墮其威儀，恍其瞻視，忽其辭令，而望民之則我者，未之有也。""怳"與"眩"義近。或讀爲"炕"，《玉篇》："乾極也。"《漢書·五行志中》："君炕陽而暴虐，臣畏刑而拑口。"顏師古注："凡言炕陽者，枯涸之意，謂無惠澤於下也。"

玒

　　清華四·筮法57 爲弓、琥、玒（璜）

　　清華五·封許06 璁（蔥）玒（衡）

～，從"玉"，"亢"聲，疑"璜"之異體。

清華四·筮法57"玒"，即"璜"，玉器名。狀如半璧。古代朝聘、祭祀、喪葬時所用的禮器，也作裝飾用。《周禮·春官·大宗伯》："以玄璜禮北方。"鄭玄注："半璧曰璜，象冬閉藏，地上無物，唯天半見。"《楚辭·招魂》："篡組綺縞，結琦璜些。"王逸注："璜，玉名也……又以篡組結束玉璜，爲帷帳之飾也。"

清華五·封許06"璁玒"，讀爲"蔥衡"，市上玉飾。《禮記·玉藻》："凡帶有率，无箴功，一命縕韍幽衡，再命赤韍幽衡，三命赤韍蔥衡。"鄭玄注："衡，佩玉之衡也。幽，讀爲黝。黑謂之黝，青謂之蔥。"毛公鼎（《集成》02841）、番生簋（《集成》04326）均有"蔥黃（衡）"和"玉環"。《爾雅·釋器》："一染謂之縓，再染謂之赬，三染謂之纁。青謂之蔥，黑謂之黝，斧謂之黼。"

航

 清華七·越公20 或航（抗）御（禦）募（寡）人之詒（辭）

 清華八·邦道22 斬（順）舟航

~，从"舟"，"亢"聲。

清華七·越公20"航御"，讀爲"抗禦"，抵抗，防禦。《晉書·邵續李矩等傳論》："招集義勇，抗禦仇讎。"

清華八·邦道22"舟航"，兩船相並而成的方舟。《淮南子·氾論》："古者大川名谷，衝絕道路，不通往來也，乃爲窬木方版，以爲舟航。"高誘注："舟相連爲航也。"

統

 清華三·芮良夫07 而亡（無）又（有）綍（紀）統（綱）

 清華六·管仲22 爲民紀統（綱）

~，與 綍、綍（左塚漆梮）同，从"糸"，"亢"聲。

清華三·芮良夫07"綍統"、清華六·管仲22"紀統"，讀爲"紀綱"，指法度。《書·五子之歌》："惟彼陶唐，有此冀方。今失厥道，亂其紀綱，乃底滅亡。"《呂氏春秋·用民》："爲民紀綱者何也？欲也惡也。"

溪紐慶聲

慶

 清華六·子儀02 圫（毛）勤（幼）啓（謀）慶而賞之

~,與(上博三·周51)同。《説文·心部》:"慶,行賀人也。从心,从夊。吉禮以鹿皮爲贄,故从鹿省。"

清華六·子儀02"慶而賞之",參《韓非子·二柄》:"殺戮之謂刑,慶賞之謂德。"《孟子·告子下》:"入其疆,土地辟,田野治,養老尊賢,俊傑在位,則有慶,慶以地。"趙岐注:"慶,賞也。"一説"𣅀",讀爲"毋",句意爲"没有喜慶的事也賞賜老幼"。

溪紐竞聲

竞

清華一·楚居12 竞(景)坪(平)王即立(位)

清華二·繫年066 晉竞(景)公立八年

清華二·繫年072 齊𠒇(頃)公朝于晉竞(景)公

清華二·繫年072 獻之竞(景)公

清華二·繫年081 竞(景)坪(平)王即立(位)

清華二·繫年082 竞(景)坪(平)王即殜(世)

清華二·繫年085 晉竞(景)公會者(諸)侯以救(救)鄭

清華二·繫年086 獻者(諸)竞(景)公

 清華二·繫年086 競(景)公欲與楚人爲好

清華二·繫年087 競(景)公史(使)翟(糴)之伐(茷)䛔(聘)於楚

清華二·繫年087 競(景)公䢦(卒)

清華二·繫年099 競(景)坪(平)王即立(位)

清華二·繫年100 競(景)坪(平)王即殜殜(世)

清華二·繫年104 競(景)坪(平)王即立(位)

清華二·繫年104 競(景)坪(平)王即殜(世)

清華二·繫年108 晉競(景)公立十又五年

清華二·繫年128 競(景)之賈與䜌(舒)子共戠(止)而死

清華六·子儀18 臣見二人戠(仇)競

～,與(上博二·容25)、(上博四·曹41)同。《說文·立部》:"競,彊語也。一曰逐也。从誩,从二人。"

清華二·繫年066、085、108"晉競公",072、087、099"競公",讀爲"晉景公""景公",名獳,又名據,晉成公子。《史記·晉世家》:"是年,成公卒,子景公

據立。"

清華一·楚居12,清華二·繫年081、082、100、104"競坪王",又見秦王鐘:"秦王卑(俾)命競(景)坪(平)王之定救秦戎。"新蔡甲三69"競平王",讀爲"景平王",即楚平王,春秋時楚國國君,名"棄疾",爲楚共王第五子。及即位,改名"熊居"。《史記·楚世家》:"平王以詐弒兩王而自立,恐國人及諸侯叛之,乃施惠百姓。復陳、蔡之地而立其後如故,歸鄭之侵地。存恤國中,修政教。""競坪"是楚平王的雙字謚法,楚三大族"屈""昭""景"之"景"氏即取楚景平王謚法的前一字爲族稱。

清華二·繫年128"競之賈",讀爲"景之賈",楚公族。楚平王謚競(景)平,"競之賈"爲平王之後,亦即楚之景氏。

清華六·子儀18"戠競",即"仇競",仇視爭競。《左傳·襄公十年》:"鄭其有災乎！師競已甚。"杜預注:"競,爭競也。"《莊子·齊物論》:"有左有右,有倫有義,有分有辯,有競有爭,此之謂八德。"

溪紐弜聲

弜

清華八·攝命12 亦若之頌(庸)弜羕

清華八·攝命14 是女(汝)則隹(唯)肈悽(咨)弜羕

《說文·弜部》:"弜,彊也。从二弓。凡弜之屬皆从弜。"

清華八·攝命"弜羕",勿永,不能永長。"弜",甲骨卜辭中用作"勿"。"羕",永。《詩·周南·漢廣》"江之永矣",《說文》引作"江之羕矣"。《書·洛誥》:"乃惟孺子頒,朕不暇聽……汝乃是不蘉,乃時惟不永哉。篤敘乃正父,罔不若予,不敢廢乃命。"

溪紐弜聲

弜

　清華二·繫年 050 猷求弜(強)君

　清華五·三壽 21 弜(強)敁(並)丩(糾)出

　清華六·子產 24 弜(強)柔

　清華六·子儀 08 弜(強)弓可縵(挽)

　清華七·越公 09 吳王聬(聞)雩(越)徲(使)之柔以弜(剛)也

～，與 、同，乃《說文》"剛"字古文![]所本。

　　清華二·繫年 050 "猷求弜君"，讀爲"猷求強君"。《禮記·曲禮上》："人生十年曰幼，學；二十曰弱，冠；三十曰壯，有室；四十曰強，而仕；五十曰艾，服官政；六十曰耆，指使；七十曰老，而傳；八十、九十曰耄，七年曰悼。悼與耄，雖有罪，不加刑焉。百年曰期頤。""強君"猶"長君"。《左傳·文公六年》："靈公少，晉人以難故，欲立長君。"

　　清華五·三壽 21 "弜(強)"，《爾雅·釋詁》："強，勤也。"

　　清華六·子產 24 "弜柔"，即"剛柔"。《孫子·九地》："剛柔皆得，地之理也。"王晳注："剛柔，猶強弱也。"《淮南子·兵略》："故德義足以懷天下之民……謀慮足以知強弱之勢。"

　　清華六·子儀 08 "弜(強)弓"，即強(彊)弓，硬弓，須用強力拉開的弓。《尹文子·大道上》："宣王好射，説人之謂己能用強也，其實所用不過三石。"

《史記·絳侯周勃世家》:"常爲人吹簫給喪事,材官引彊。"裴駰《集解》引《漢書音義》:"能引彊弓官,如今挽彊司馬也。"

清華七·越公09"彊",即"剛"。與"柔"相對。《國語·越語下》:"近則用柔,遠則用剛。""柔剛",柔和與剛强。《山海經·西山經》:"瑾瑜之玉爲良,堅栗精密,濁澤有而光,五色發作,以和柔剛。"揚雄《法言·君子》:"或問'君子之柔剛',曰:'君子於仁也柔,於義也剛。'"

愳

　清華七·子犯05 虐(吾)宔(主)弱寺(時)而愳(强)志

～,從"心","彊"聲。

清華七·子犯05"愳志",讀爲"强志"。《老子》:"强行者有志。"王弼注:"勤能行之,其志必獲,故曰强行者有志矣。"

䢍

　清華三·說命中03 燮(變)䢍(强)

～,從"邑","彊"聲。

清華三·說命中03"䢍",指强大者。《韓非子·五蠹》:"從者,合衆弱以攻一强也。"《詩·大雅·大明》:"燮伐大商。"馬瑞辰《毛詩傳箋通釋》讀"燮"爲"襲"。

端紐章聲

章

　清華一·尹至03 見章于天

　清華一·尹至03 憲(曷)今東恙(祥)不章(彰)

清華一·金縢 12 以章公悳（德）

 清華一·楚居 11 以爲尻（處）於章［華之臺］

 清華二·繫年 115 馱（韓）啓章

 清華二·繫年 117 馱（韓）啓章

 清華三·說命下 08 天章（彰）之甬（用）九悳（德）

 清華五·封許 08 女（汝）亦隹（惟）臺（淑）章尔速（慮）

 清華五·湯丘 07 今少（小）臣能塵（展）章（彰）百義

 清華五·啻門 08 九月鱻（顯）章

 清華八·邦道 15 以章（彰）亓（其）悳（德）

清華八·虞夏 03 型縺（鐘）未弃（棄）文章

～，與 （上博五·三 8）、 （上博八·成 5）同。《說文·音部》："章，樂竟爲一章。从音从十。十，數之終也。"

清華一·尹至 03 "章于天"，見《詩·大雅·棫樸》："倬彼雲漢，爲章于天。"

清華一·尹至 03 "不章"，讀爲 "不彰"，不顯。張衡《思玄賦》："恐漸冉而無成兮,留則蔽而不章。"

清華一·金縢12"以章公悳(德)",今本《書·金縢》作"今天動威,以彰周公之德"。

清華三·說命下08"天章之甬(用)九悳(德)"、清華八·邦道15"以章亓(其)悳(德)"之"章",讀爲"彰",顯揚,表彰。《書·盤庚上》:"無有遠邇,用罪伐厥死,用德彰厥善。"《孟子·告子下》:"尊賢育才,以彰有德。"

清華一·楚居11"章[華之臺]",《左傳·昭公七年》:"楚子成章華之臺,願以諸侯落之。"

清華二·繫年115、117"軱啓章",即韓啓章,韓武子啓章。《史記·韓世家》:"康子卒,子武子代。"《索隱》:"名啓章。"

清華五·封許08"章",訓明,今作"彰"。《吕氏春秋·勿躬》:"故善爲君者,矜服性命之情,而百官已治矣,黔首已親矣,名號已章矣。"高誘注:"章,明也。"

清華五·湯丘07"塵章百義",讀爲"展彰百義",表彰各種善行。《禮記·表記》:"彰人之善而美人之功,以求下賢。"《書·畢命》:"旌別淑慝,表厥宅里,彰善癉惡,樹之風聲。"

清華五·厚門08"鑾章",讀爲"顯章",又作"顯彰"。顯明彰著。《史記·太史公自序》:"不背柯盟,桓公以昌,九合諸侯,霸功顯彰。"

清華八·虞夏03"文章",錯雜的色彩或花紋。《墨子·非樂上》:"是故子墨子之所以非樂者,非以大鍾鳴鼓、琴瑟竽笙之聲以爲不樂也,非以刻鏤華文章之色以爲不美也……"《韓非子·十過》:"君子皆知文章矣,而欲服者彌少。"

漳

　清華六·子儀16 公及三方者(諸)邦(任)君不賠(瞻)皮(彼)泹(沮)漳之川屏(開)而不盧(閭)殹(也)

《説文·水部》:"漳,濁漳,出上黨長子鹿谷山,東入清漳。清漳,出沾山大要谷,北入河。南漳,出南郡臨沮。从水,章聲。"

清華六·子儀16"泹漳",讀爲"沮漳",沮水與漳水的並稱。謝靈運《擬魏太子〈鄴中集〉詩·王粲》:"沮漳自可美,客心非外獎。"

璋

清華八·邦政 08 亓（其）曼（文）璋（章）霝（縟）

清華八·邦政 11 可（何）戚（滅）可（何）璋（彰）

清華八·邦政 13 亓（其）則無戚（滅）、無璋（彰）

《說文·玉部》："璋，剡上爲圭，半圭爲璋。从玉，章聲。《禮》：'六幣：圭以馬，璋以皮，璧以帛，琮以錦，琥以繡，璜以黼。'"

清華八·邦政 08"亓曼璋霝"，讀爲"其文章縟"。"章"，花紋色彩。《墨子·非樂上》："是故子墨子之所以非樂者，非以大鐘鳴鼓、琴瑟竽笙之聲以爲不樂也，非以刻鏤華文章之色以爲不美也……"《荀子·禮論》："雕琢、刻鏤、黼黻、文章，所以養目也。"

清華八·邦政 11、13"章"，讀爲"彰"，彰顯。《吕氏春秋·貴直》："將以彰其所好耶？"高誘注："彰，明也。"

黤

清華三·良臣 01 黤人

～，從"黑"，"章"聲。

清華三·良臣 01"黤人"，黃帝師。《漢書·古今人表》上中載黃帝師，有封鉅、大填、大山稽，與簡文不同。

透紐商聲

商

清華一·程寤 01 大（太）姒夢見商廷隹（惟）棶（棘）

清華一・程寤 03 攻于商神

清華一・程寤 03 受商命于皇帝=（上帝）

清華一・程寤 05 可（何）戒非商

清華一・程寤 05 隹（惟）商慼才（在）周

清華一・程寤 05 周慼才（在）商

清華一・程寤 07 迡（芿）于商

清華一・祭公 07 甬（用）臧（畢）城（成）大商

清華一・祭公 14 藍（監）于顕（夏）商之既𢿜（敗）

清華二・繫年 001 昔周武王監觀商王之不龏（恭）帝=（上帝）

清華二・繫年 002 以克反商邑

清華二・繫年 013 商邑興反

清華二・繫年 014 成王屎（踐）伐商邑

清華二·繫年014 飛曆(廉)東逃于商盍(蓋)氏

　清華二·繫年014 成王伐商盍(蓋)

　清華二·繫年014 西𨟈(遷)商盍(蓋)之民于邾虐

　清華二·繫年017 乃𡴎(追)念頊(夏)商之亡由

　清華二·繫年039 回(圍)商𡩟(密)

　清華三·芮良夫08 不藍(鑒)于頊(夏)商

　清華五·封許03 咸成商邑

　清華五·三壽23 䏽(診)頊(夏)之𨗅(歸)商

　清華八·邦道19 皮(彼)士廵(及)攻(工)商、戎(農)夫之懇(惰)於亓(其)事

清華八·邦道22 遽(旅)迵(通)

《說文·㕯部》："商，从外知內也。从㕯，章省聲。，古文商。，亦古文商。，籀文商。"

清華一·程寤01"商廷"，商朝王廷。

清華一·程寤03"商神"，商神，殷商之神。

清華一·程寤03、05、07，清華五·三壽23"商"，殷商。

清華一·祭公07"大商"，指商王朝。《詩·大雅·大明》："保右命爾，燮伐大商。"韋孟《諷諫詩》："總齊群邦，以翼大商。"

清華一·祭公14、清華二·繫年017、清華三·芮良夫08"頣商"，即"夏商"，夏朝和商朝。《吕氏春秋·分職》："湯武一日而盡有夏商之民，盡有夏商之地，盡有夏商之財。"

清華二·繫年001"商王"，指商紂王。

清華二·繫年002、013、014，清華五·封許03"商邑"，指殷。見《書·牧誓》："俾暴虐于百姓，以姦宄于商邑。"《書·立政》："嚴惟丕式，克用三宅三俊。其在商邑，用協于厥邑；其在四方，用丕式見德。"及金文逨簋（《集成》04059）"王來伐商邑"。

清華二·繫年014"商盇"，讀爲"商蓋"，即商奄。《墨子·耕柱》："古者周公旦非關叔，辭三公，東處於商蓋，人皆謂之狂。後世稱其德，揚其名，至今不息。"《韓非子·説林上》："周公旦已勝殷，將攻商蓋。"《左傳·定公四年》："因商奄之民，命以伯禽，而封於少皞之虚。"《括地志》："兗州曲阜縣奄里即奄國之地也。"

清華二·繫年039"商瞀"，讀爲"商密"，地名。《左傳·僖公二十五年》："秋，秦、晉伐鄀。楚鬭克、屈禦寇以申、息之師戍商密……以圍商密……囚申公子儀、息公子邊以歸。"

清華八·邦道19"攻商"，讀爲"工商"。《管子·小匡》："士農工商四民者，國之石民也，不可使雜處。雜處則其言哤，其事亂。"《文子·下德》："是以人不兼官，官不兼事，農士工商，鄉別州異，故農與農言藏，士與士言行，工與工言巧，商與商言數。"

清華八·邦道22"遬"，即"商旅"，行商，流動的商人。《易·復》："商旅不行，后不省方。"《周禮·考工記序》："通四方之珍異以資之，謂之商旅。"鄭玄注："商旅，販賣之客也。"

透紐昌聲

昌

 清華三·芮良夫 15 邦甫（用）昌簋（熾）

 清華五·湯丘 06 是名曰昌

 清華五·厚門 09 亓（其）燹（氣）畚（奮）昌

 清華六·管仲 22 民乃保（保）昌

～，與 、同。《說文·日部》："昌，美言也。从日、从曰。一曰：日光也。《詩》曰：東方昌矣。![]，籀文昌。"

清華三·芮良夫 15"昌簋"，讀爲"昌熾"，興旺，昌盛。《詩·魯頌·閟宮》："俾爾昌而熾，俾爾壽而富。"劉向《說苑·建本》："夫穀者，國家所以昌熾，士女所以姣好，禮義所以行，而人心所以安也。"

清華五·湯丘 06"昌"，昌盛，與"喪"相對。

清華五·厚門 09"畚（奮）昌"，奮發昌盛。"昌"，昌盛。《廣韻》："昌，盛也。"《廣雅·釋言》："昌，光也。"

清華六·管仲 22"保昌"，讀爲"保昌"，保持昌盛。

扂

 清華八·天下 07 孫=（子孫）不扂（昌）

～，从"户"，"昌"聲。

清華八·天下 07"扂"，讀爲"昌"，昌盛。《易林·頤之》："長女行嫁，子孫不昌,係疾爲殃。"《左傳·閔公二年》:"季氏亡,則魯不昌。"

透紐鬯聲

鬯

清華五·封許 05 易(錫)女(汝)倉(蒼)珪、叵(秬)鬯一卣

～,與𩰬(上博五·鬼 6)同,甲骨文或作🝢(《合集》30975)、🝢(《合集》35350),西周金文或作🝢(《集成》02837,大盂鼎)、🝢(《新收》1439,亢鼎)、🝢(《銘圖》02509,卅三年逨鼎)。"鬯",本爲酒名,象盛酒器内有米粒、香艸之形。卅三年逨鼎銘尤爲簡省,甚至將盛鬯酒的器底座都省略了。(程燕)《說文·鬯部》:"鬯,以秬釀鬱艸,芬芳攸服,以降神也。从凵,凵,器也;中象米;匕,所以扱之。《易》曰:'不喪匕鬯。'凡鬯之屬皆从鬯。"

清華五·封許 05"叵鬯",讀爲"秬鬯",古代以黑黍和鬱金香草釀造的酒,用於祭祀降神及賞賜有功的諸侯。《書·洛誥》:"伻來毖殷,乃命寧。予以秬鬯二卣。"《禮記·表記》:"天子親耕,粢盛秬鬯,以事上帝。"《史記·晉世家》:"天子使王子虎命晉侯爲伯,賜大輅,彤弓矢百,玈弓矢千,秬鬯一卣,珪瓚,虎賁三百人。"

定紐上聲

上

清華一·保訓 05 㱃(厥)又(有)攺(施)于上下遠埶(邇)

清華一·耆夜 02 邵(召)上(尚)甫(父)命爲司政(正)

清華一·耆夜 08 复(作)祝誦一終曰《明=(明明)上帝》

清華一·金縢 03 尔(爾)母(毋)乃又(有)備子之責才(在)上

清華一·皇門 05 以瀕(賓)右(佑)于上

清華一·皇門 11 是以爲上

清華一·祭公 04 隹(惟)寺(時)皇上帝厇(宅)亓(其)心

清華一·楚居 01 逆上汌水

清華一·楚居 11 至霝(靈)王自爲郟遅(徙)居秦(乾)溪之上

清華一·楚居 12 猷居秦(乾)溪之上

清華一·楚居 12 至卲(昭)王自秦(乾)溪之上

清華一·楚居 13 女(焉)返(復)遅(徙)居秦(乾)溪之上

清華二·繫年 128 上或(國)之㠯(師)

清華三·說命下 07 上下罔不我義(儀)

清華三·琴舞 02 母(毋)曰高=(高高)才(在)上

清華三·琴舞 08 㬎(顯)于上下

清華三·琴舞 11 龏(寵)畏(威)才(在)上

清華三·琴舞 12 思憙(熹)才(在)上

清華三·芮良夫 12 以求亓(其)上

清華三·良臣 03 又(有)帀(師)上(尚)父

清華三·祝辭 01 又(有)上亢=(茫茫)

清華四·筮法 09 上毀

清華四·筮法 11 上毀

清華四·筮法 14 噹(當)日才(在)上

清華四·筮法 17 金木相見才(在)上

清華四·筮法 17 才(在)上

清華四·筮法 19 上去弌(二)

清華四·筮法 20 女才(在)晵(毌)上

清華四·筮法 23 相見才(在)上

清華四·筮法 32 上軍

清華四·筮法 53 才(在)上爲飲(醪)

清華四·筮法 61 夋(作)於上

清華四·筮法 61 上下皆乍(作)

清華五·厚父 02 能叡(格)于上

清華五·厚父 03 廼嚴寅鬼(畏)皇天上帝之命

清華五·厚父 05 隹(惟)曰其勖(助)上帝䣙(亂)下民

清華五·命訓 04 上以穀(穀)之

清華五·命訓 04 上以櫐(畏)之

清華五·命訓 08 乃寊(曠)命以弋(代)亓(其)上

清華五·命訓 09 亟(極)賞則民賈亓(其)上

清華五·三壽 01 高宗觀於洍(洹)水之上

清華五·三壽 20 上下母(毋)倉(攘)

清華六·子產 11 民矜上危

清華六·子產 17 以勳（助）上牧民

清華六·子產 18 下能弋（式）上

清華六·子產 26 上下龤（和）咠（輯）

清華六·孺子 13 女（汝）訢（慎）鉡（重）君燹（葬）而舊（久）之於上三月

清華六·子儀 14 臺（臺）上又（有）兔

清華六·子儀 15 降上品之

清華七·子犯 08 才（在）上之人

清華七·子犯 09 上纕（繩）不遷（失）

清華七·越公 02 上帝降□□［於］雩（越）邦

清華七·越公 45 乃命上會

清華七·越公 73 民生陞（地）上

清華八·邦政06 下贎(瞻)亓(其)上女(如)父母

清華八·邦政06 上下相敓(復)也

清華八·邦政10 下贎(瞻)亓(其)上女(如)寇(寇)戠(讎)矣

清華八·邦政11 上下₌譅(絕)悳(德)

清華八·邦道07 亦若上之欲善人

清華八·邦道08 唯上之流是從

清華八·邦道10 則下不敢忘上

清華八·邦道12 上亦蔑有咎女(焉)

清華八·邦道14 閭固以不廛于上命

清華八·邦道15 上有怣(過)不加之於下

清華八·邦道15 下有怣(過)不敢以憮(誣)上

清華八·邦道18 上女(如)以此巨(矩)䕿(觀)女(焉)

清華八·邦道 18 皮（彼）智（知）上之請（情）之不可以幸

 清華八·邦道 20 上不惡（憂）

 清華八·邦道 23 皮（彼）上有所可感

 清華八·邦道 24 皮（彼）上之所感

 清華八·邦道 25 上乃惡（憂）感

 清華八·邦道 27 而上弗智（知）唇（乎）

～，與上（上博一·緇 6）、上（上博二·民 13）同。《説文·丄部》："丄，高也。此古文上，指事也。上，篆文丄。"

清華一·保訓 05"上下遠執（邇）"之"上下"指鬼神，"遠近"指人。（《讀本一》第 94 頁）

清華一·耆夜 02"郘（吕）上（尚）甫（父）"、清華三·良臣 03"帀（師）上（尚）父"，人名，姜尚，名望，吕氏，字子牙，也稱吕尚、吕尚父、師尚父、太公望。《史記·齊太公世家》："太公望吕尚者，東海上人……本姓姜氏，從其封姓，故曰吕尚……於是武王已平商而王天下，封師尚父於齊營丘。"

清華一·耆夜 08"明=上帝"，即《明明上帝》，《詩》篇名。

清華一·金縢 03"尔（爾）母（毋）乃又（有）備子之責才（在）上"之"上"，指天。今本《書·金縢》作"若爾三王是有丕子之責于天"。

清華一·皇門 05"以瀕（賓）右（佑）于上"，今本《逸周書·皇門》作"先用有勸，永有□于上下"，孔晁注："上謂天，下謂地也。"陳逢衡注："上謂天，下謂民。"

清華一·祭公 04"皇上帝"、清華五·厚父 03"皇天上帝"，參《書·湯誥》："惟皇上帝，降衷于下民。"《書·召誥》："嗚呼！皇天上帝，改厥元子，兹大國殷

· 1799 ·

之命。"《禮記·月令》:"令民無不咸出其力,以共皇天上帝名山大川四方之神,以祠宗廟社稷之靈,以爲民祈福。"

清華一·楚居11、12、13"秦溪之上",讀爲"乾溪之上"。《韓非子·十過》:"居未期年,靈王南遊,群臣從而劫之。靈王餓而死乾溪之上。"

清華二·繫年128"上或",即"上國"。《左傳·昭公十四年》:"楚子使然丹簡上國之兵於宗丘。"杜預注:"上國在國都之西,西方居上流,故謂之上國。"上國與"東國"對稱。一說上國是對北方列國的稱謂,《水經注·濟水》:"昔吳季札聘上國,至衛。"

清華三·説命下07"上下",參《書·堯典》:"允恭克讓,光被四表,格于上下。"孔傳:"既有四德,又信恭能讓,故其名聞充溢四外,至于天地。"

清華三·琴舞02"高₌才上",讀爲"高高在上",謂所處極高。指上蒼、天帝或人君。《詩·周頌·敬之》:"敬之敬之,天維顯思,命不易哉!無曰高高在上,陟降厥士,日監在兹。"

清華三·琴舞08"上下",指天神和人間。《國語·周語上》:"夫王人者,將導利而布之上下者也,使神人百物無不得其極。"韋昭注:"上謂天神,下謂人物也。"《詩·周頌·訪落》:"紹庭上下,陟降厥家。"

清華三·琴舞11"龏畏才上",讀爲"寵威在上",天之寵威在上。《詩·大雅·文王》:"明明在下,赫赫在上。"虢叔旅鐘(《集成》00238):"皇考嚴在上,異(翼)在下。"

清華三·琴舞12"思熹才上",讀爲"思熹在上",意與"喜侃前文人"類同。

清華三·芮良夫12"上",賢也。《國語·晉語五》:"然而民不能戴其上久矣。"韋昭注:"上,賢也,才在人上也。"

清華三·祝辭01"上",指天。

清華四·筮法09、11"上毀",本卦上爲兌少女、巽長女,上節卦例爲巽長女、離中女,卦象相似,皆不能男女相配,或即"上毀"之義。

清華四·筮法32"上軍",古代軍隊編制的稱謂。古軍制分上軍、中軍、下軍,以中軍爲最尊,上軍次之,下軍又次之。《國語·晉語一》:"十六年,公作二軍,公將上軍,太子申生將下軍以伐霍。"

清華四·筮法61"上下",指上下卦。

清華五·厚父02"能䚻于上",讀爲"能格于上"。寧簋(《集成》04021、04022):"其用各百神。"《書·君奭》:"我聞在昔成湯既受命,時則有若伊尹,格于皇天。"屈萬里:"格于皇天,意謂其德能感動天帝。"

清華五·厚父 05、清華七·越公 02"上帝",天帝。《易·豫》:"先王以作樂崇德,殷薦之上帝,以配祖考。"

清華五·命訓 04"上以穀(穀)之",今本《逸周書·命訓》作"無以穀之"。今本"無"字實爲"上"字之誤。

清華五·命訓 04"上以𪛔(畏)之",今本《逸周書·命訓》作"無以畏之"。今本"無"字實爲"上"字之誤。

清華五·命訓 08"乃𡨄(曠)命以弋(代)亓(其)上",今本《逸周書·命訓》作"曠命以誡其上"。

清華五·命訓 09"亟(極)賞則民賈亓(其)上",今本《逸周書·命訓》作"極賞則民賈其上"。

清華六·子產 17"以勗上牧民",讀爲"以助上牧民"。《管子·小問》:"故聖王之牧民也,不在其多也。"

清華六·子產 18"下能弋上",讀爲"下能式上",即取法於上。

清華六·子產 26"上下䏶㠯",讀爲"上下和輯"。《淮南子·本經》:"世無災害,雖神無所施其德;上下和輯,雖賢無所立其功。"《管子·形勢解》:"君臣親,上下和,萬民輯,故主有令則民行之,上有禁則民不犯。"

清華六·孺子 13"久之於上三月",指拖延下葬時間超過三個月。

清華六·子儀 14"臺(臺)上",《左傳·宣公二年》:"晉靈公不君:厚斂以彫牆;從臺上彈人,而觀其辟丸也。"

清華七·子犯 09"上䋞不逯",讀爲"上繩不失",在上位的人不失度。

清華七·越公 45"上會",即上計。《晏子春秋·外篇上》:"晏子對曰:'臣請改道易行而治東阿,三年不治,臣請死之。'景公許。於是明年上計,景公迎而賀之。"

清華七·越公 73"陸上",即"地上",指人間。《墨子·兼愛下》:"人之生乎地上之無幾何也,譬之猶駟馳而過隙也。"

清華八·邦政 06、11"上下",指位分的高低,猶言君臣、尊卑、長幼。《易·泰》:"上下交而其志同也。"孔穎達疏:"上,謂君也;下,謂臣也。"

走

清華一·祭公 12 我亦走(上)下卑于文武之受命

清華三·赤鵠09 亓(其)走(上)ㄈ(刺)句(后)之體

清華三·赤鵠13 亓(其)走(上)ㄈ(刺)句(后)之身

清華五·命訓03 走(上)以明之

清華五·三壽14 走(上)卲(昭)忢(順)穆而敬民之行

清華六·管仲13 走(上)怒(賢)以正

清華八·處位06 走(上)者亓(其)走(上)

清華八·處位06 走(上)者亓(其)走(上)

～，與 ✶（上博四·曹36）同，贅加"止"爲動符，乃"上"字繁體。

清華一·祭公 12"走(上)下"，君臣上下。
清華三·赤鵠 09、13"走"，即"上"，嚮上。
清華五·命訓 03"走"，即"上"，指明王。
清華五·三壽 14"走"，即"上"。《吕氏春秋·觀世》："主賢世治，則賢者在上。"高誘注："上，上位也。"
清華六·管仲 13"走"，即"上"，君主。
清華八·處位 06"走者亓走"，即"上者其上"。

定紐丈聲

丈

清華四·筮法 25 凸(凡)貞丈夫

清華八·處位 03 贒(階)啻(嫡)丈(長)

～，與丈(上博三·周 7)同。《説文·十部》："丈，十尺也。从又持十。"

清華四·筮法 25"丈夫"，指成年男子。《穀梁傳·文公十二年》："男子二十而冠，冠而列丈夫。"《管子·地數》："凡食鹽之數，一月丈夫五升少半，婦人三升少半，嬰兒二升少半。"

清華八·處位 03"啻丈"，讀爲"嫡長"，嫡長子。《南史·孝義傳下·張悌》："景又曰：'松是嫡長，後母唯生悌。'"《資治通鑑·後周世宗顯德五年》："燕王弘冀嫡長有軍功，宜爲嗣。"胡三省注："弘冀，唐主之嫡長子。"

定紐易聲

易

清華一·皇門 02 㹴(戀)易(揚)嘉恴(德)

清華二·繫年 100 城汝易(陽)

清華二·繫年 114 王命莫囂(敖)易爲衍(率)自(師)以定公室

清華二·繫年 116 王命莫囂(敖)易爲衍(率)自(師)戡(侵)晉

清華二·繫年 116 墩（奪）宜昜（陽）

清華二·繫年 120 以建昜（陽）、邱陵之田

清華二·繫年 129 遱（魯）昜（陽）公衒（率）𠂤（師）以迲晉人

清華二·繫年 134 遱（魯）昜（陽）公衒（率）𠂤（師）戕（救）武昜（陽）

清華二·繫年 134 戕（救）武昜（陽）

清華二·繫年 134 與晉𠂤（師）戱（戰）於武昜（陽）之城下

清華二·繫年 135 遱（魯）昜（陽）公

清華二·繫年 135 昜（陽）城洹（桓）悊（定）君

清華二·繫年 136 楚𠂤（師）牂（將）戕（救）武昜（陽）

清華二·繫年 137 以從楚𠂤（師）於武昜（陽）

清華五·三壽 24 敢䚻（問）疋（胥）民古（胡）曰昜（揚）

清華六·管仲 07 吉凶佥(陰)昜(陽)

清華六·管仲 08 亓(其)昜(陽)則五

清華六·子儀 06 此恖(愠)之昜(傷)僮

清華六·子儀 15 陰者思昜(陽)

清華八·邦道 23 弌(一)淦(陰)弌(一)昜(陽)

～，與昜(上博五·鬼 7)、昜(上博六·用 4)同。《説文·勿部》："昜，開也。从日、一、勿。一曰飛揚。一曰長也。一曰彊者衆皃。"

清華一·皇門 02"林(懋)昜(揚)嘉惪(德)"，今本《逸周書·皇門》作"内不茂揚肅德"。"昜"，讀爲"揚"，發揚。

清華二·繫年 100"汝昜"，讀爲"汝陽"，今汝州、郟縣一帶的汝水之陽。並非《漢書·地理志》汝陽縣地(在今河南商水西北)。(吳良寶)

清華二·繫年 114、116"王命莫囂(敖)昜爲"之"莫囂昜爲"，見曾侯乙墓一號竹簡"大莫囂旟爲"。新蔡甲三·三六作"大莫囂旟爲"。

清華二·繫年 116"宜昜"，讀爲"宜陽"，韓地，在今河南宜陽西。

清華二·繫年 120"建昜"，讀爲"開陽"，在山東臨沂北。《水經注·穀水》："穀水又東，經開陽門南。《晉宮閣》名曰故建陽門。"

清華二·繫年 129、134、135"遞昜公"，曾侯乙墓一九五號簡作"遞旟公"，一六二號簡作"魯旟公"，又見於《包山楚簡》"魯陽公後城鄭之歲"。魯陽在今河南魯山，楚肅王時被魏國占領，《六國年表》楚肅王十年："魏取我魯陽。"又《魏世家》："(魏武侯)十六年，伐楚，取魯陽。"

清華二·繫年 134、136、137"武昜"，讀爲"武陽"，地名。

清華二·繫年 135"昜城"，讀爲"陽城"，疑在今河南漯河東。《文選·宋玉〈登徒子好色賦〉》："嫣然一笑，惑陽城，迷下蔡。"李善注："陽城、下蔡，二縣名,蓋楚之貴公子所封。"

清華五·三壽24"易",讀爲"揚",驕揚。《逸周書·官人》:"揚言者寡信。"朱右曾《集訓校釋》:"揚,振揚張大也。"

清華六·管仲07"会易",讀爲"陰陽"。《左傳·僖公十六年》:"是陰陽之事,非吉凶所生也。"

清華六·管仲08、清華六·子儀15"易",讀爲"陽",與"陰"相對。

清華六·子儀06"易",讀爲"傷"。

清華八·邦道23"弋淦弋易",讀爲"一陰一陽"。"陰""陽"是宇宙中通貫物質和人事的兩大對立面,指天地間化生萬物的二氣。《易·繫辭上》:"一陰一陽之謂道。"郭店楚簡《太一生水》:"四時者,会(陰)易(陽)之所生。会(陰)易(陽)者,神明之所生也。"

惕

 清華三·芮良夫07 夫民甬(用)惡(憂)惕(傷)

~,與(上博七·武8)同,从"心","易"聲,"惕"字異體。《說文·心部》:"惕,憂也。从心,殤省聲。"

清華三·芮良夫07"惡惕",讀爲"憂傷",憂愁悲傷。《詩·小雅·小弁》:"我心憂傷,怒焉如擣。"

湯

 清華一·尹至01 彔至才(在)湯

 清華一·尹至04 湯曰

 清華一·尹至04 湯禀(盟)慹(誓)返(及)尹

清華一·尹至 04 湯逄(往)延(征)弗瞥(附)

清華一·尹誥 01 隹(惟)尹既返(及)湯

清華一·尹誥 02 執(摯)告湯曰

清華一·尹誥 03 湯曰

清華三·赤鵠 01 集于湯之塵(屋)

清華三·赤鵠 01 湯猰(射)之脨(獲)之

清華三·赤鵠 01 湯逄(往)□

清華三·赤鵠 02 湯句(后)妻紝亢胃(謂)少(小)臣曰

清華三·赤鵠 05 湯羿(返)䠷(廷)

清華三·赤鵠 05 湯忩(怒)曰

清華三·赤鵠 05 湯乃袩(被)之

清華三·赤鵠 15(背)赤鵠之集湯之塵(屋)

清華五·湯丘01 湯屋（處）於湯（唐）𠱹（丘）

清華五·湯丘01 湯屋（處）於湯（唐）𠱹（丘）

清華五·湯丘02 湯亦飤（食）之

清華五·湯丘03 湯反返（復）見少（小）臣

清華五·湯丘06 湯曰

清華五·湯丘10 湯曰

清華五·湯丘11 湯或（又）䤈（問）於少（小）臣

清華五·湯丘13 湯或（又）䤈（問）於少（小）臣

清華五·湯丘14 湯或（又）䤈（問）於少（小）臣

清華五·湯丘16 湯或（又）䤈（問）於少（小）臣

清華五·湯丘17 湯或（又）䤈（問）於少（小）臣

清華五·湯丘18 湯或（又）䤈（問）於少（小）臣

清華五·筲門 01 湯才（在）筲門

清華五·筲門 03 湯或（又）䚻（問）於少（小）臣曰

清華五·筲門 05 湯或（又）䚻（問）於少（小）臣曰

清華五·筲門 10 湯或（又）䚻（問）於少（小）臣

清華五·筲門 11 湯或（又）䚻（問）於少（小）臣

清華五·筲門 17 湯或（又）䚻（問）於少（小）臣

清華五·筲門 19 湯或（又）䚻（問）於少（小）臣

清華五·筲門 21 湯曰

清華五·三壽 23 甬（用）肖（孼）卲（昭）句（后）成湯

清華六·管仲 17 湯可以爲君

清華六·管仲 17 湯之行正

清華六·管仲 18 若夫湯者

清華七·子犯 11 昔者成湯以神事山川

 清華七·子犯 11 與人面見湯

～，與 (上博五·鬼 1)、 (上博六·競 6)同。《説文·水部》："湯,熱水也。从水,昜聲。"

清華五·三壽 23、清華七·子犯 11"成湯",商開國之君。《書·仲虺之誥》："成湯放桀于南巢,惟有慙德。"孔傳："湯伐桀,武功成,故以爲號。"陸德明《釋文》："湯伐桀,武功成,故號成湯;一云:成,謚也。"

清華簡"湯",即"商湯",契的後代,子姓,名履,又稱天乙,商代開國君主,滅夏建商,都於亳。《墨子·天志中》："夫愛人利人,順天之意,得天之賞者,誰也？曰:若昔三代聖王,堯、舜、禹、湯、文、武者是也。"

腸

 清華八·邦政 06 則視亓(其)民必女(如)腸(傷)矣

～，與 (上博一·孔 25)同。《説文·肉部》："腸,大小腸也。从肉,昜聲。"

清華八·邦政 06"腸",讀爲"傷"。《左傳·哀公元年》："臣聞國之興也,視民如傷,是其福也;其亡也,以民爲土芥,是其禍也。"《孟子·離婁下》："文王視民如傷,望道而未之見。"

剔

 清華三·説命中 07 甬(用)剔(傷)

～，與 (上博四·曹 45)、 (上博四·曹 47)同,从"刀","昜"聲,"傷"字異體。《説文·人部》："傷,創也。从人,𥏻省聲。"

清華三·説命中 07"甬剔",讀爲"用傷"。《國語·楚語上》："若跣不視地,厥足用傷。""傷",受傷。《新書》卷四:"令尹子西、司馬子綦皆親群父也,無不盡傷。"

戜

　　清華六·子産 13 又(有)以御(禦)割(害)戜(傷)

～,與 (上博五·姑 7)、 (上博六·競 8)同,从"戈","昜"聲,"傷"字異體。

清華六·子産 13"割戜",讀爲"害傷",猶傷害。《管子·形勢解》:"狂惑之人,告之以君臣之義,父子之理,貴賤之分,不信聖人之言也,而反害傷之。"《楚辭·大招》:"魂乎無西! 多害傷只。"《荀子·臣道》:"若夫忠信端慤而不害傷,則無接而不然,是仁人之質也。"

諹

　　清華六·管仲 21 丌(其)即君詧(孰)諹(彰)也

～,與 (上博八·王 1)同,从"言","昜"聲。《玉篇·言部》:"諹,譽也,讙也。"

清華六·管仲 21"諹",或讀爲"彰",彰顯。

楊

　　清華六·子儀 06 楊查(柳)可(兮)依₌(依依)

《説文·木部》:"楊,木也。从木,昜聲。"

清華六·子儀 06"楊查",即"楊柳",泛指柳樹。《詩·小雅·鹿鳴》:"昔我往矣,楊柳依依。"

· 1811 ·

粻

 清華一•皇門 11 是粻（揚）是繩（繩）

～，與 ▓（上博六•用 14）同，从"米"，"昜"聲。《集韻》："粻，精米。"

清華一•皇門 11"是粻是繩"，讀爲"是揚是繩"，今本《逸周書•皇門》作"乃維有奉狂夫是陽是繩"。陳逢衡注："狂夫與媚夫相類。陽通揚。繩，譽也。""粻"，讀爲"揚"，顯揚，《禮記•中庸》："隱惡而揚善。"

颺

 清華一•祭公 08 以余少（小）子颺（揚）文武之剌（烈）

 清華一•祭公 08 颺（揚）城（成）、康、卲（昭）宔（主）之剌（烈）

《説文•風部》："颺，風所飛揚也。从風，昜聲。"

清華一•祭公"颺"，讀爲"揚"，發揚，繼承。《書•洛誥》："以予小子，揚文武烈。"孔傳："用我小子襃揚文武之業而奉順天。"《書•立政》："以覲文王之耿光，以揚武王之大烈。"

旸

 清華一•保訓 06 測会（陰）旸（陽）之勿（物）

清華二•繫年 012 楚文王以啓于灘（漢）旸（陽）

清華二•繫年 126 是（寔）武旸（陽）

清華二·繫年127 䲷(陽)城洹(桓)恧(定)君衒(率)犢䦼(關)
之𠂤(師)

清華二·繫年132 奠(鄭)子䲷(陽)用滅

清華二·繫年134 𫎇(韓)緅(取)、嵒(魏)繾(擊)衒(率)𠂤(師)
回(圍)武䲷(陽)

～，从"𫉬"，"昜"聲。

清華一·保訓06"舍䲷之勿"，讀爲"陰陽之物"。《禮記·祭統》："水草之菹，陸產之醢，小物備矣；三牲之俎，八簋之實，美物備矣；昆蟲之異，草木之實，陰陽之物備矣。"

清華二·繫年012"灘䲷"，讀爲"漢陽"，指漢水東北地區。《史記·楚世家》："文王二年，伐申過鄧……六年，伐蔡……楚彊，陵江漢間小國，小國皆畏之。"《左傳·僖公二十八年》："漢陽諸姬，楚實盡之。"

清華二·繫年126、134"武䲷"，讀爲"武陽"，參上。

清華二·繫年127"䲷城"，讀爲"陽城"，疑在今河南漯河東。參上。

清華二·繫年132"鄭子䲷"，讀爲"鄭子陽"。《韓非子·說疑》："故周威公身殺，國分爲二；鄭子陽身殺，國分爲三。"《史記·鄭世家》："二十五年，鄭君殺其相子陽。二十七年，子陽之黨共弑繻公駘而立幽公弟乙爲君，是爲鄭君。"

匎

清華五·帝門07 鼠-(一)月訇(始)匎(揚)

～，从"勹"，"昜"聲。"昜"字寫法特別，中間一橫左側加了筆畫。

清華五·帝門07"匎"，讀爲"揚"，似指玉種播揚。

瘍

   清華五·命訓 09 民㠯(叛)則瘍(傷)人

   清華五·命訓 11 侕(恥)莫大於瘍(傷)人

～，從"疒"，"昜"聲，疑爲"傷"之異體。

清華五·命訓"瘍"，讀爲"傷"，傷害，損害。《論語·鄉黨》："厩焚，子退朝，曰：'傷人乎？'不問馬。"

殤（殤）

   清華四·筮法 47 風、長殤（殤）

   清華四·筮法 48 一四一五，長女殤（殤）

   清華四·筮法 50 㜪（娩）殤（殤）

～，從"歹"，"昜"聲，"殤"字異體。《說文·歺部》："殤，不成人也。人年十九至十六死，爲長殤；十五至十二死，爲中殤；十一至八歲死，爲下殤。從歺，傷省聲。"

清華四·筮法"殤"，即"殤"，未至成年而死。《儀禮·喪服》："子女子子之長殤中殤。"鄭玄注："殤者，男女未冠笄而死可殤者。"《左傳·哀公十一年》："孔子曰：'能執干戈以衛社稷，可無殤也。'"

陽

   清華二·繫年 105 與楚𠂤(師)會伐陽(唐)

清華三·祝辭 01 句(侯)兹某也媺(發)陽(揚)

 清華三·祝辭 03 陽(揚)武即救(求)尚(當)

 清華三·祝辭 04 陽(揚)武即救(求)尚(當)

 清華三·祝辭 05 陽(揚)武即救(求)尚(當)

 清華四·筮法 13 夂(作)於陽,内(入)於㑒(陰)

《說文·𨸏部》:"陽,高、明也。从𨸏,易聲。"

清華二·繫年 105"陽",讀爲"唐"。《左傳·定公五年》:"申包胥以秦師至。秦子蒲、子虎帥車五百乘以救楚",大敗吴軍,"秋七月,子期、子蒲滅唐。"《世本》:"唐,姬姓之國。"《括地志》:"上唐鄉故城在隨州棗陽縣東南百五十里,古之唐國也。"

清華三·祝辭 01"媺陽",讀爲"發揚",奮發,奮起。《禮記·樂記》:"夫樂者,象成者也。總幹而山立,武王之事也;發揚蹈厲,大公之志也。"

清華三·祝辭 03、04、05"陽武",讀爲"揚武",發揚武德。《書·泰誓中》:"我武惟揚,侵于之疆,取彼凶殘。"或說"揚"訓舉,"武"訓拇,拇爲手足的將指,揚武意云舉指釋弦。

清華四·筮法 13"夂(作)於陽,内(入)於㑒(陰)","陽",與"陰"相對。

陻

 清華七·越公 28 不禹(稱)貣(貸)役(役)洫塗沟(溝)陻(塘)之㣉(功)

清華七·越公 56 王乃徹（趣）羣=（至于）沟（溝）陽（塘）之工（功）

～，"陽"字繁體，贅加"土"。

清華七·越公"沟陽"，讀爲"溝塘"。《國語·周語下》："夫天地成而聚於高，歸物於下。疏爲川谷，以導其氣；陂塘汙庫，以鍾其美。"簡文"溝塘之功"，指水利工程。

定紐羊聲

羊

　　清華一·楚居 2 妣（毓）裳羊

　　清華七·晉文公 03 命肥莿羊牛

～，與 同，《説文·羊部》："羊，祥也。从丫，象頭角足尾之形。孔子曰：'牛羊之字以形舉也。'"

清華一·楚居 2"妣（毓）裳羊"，人名。

清華七·晉文公 03"命肥莿羊牛"，《詩·王風·君子于役》："日之夕矣，羊牛下來。君子于役，如之何勿思！"

迬

　　清華二·繫年 081 五（伍）雞迬（將）吳人以回（圍）州棶（來）

～，从"辵"，"羊"聲，乃"將"字或體。

清華二·繫年 081"迬"，即"將"，統率，指揮。《左傳·文公二年》："先且居將中軍，趙衰佐之。"

遅

遅 清華七·趙簡子 02 今虡（吾）子既爲寡遅（將）軍巳（已）

～，楚簡或作 遅（上博四·曹 27）、遅（上博四·曹 32），从"辵"，"羊"聲，"遅"字之省，"遅"字常見於金文、包山簡，乃"將"字或體。

清華七·趙簡子 02 "遅軍"，讀爲"將軍"，官名。《墨子·非攻中》："昔者晉有六將軍。"孫詒讓《閒詁》："六將軍，即六卿爲軍將者也。春秋時通稱軍將爲將軍。"

恙

清華一·尹至 03 顕（夏）又（有）恙（祥）

清華一·尹至 03 憲（曷）今東恙（祥）不章（彰）

清華一·皇門 08 弗畏不恙（祥）

清華三·說命中 05 夏（且）天出不恙（祥）

清華五·厚父 09 鬼（畏）不恙（祥）

清華五·厚父 10 廼弗鬼（畏）不恙（祥）

清華五·三壽 13 可（何）胃（謂）恙（祥）

清華五·三壽 15 寺(是)名曰恙(祥)

清華五·三壽 27 舍(餘)敬恙(養)

清華八·攝命 18 少(小)大乃有罍(聞)智(知)醫(弼)恙(詳)

～,與(上博五·三 11)、(上博七·鄭乙 4)同。《說文·心部》:"恙,憂也。从心,羊聲。"

清華一·尹至 03"恙",讀為"祥"。《左傳·昭公十八年》:"鄭之未災也,里析告子產曰:'將有大祥'。"杜預注:"祥,變異之氣"。《國語·楚語上》:"故先王之爲臺榭也,榭不過軍實,臺不過望氛祥。"韋昭注:"凶氣為氛,吉氣為祥。"或讀為"陽",《詩·小雅·湛露》:"湛湛露斯,匪陽不晞。"毛傳:"陽,日也。"(白於藍)

清華一·尹至 03"憲今東恙不章",讀為"曷今東祥不彰",在西為夏之祥,在東為商之祥。"祥",吉凶的預兆。《易·繫辭下》:"吉事有祥,象事知器,占事知來。"鄭玄注:"行其言事,則獲嘉祥之應。"《左傳·僖公十六年》:"周內史叔興聘于宋,宋襄公問焉,曰:'是何祥也?'"杜預注:"祥,吉凶之先見者。"《論衡·異虛》:"善祥出,國必興;惡祥見,朝必亡。"

清華一·皇門 08"弗畏不恙",讀為"弗畏不祥"。"不祥",不善。今本《逸周書·皇門》作"作威不祥",孔晁注:"祥,善也。"

清華三·說命中 05"复天出不恙",讀為"且天出不祥"。《書·君奭》:"其終出于不祥。"

清華五·厚父 09、10"不恙",讀為"不祥",不吉利。《易·困》:"入于其宮,不見其妻,不祥也。"孔穎達疏:"祥,善也,吉也。不吉,必有凶也。"

清華五·三壽 13"恙",讀為"祥"。《左傳·僖公十六年》:"是何祥也。"杜預注:"吉凶之先見者。"

清華五·三壽 15"寺名曰恙",讀為"是名曰祥"。"祥"有時亦指惡兆,如《書·咸有一德》孔傳:"祥,妖祥。"《荀子·議兵》:"祓不祥。"

清華五·三壽 27"敬恙",讀為"敬養",奉養,贍養。《禮記·祭義》:"君子生則敬養,死則敬享。"

清華八·攝命 18"悉",讀爲"詳",《說文·言部》:"詳,審議也。"

羞

　　　清華五·三壽 10 譽(殷)邦之蚕(妖)羞(祥)並记(起)

～,從"虫","羊"聲。

清華五·三壽 10"蚕羞",讀爲"妖祥",指顯示災異的凶兆。《禮記·樂記》:"疾疢不作,而無妖祥。"《史記·龜策列傳》:"天數枯旱,國多妖祥。"

蟲

　　　清華五·三壽 15 适還蚕(妖)蟲(祥)

～,從"蚰","羊"聲。"羞"之或體。

清華五·三壽 15"蚕蟲",讀爲"妖祥"。參上。

羕

　　　清華一·保訓 11 日不足隹佝(宿)不羕

　　　清華一·祭公 13 不(丕)隹(惟)句(后)稷(稷)之受命是羕(永)

舄(厚)

　　　清華三·說命下 03 彌(彌)羕(永)脡(延)

　　　清華三·芮良夫 18 各者(圖)氒(厥)羕(永)

清華六·孺子 13 少(小)羕(祥)

清華七·越公 19 以交(徼)求卡=(上下)吉羕(祥)

清華七·越公 70 不羕(祥)

清華八·攝命 12 亦若之頌(庸)䛙羕

清華八·攝命 14 是女(汝)則隹(唯)肇悽(咨)䛙羕

清華八·處位 09 虘(且)爲羕良人

～，與 䍧(上博三·彭 1)同。《説文·水部》："羕，水長也。从永，羊聲。《詩》曰：'江之羕矣。'"段注："引申之爲凡長之偁。《釋詁》云：'羕，長也。'……《漢廣》文，《毛詩》作'永'，韓詩作'羕'，古音同也。"

清華一·保訓 11"日不足隹俌(宿)不羕"，參《逸周書·大開》"維宿不悉日不足"，《小開》"宿不悉日不足"。丁宗洛《逸周書管箋》據《禮記·祭統》鄭玄注云："宿讀爲肅，戒也。宿不悉，言戒之不盡也。"簡文"羕"讀爲"詳"，盡。《孟子·離婁下》注："詳，悉也。"或讀爲"永"。

清華一·祭公 13"不(丕)佳(惟)旬(后)稷(稷)之受命是羕(永)厚(厚)"，今本《逸周書·祭公》作"丕維后稷之受命，是永宅之"。"羕"，讀爲"永"，《爾雅·釋詁》："永、羕，長也。"《詩·小雅·楚茨》"永錫爾極"，鄭箋："永，長。"

清華三·説命下 03"羕脡"，讀爲"永延"，指王祚長久。

清華三·芮良夫 18"各者㠯羕"，讀爲"各圖厥永"。郭店·尊德 39："凡動民必順民心，民心有恆，求其永。"

清華六·孺子 13"少羕"，讀爲"小祥"，祭名。《儀禮·士虞禮》："期而小祥。"鄭玄注："小祥，祭名。祥，吉也。期，周年。"《禮記·間傳》："父母之喪，既虞卒哭,疏食水飲,不食菜果。期而小祥,食菜果。"

清華七·越公 19"吉羕",讀爲"吉祥"。《莊子·人間世》:"虛室生白,吉祥止止。"成玄英疏:"吉者,福善之事;祥者,嘉慶之徵。"

清華七·越公 70"不羕",讀爲"不祥"。《國語·吳語》:"孤無奈越之先君何,畏天之不祥,不敢絕祀。"

清華八·攝命 12、14"弜羕",勿永,不能永長。《書·洛誥》:"乃惟孺子頒,朕不暇聽……汝乃是不蘉,乃時惟不永哉。"

定紐象聲

象

清華四·筮法 52 凸(凡)肴(爻)象

清華四·筮法 54 五象爲天

清華四·筮法 56 九象爲大戰(獸)

清華四·筮法 58 四之象爲墜(地)

清華五·三壽 12 象矛(茂)康駬(戀)

清華五·三壽 15 鬲(麻)象天寺(時)

清華五·三壽 28 樸(揆)审(中)而象棠(常)

清華八·虞夏 03 乍(作)樂《武》《象》

～,楚文字或作▲(郭店·老子乙12)、▲(上博五·鬼6)、▲(上博六·天甲2)、▲(上博六·天甲2)、▲(上博六·天乙2)。《説文·象部》:"象,長鼻牙,南越大獸,三年一乳,象耳牙四足之形。"

清華四·筮法52"肴象",讀爲"爻象"。《周易》中六爻相交成卦所表示的事物形象。《易·繫辭下》:"爻象動乎内,吉凶見乎外。"孔穎達疏:"言爻者,效此物之變動也;象也者……言象此物之形狀也。"

清華四·筮法54、56、58"象",《周易》專用語,謂解釋卦象的意義,亦指卦象。《易·乾》:"象曰:天行健,君子以自强不息。"

清華五·三壽12"象",表象、樣子,《易·繫辭下》:"象也者,像也。"或釋爲"毚",讀爲"僭"。(白於藍)

清華五·三壽15"鬲象",讀爲"厤象",曆數之效法。《書·堯典》"曆象日月星辰,敬授人時",《史記·五帝本紀》作"數法日月星辰",《索隱》:"《尚書》作'曆象日月'則言'數法'是訓'曆象'二字,謂命羲和以曆數之法觀察日月星辰之早晚,以敬授人時也。"或釋爲"毚",讀爲"參"。《漢書·貢禹傳》:"參諸天地,揆之往古。"《漢書·李尋傳》:"揆山川變動,參人民緐俗。"(白於藍)

清華五·三壽28"象",《管子·君臣上》:"是故能象其道於國家。"尹知章注:"象,法也"。"裳",讀爲"常",《荀子·賦》:"古之常也。"楊倞注:"常,亦古之常道。"或釋爲"毚",讀爲"參"。(白於藍)

清華八·虞夏03"《武》《象》",周武王時的樂名。《荀子·儒效》:"於是《武》《象》起而《韶》《護》廢矣。"楊倞注:"《武》《象》,周武王克殷之後樂名。"一説《武》乃武王之樂,《象》乃周公之樂。《文選·司馬相如〈上林賦〉》:"荆、吴、鄭、衛之聲,《韶》《濩》《武》《象》之樂。"李善注引張揖曰:"《象》,周公樂也。"

諫

　清華七·越公37 諫(佯)緰(婾)諒人則勠(刑)也

　清華八·攝命11 亦則乃身亡能諫(像)甬(用)非頌(庸)女(汝)

正命

～，从"言"，"象"聲。

清華七·越公 37"諫"，疑讀爲"佯"，欺詐。《淮南子·兵略》："此善爲詐佯者也。"簡文的大意是：如果欺侮誠信之人，則予以刑處。

清華八·攝命 11"諫"，讀爲"像"，《說文》"放也"，段玉裁以爲與"豫""娡"等字通用。

定紐尚聲

尚

清華一·耆夜 02 叟（作）策觥（逸）爲東尚（堂）之客

清華一·耆夜 10 蚩（蟋）蜜（蟀）趠（躍）陸（降）于[尚（堂）]

清華一·耆夜 10 蟲（蟋）蜜（蟀）才（在）尚（堂）

清華一·祭公 03 朕（朕）身尚才（在）孳（兹）

清華一·祭公 11 亦尚亘（寬）臧（壯）氒（厥）心

清華三·芮良夫 05 尚亙=（恆恆）敬孳（哉）

清華三·芮良夫 09 尚惡（憂）思

清華三·芮良夫 17 尚藍（鑒）于先舊

清華三·祝辭 03 陽（揚）武即救（求）尚（當）

清華三·祝辭 04 陽(揚)武即救(求)尚(當)

清華三·祝辭 05 陽(揚)武即救(求)尚(當)

清華五·封許 08 秣(糜)念非尚(常)

清華五·命訓 01 又(有)尚(常)則宔(廣)

清華五·命訓 07 以人之佴(恥)尚(當)天之命

清華五·命訓 07 以亓(其)市(黹)冒(冕)尚(當)天之福

清華五·命訓 07 以亓(其)斧戉(鉞)尚(當)天之禍(禍)

清華五·命訓 15 以中從忠則尚

清華六·孺子 16 二三夫=(大夫)不尚(當)母(毋)然

清華六·管仲 05 尚麎(展)之

清華六·管仲 05 尚諮(格)之

清華六·管仲 05 尚勿(勉)之

清華六·子儀07 是尚求弔（魃）易（惕）之怍

清華六·子儀17 尚諯（端）項贈（瞻）遊目以眢我秦邦

清華六·子儀19 君不尚芒鄙王之北旻（沒）

清華七·子犯10 必尚（當）語我才（哉）

清華七·子犯10 虐（吾）尚（當）觀亓（其）風

清華七·趙簡子10 歌（暖）亓（其）衣尚（裳）

清華七·越公21 君不尚（嘗）新（親）有（右）募（寡）人

清華七·越公27 乃因司袭（襲）尚（常）

清華八·攝命19 是亦尚弗毅（逢）乃彝

清華八·攝命22 亦尚寬（辯）逆于朕

清華八·攝命23 女（汝）廼尚𦣞（祗）逆告于朕

清華八·攝命25 卻（載）允非尚（常）人

～，與 ![字形](上博一・緇 18)、![字形](上博八・命 10)同。《説文・八部》："尚，曾也。庶幾也。从八，向聲。"

清華一・耆夜 02"東尚"，讀爲"東堂"，東廂的殿堂或廳堂。《書・顧命》："一人冕執劉，立于東堂；一人冕執鉞，立于西堂。"

清華一・耆夜 10"蟲蜇才尚"，讀爲"蟋蟀在堂"。《詩・唐風・蟋蟀》："蟋蟀在堂。"

清華一・祭公 11"亦尚恒（寬）臧（壯）氒（厥）心"，今本《逸周書・祭公》作"亦尚寬壯厥心"。

清華一・祭公 03"尚"，副詞，猶，還。《詩・大雅・蕩》："雖無老成人，尚有典刑。"《孟子・滕文公上》："今吾尚病，病癒，我且往見。"

清華三・芮良夫 05"尚"，《爾雅・釋言》："庶幾，尚也。"邢昺疏："尚，謂心所希望也。"

清華三・祝辭 03、04、05"尚"，讀爲"當"，指箭之射中，中的。《呂氏春秋・知度》："非其人而欲有功，譬之若夏至之日，而欲夜之長也；射魚指天，而欲發之當也。"高誘注："當，中。"

清華五・封許 08"非尚"，讀爲"非常"，不常。或作"棐常"。《書・呂刑》："群后之逮在下，明明棐常，鰥寡無蓋。"《墨子・尚賢中》："群后之肆在下，明明不常，鰥寡不蓋。"

清華五・命訓 01"又（有）尚（常）則窒（廣）"，今本《逸周書・命訓》作"有常則廣"。

清華五・命訓 07"以人之佴（恥）尚（當）天之命，以亓（其）巿（黼）冒（冕）尚（當）天之福，以亓（其）斧戊（鉞）尚（當）天之禍（禍）"，今本《逸周書・命訓》作"以人之醜當天之命，以紼絻當天之福，以斧鉞當天之禍"。

清華五・命訓 15"以中從忠則尚"，今本《逸周書・命訓》作"以法從中則賞"。

清華七・子犯 10"尚"，讀爲"當"，應該，應當。《晏子春秋・雜上四》："昔者嬰之所以當誅者宜賞，今所以當賞者宜誅，是故不敢受。"

清華七・趙簡子 10"衣尚"，讀爲"衣裳"，古時衣指上衣，裳指下裙。後亦泛指衣服。《詩・齊風・東方未明》："東方未明，顛倒衣裳。"毛傳："上曰衣，下曰裳。"

清華七・越公 21"不尚"，讀爲"不嘗"，不曾。《史記・刺客列傳》："於是襄子乃數豫讓曰：'子不嘗事范、中行氏乎？'"

清華七·越公 27"因司袁尚",讀爲"因司襲常",因襲常規。
清華八·攝命 19、22"尚",表祈使語氣。
清華八·攝命 25"卻允非尚人",讀爲"戠允非常人",守常道不變的人。《書·立政》:"繼自今後王立政,其惟克用常人。"蔡沈《集傳》:"常人,常德之人也。"

掌

清華七·趙簡子 07 掌又(有)二厇(宅)之室

《説文·手部》:"掌,手中也。从手,尚聲。"
清華七·趙簡子 07"掌",掌管。《周禮·天官·冢宰》:"乃立天官冢宰,使帥其屬而掌邦治。"或讀爲"尚""賞"等。

堂

清華四·筮法 12 堂(當)日

清華四·筮法 12 堂(當)日才(在)下

清華四·筮法 14 堂(當)日才(在)上

清華四·筮法 26 堂(當)日奴(如)堂(當)唇(辰)

清華四·筮法 27 堂(當)日奴(如)堂(當)唇(辰)

清華四·筮法 63 各堂(當)亓(其)圭(卦)

清華五·湯丘 07 必思(使)事與飤(食)相堂(當)

清華五·厇門 09 是亓（其）爲壴（當）毅（壯）

清華六·管仲 12 君壴（當）哉（歲）

清華六·管仲 12 夫=（大夫）壴（當）月

清華六·管仲 12 帀（師）㐭（尹）壴（當）日

清華六·太伯甲 01 太白（伯）壴（當）邑

清華六·太伯甲 04 老臣□□□□母（毋）言而不壴（當）

清華六·太伯乙 01 太白（伯）壴（當）邑

清華六·子儀 14 栜（欒）枳（枝）壴（當）櫺（櫟）

清華六·子產 04 壴（當）事乃進

清華八·邦政 13 壴（當）時爲常

清華八·邦道 21 各壴（當）弌（一）官

清華三·芮良夫 10 各壴（當）尓（爾）悳（德）

清華三·芮良夫 22 曰亓(其)罰寺(時)堂(當)

～，與堂(上博四·曹 50)、堂(上博五·姑 7)、堂(上博七·武 2)同，从"立"，"尚"聲，"當"字異體。《說文·田部》："當，田相值也。从田，尚聲。"

清華四·筮法 12、14、26"堂日"，即當日，指出現與占筮之日干支相合之卦。

清華四·筮法 27"見堂日奴堂唇"，讀爲"見當日如當辰"，卦象中出現筮日干支相當之卦，"當日"指天干，"當辰"指地支。

清華四·筮法 63"各堂亓刲"，即"各當其卦"。

清華五·湯丘 07"相堂"，即"相當"，相宜。賈思勰《齊民要術·園籬》："必須稀穊均調，行伍條直相當。"

清華五·耆門 09"堂褻"，讀爲"當壯"，當年或盛壯。"當"，盛壯。《墨子·非樂上》："將必使當年，因其耳目之聰明，股肱之畢強，聲之和調，眉之轉朴。"孫詒讓《閒詁》："王云：'當年，壯年也。'當有盛壯之義。"

清華六·管仲 12"君堂歲，夫=堂月，帀尹堂日"，讀爲"君當歲，大夫當月，師尹當日"。參《書·洪範》："王省惟歲，卿士惟月，師尹惟日，歲月日時無易，百穀用成。"

清華六·太伯甲 01、太伯乙 01"太白堂邑"，讀爲"太伯當邑"，謂太伯繼子人成子執政。"當邑"與"當國"文意相類。《左傳》習見"當國"，杜預注："秉政。"

清華六·太伯甲 04"不堂"，即"不當"，不適當，不合宜。《墨子·所染》："此四王者所染不當，故國殘身死，爲天下僇。"劉向《九歎·潛命》："哀余生之不當兮，獨蒙毒而逢尤。"

清華六·子產 04"堂事乃進"，讀爲"當事乃進"，稱職者即予拔擢。"當"，《禮記·哀公問》注："猶稱也。"

清華八·邦政 13"堂時爲常"，讀爲"當時爲常"。"當時"，指過去發生某件事情的時候，昔時。《韓詩外傳》卷七："臣先殿上絕纓者也。當時宜以肝膽塗地。負日久矣，未有所致。今幸得用於臣之義，尚可爲王破吳而強楚。"

清華八·邦道 21"堂"，即"當"，《玉篇》："任也。"

清華三·芮良夫 10"各堂尔悳"，讀爲"各當爾德"。《戰國策·秦一》："所當未嘗不破也。"鮑彪注："當，相值也。"

清華三·芮良夫 22"寺堂"，讀爲"時當"，與"宜利"對文。《荀子·大略》：

"不當宜。"楊倞注:"當,謂得時。"(白於藍)

瑒

　　　清華八·處位 06 夫瑒(黨)贛(貢)亦曰

～,從"玉","尚"聲。

清華八·處位 06"瑒",讀爲"黨"。《周禮·地官·大司徒》:"五家爲比,五比爲閭,四閭爲族,五族爲黨。"簡文"黨貢",指鄉黨貢士。

堂

　　　清華一·程寤 03 占于明堂

　　　清華二·繫年 068 郘(駒)之克隆(降)堂而折(誓)曰

　　　清華三·赤鵠 03 少(小)臣自堂下受(授)紝亢盨(羹)

　　　清華三·祝辭 01 又(有)下坐=(湯湯)

～,或作 ,所從的"尚"省"口"。《說文·土部》:"堂,殿也。從土,尚聲。𡍬,古文堂。𠭴,籀文堂從高省。"

清華一·程寤 03"明堂",古代帝王宣明政教的地方。凡朝會、祭祀、慶賞、選士、養老、教學等大典,都在此舉行。《孟子·梁惠王下》:"夫明堂者,王者之堂也。"

清華二·繫年 068"堂",建於高臺基之上的廳房。《禮記·檀弓上》:"昔者,夫子言之曰:'吾見封之若堂者矣。'"鄭玄注:"封,築土爲壟堂,形四方而高。"《論語·先進》:"由也升堂矣,未入於室也。"

清華三·赤鵠 03"堂下",宮殿、廳堂階下。《公羊傳·宣公六年》:"俛然從乎趙盾而入,放乎堂下而立。"桓寬《鹽鐵論·刺權》:"中山素女撫流徵於堂上,鳴鼓巴俞作於堂下。"

清華三·祝辭01"坐₌",讀爲"湯湯"。《書·堯典》:"湯湯洪水方割。"孔傳:"湯湯,流貌。"

嘗

清華三·赤鵠02 嘗我於而(爾)盨(羹)

清華三·赤鵠02 少(小)臣弗敢嘗

清華三·赤鵠03 尔(爾)不我嘗

清華三·赤鵠04 紝宂受少(小)臣而嘗之

清華三·赤鵠04 少(小)臣受亓(其)余(餘)而嘗之

《說文·旨部》:"嘗,口味之也。从旨,尚聲。"

清華三·赤鵠02"嘗我於而(爾)盨(羹)"、03"尔(爾)不我嘗"之"嘗",食,吃。《詩·唐風·鴇羽》:"王事靡盬,不能蓺稻粱,父母何嘗?"朱熹《集傳》:"嘗,食也。"

清華三·赤鵠02"少(小)臣弗敢嘗",《論語·鄉黨》:"康子饋藥,拜而受之。曰:'丘未達,不敢嘗。'"

清華三·赤鵠04"少臣受亓余而嘗之",讀爲"小臣受其餘而嘗之"。《禮記·曲禮下》:"君有疾,飲藥,臣先嘗之;親有疾,飲藥,子先嘗之。"

裳

清華一·祭公21 維我周又(有)裳(常)型(刑)

清華五·命訓 01 大命又(有)裳(常)

清華五·啻門 16 正(政)伂(禍)皺(亂)以亡(無)裳(常)

清華五·啻門 17 型(刑)蠕以亡(無)裳(常)

清華五·三壽 14 䎽(聞)天之裳(常)

清華五·三壽 24 易(揚)則舌(悍)逵(佚)亡(無)裳(常)

清華五·三壽 28 樸(撲)审(中)而象裳(常)

清華六·孺子 05 虗(吾)先君之裳(常)心

清華六·管仲 26 斐(冒)皺(亂)毀裳(常)

清華六·子儀 15 乃毀裳(常)各敄(務)

清華七·越公 55 群勿(物)品采之侃(愆)于耆(故)裳(常)

清華七·越公 56 及風音誦詩訶(歌)諑(謠)之非邟(越)裳(常)

聿(律)

清華八·邦道 24 古(故)裳(常)正(政)亡(無)弋(忒)

　清華三·芮良夫 07 兌(變)改裳(常)紩(術)

　清華三·芮良夫 10 母(毋)瀇(害)天裳(常)

　清華三·芮良夫 21 政命悳(德)型(刑)各又(有)裳(常)弔(次)

～，與 、同，从"示"，"尚"聲，从"示"，本當與祭祀有關，嘗祭之"嘗"的專字。

清華一·祭公 21"裳型"，讀爲"常刑"，一定的刑法。《書·費誓》："竊馬牛，誘臣妾，汝則有常刑。"《左傳·莊公十四年》："傅瑕貳，周有常刑，既伏其罪矣。"《周禮·地官·大司徒》："其有不正，則國有常刑。"

清華五·命訓 01"大命又(有)裳(常)"，今本《逸周書·命訓》作"大命有常"。潘振云："命，王命。有常，始終如一也。日成，日有成就也。"孫詒讓云："日成，謂日計其善惡而降之禍福也，與大命有常終身不易異也。"

清華五·耆門 16、17，三壽 24"亡裳"，讀爲"無常"，變化不定。《書·蔡仲之命》："民心無常，惟惠之懷。"《後漢書·西羌傳序》："(西羌)所居無常，依隨水草。"

清華五·三壽 14"䎽天之裳"，讀爲"聞天之常"，知天之常道。《荀子·天論》："天有常道。"

清華五·三壽 28"象裳"，讀爲"象常"，法常道。"常"，《荀子·賦》："古之常也。"楊倞注："常，亦古之常道。"

清華六·管仲 26、子儀 15"毀裳"，讀爲"毀常"。

清華七·越公 55"耆裳"，讀爲"故常"，舊規常例。《莊子·天運》："變化齊一，不主故常。"

清華七·越公 56"裳聿"，讀爲"常律"。《國語·越語下》："肆與大夫觴飲，無忘國常。"韋昭注："常，舊法。"

清華八·邦道 24"古（故）裳正（政）亡（無）弋（忒）"之"裳"，讀爲"常"。《詩·周頌·思文》："陳常于時夏。"馬瑞辰《通釋》："常即政也。"

清華三·芮良夫 07"兒改裳絉"，讀爲"變改常術"。《十六經·姓爭》："過極失當，變故易常。"

清華三·芮良夫 10"天裳"，讀爲"天常"，天的常道。《左傳·文公十八年》："顓頊氏有不才子，不可教訓，不知話言，告之則頑，舍之則嚚，傲很明德，以亂天常。"蔡琰《悲憤詩》之一："漢季失權柄，董卓亂天常。"

清華三·芮良夫 21"裳"，讀爲"常"，典章法度。《易·繫辭下》："初率其辭，而揆其方，既有典常。"《國語·越語下》："肆與大夫觴飲，無忘國常。"韋昭注："常，舊法。"《文選·張衡〈東京賦〉》："布教頒常。"李善注："常，舊典也。"

賞

清華五·命訓 09 亟（極）賞則民賈亓（其）上

清華六·管仲 13 女（焉）爲賞罰

清華六·子儀 02 坉（毫）勎（幼）叴（謀）慶而賞之

清華七·越公 47 又（有）賞罰

清華七·越公 53 則賞毇（穀）之

清華五·命訓 11 賞莫大於壤（讓）

清華五·命訓 12 懽（勸）之以賞

清華五·命訓 14 以賞從袲（勞）

～，與🔲（上博四·曹 35）、🔲（郭店·六德 11）同。《説文·貝部》："賞，賜有功也。从貝，尚聲。"

　　清華五·命訓 09"亟賞則民賈亓上"，今本《逸周書·命訓》作"極賞則民賈其上"。

　　清華五·命訓 11"賞莫大於壤（讓）"，今本《逸周書·命訓》作"賞莫大於信義"。

　　清華五·命訓 12"懽（勸）之以賞"，今本《逸周書·命訓》作"勸之以賞"。

　　清華五·命訓 14"以賞從袲（勞）"，今本《逸周書·命訓》作"賞不從勞"。

　　清華六·子儀 02"慶而賞之"，《韓非子·二柄》："殺戮之謂刑，慶賞之謂德。"《孟子·告子下》趙岐注："慶，賞也。"

　　清華六·管仲 13、清華七·越公 47"賞罰"，獎賞和懲罰。《書·康王之誥》："惟新陟王，畢協賞罰，戡定厥功，用敷遺後人休。"《周禮·天官·內宰》："比其小大與其麤良而賞罰之。"

　　清華七·越公 53"賞毄"，讀爲"賞穀"，賞賜奉養。或讀爲"賞購"，猶"償購"，獎勵有功而爲善者。《廣雅·釋言》："購，償也。"簡文"則賞購之"與"則戮殺之"形成對文。（胡敕瑞）

常

　　清華七·子犯 07 乃各賜之鐱（劍）繻（帶）衣常（裳）而敺之

　　清華八·邦政 13 堂（當）時爲常

　　清華八·邦道 23 鷟蓉（落）有常

～，與🔲（新蔡甲三 207）同。《説文·巾部》："常，下帬也。从巾，尚聲。

,常或从衣。"

清華七·子犯 07"衣常",即"衣裳",古时衣指上衣,裳指下裙。後亦泛指衣服。《詩·齊風·東方未明》:"東方未明,顛倒衣裳。"毛傳:"上曰衣,下曰裳。"

清華八·邦道 23"有常",參《易·繫辭上》:"動靜有常,剛柔斷矣。"

裳

　　清華一·楚居 02 妣（毓）裳羊

~,"尚""長"均是聲符。

清華一·楚居 02"妣（毓）裳羊",人名。

定紐長聲

長

清華一·程寤 06 朕聞（聞）周長不式（貳）

清華一·皇門 11 是受（授）司事市（師）長

清華二·繫年 082 爲長澫（壑）而埅（湮）之

清華二·繫年 112 齊人女（焉）訂（始）爲長城於濟

清華二·繫年 113 晉自（師）閲（門）長城句俞之門

清華二·繫年 117 與晉自（師）戬（戰）於長城

清華二·繫年 123 母(毋)攸(修)長城

清華二·繫年 132 晉人回(圍)津(津)、長陵

清華二·繫年 133 以返(復)長陵之自(師)

清華四·筮法 40 逆欹(乾)以長(當)巽

清華四·筮法 40 欹(乾)臾(坤)長(當)艮

清華四·筮法 46 長女爲妾而死

清華四·筮法 47 風、長殤(殤)

清華四·筮法 48 長女殤(殤)

清華五·命訓 14 正(政)成則不長

清華五·湯丘 08 以長奉社稷(稷)

清華五·啻門 05 可(何)多以長

清華五·啻門 08 是亓(其)爲長虞(且)好才(哉)

清華五·鄦門 14 民長萬（賴）之

清華六·管仲 09 官事長

清華六·太伯甲 10 長不能莫（慕）虐（吾）先君之武戠（烈）臧
（壯）祉（功）

清華六·太伯乙 09 長不能莫（慕）虐（吾）先君之武戠（烈）臧
（壯）祉（功）

清華五·三壽 02 敢䚄（問）人可（何）胃（謂）長

清華五·三壽 04 敢䚄（問）人可（何）胃（謂）長

清華五·三壽 04 虐（吾）䚄（聞）夫長莫長於風

清華五·三壽 05 虐（吾）䚄（聞）夫長莫長於風

清華五·三壽 06 敢䚄（問）人可（何）胃（謂）長

清華五·三壽 06 虐（吾）䚄（聞）夫長莫長於水

清華五·三壽 07 虐（吾）䚄（聞）夫長莫長於水

清華五·三壽07 虗(吾)䎽(聞)夫長莫長於□

清華五·三壽07 虗(吾)䎽(聞)夫長莫長於□

清華七·越公17 以民生之不長而自不終亓(其)命

清華八·攝命10 龏(恭)民長₌(長長)

清華八·邦政11 亓(其)頪(類)不長䁈(乎)

清華八·邦政12 而邦豪(家)旻(得)長

清華八·邦道07 則屮(草)木以及(及)百榖(穀)茅(茂)長絉實

清華八·邦道10 則身(信)長

清華八·心中04 則亡(無)以智(知)耑(短)長

～,與 ᶓ(上博一·緇6)、ᶍ(上博五·姑10)同。《説文·長部》:"長,久遠也。从兀从匕。兀者,高遠意也。久則變化。亾聲。ᶑ者,倒亾也。凡長之屬皆从長,ᶓ,古文長。ᶍ,亦古文長。"

清華一·程寤06"朕䎽(聞)周長不式(貳)"之"周",或指周朝,或認爲"周長",忠信恆常。(《讀本一》第67頁)

清華一·皇門11"帀長",讀爲"師長"。此句今本作"是授司事于正長。"

"師長",衆官之長。《書·盤庚下》:"嗚呼!邦伯師長,百執事之人,尚皆隱哉!"孔穎達疏:"衆官之長,故爲三公六卿也。"

清華二·繫年082"長瀬",即"長壍",長溝。

清華二·繫年112、113、117、123"長城",齊長城。最初是在濟水的防護堤壩基礎上加固改建而成,其走嚮是東起平陰東部的山陵,沿濟水東北行,經過濟南,東北入渤海。

清華二·繫年132、133"長陵",疑是楚地。《水經注·淮水》:"淮水又東逕長陵戍南。"熊會貞按:"《地形志》,蕭衍置長陵郡及縣,蓋取此戍爲名。在今息縣東八十里。"

清華四·筮法40"長",讀爲"當"。《吕氏春秋·大樂》:"天地車輪,終則復始,極則復反,莫不咸當。"高誘注:"當,合。"乾、坤合巽意指按巽的吉凶判定。

清華四·筮法46、48"長女",排行最大的女兒。《易·説卦》:"巽一索而得女,故謂之長女。"《淮南子·地形》:"有娀在不周之北,長女簡翟,少女建疵。"

清華四·筮法47"長殤",即"長殤",長子而殤。

清華五·命訓14"正(政)成則不長",今本《逸周書·命訓》作"政成則不長"。潘振云:"不長,言近淺也。政不成,故淺近。"

清華五·湯丘08"以長奉社禝(稷)"之"長",長久,永久。《書·盤庚中》:"汝不謀長。"孔傳:"汝不謀長久之計。"

清華五·啻門05"可(何)多以長",增多什麼。"長",生長,成長。《孟子·公孫丑上》:"今日病矣,予助苗長矣。"《吕氏春秋·圜道》:"物動則萌,萌而生,生而長,長而大。"

清華五·啻門08"是亓(其)爲長虡(且)好才(哉)"之"長",長大,成年。《公羊傳·隱公元年》:"桓幼而貴,隱長而卑。"何休注:"長者,已冠也。"

清華五·啻門14"民長萬(賴)之"之"長",長久,永久。

清華六·管仲09"官事長",主管,執掌。《墨子·尚賢中》:"故可使治國者治國,可使長官者長官。"

清華六·太伯甲10、太伯乙09"長",長大。(工瑜楨)

清華五·三壽02、04、05、06、07"長",訓遠,《說文》:"長,久遠也。"《廣雅·釋詁》:"長,長遠也。"

清華七·越公17"以民生之不長而自不終亓(其)命",參《國語·吴語》:"以民生之不長,王其無死!"民生不長大意是人的壽命不長。自不終其命,意爲自己不得令終其命。

清華八·攝命10"長="，讀爲"長長"，敬重長上。《禮記·大學》："上老老而民興孝，上長長而民興弟。"鄭玄注："老老、長長，謂尊老敬長也。"《荀子·大略》："貴貴、尊尊、賢賢、老老、長長，義之倫也。"《吕氏春秋·先己》："親親、長長、尊賢、使能。"

清華八·邦政11"亓（其）頪（類）不長虖（乎）"之"長"，長久，永久。

清華八·邦道07"則茻木以及百榖茅長繁實"，讀爲"則草木以及百榖茂長繁實"。《吕氏春秋·盡數》："精氣之集也，必有入也。集於羽鳥，與爲飛揚；集於走獸，與爲流行；集於珠玉，與爲精朗；集於樹木，與爲茂長；集於聖人，與爲敻明。"

清華八·心中04"耑長"，讀爲"短長"，短與長，矮與高。《管子·明法解》："尺寸尋丈者，所以得短長之情也，故以尺寸量短長，則萬舉而萬不失矣。"

伥

清華七·趙簡子02 褱（就）虐（吾）子之牂（將）伥（長）

清華八·邦道03 伥（長）官

清華八·邦道21 伥（長）乳則[畜]蕃

～，與 （上博四·柬19）、 （上博四·曹28）、 （上博八·有3）同。《説文·人部》："伥，狂也。从人，長聲。一曰什也。"

清華七·趙簡子02"伥"，讀爲"長"，訓少，一説訓久。

清華八·邦道03"伥官"，讀爲"長官"，主管，執掌。《墨子·尚賢中》："故可使治國者治國，可使長官者長官。"

清華八·邦道21"伥乳"，讀爲"長乳"，指飼養動物。（劉國忠）

脹

清華四·筮法53 爲瘇（腫）脹

1841

～,从"肉","長"聲。《廣韻》:"脹,脹滿。"

清華四·筮法 53"爲瘴(腫)脹",代表腫脹。《醫宗金鑒·雜病心法要訣·腫脹總括》謂腫脹有脈脹,有膚脹。亦用以形容身體虛胖。

張

清華六·管仲 26 出外必張

清華六·管仲 27 然則或彶(弛)或張

清華六·子儀 04 乃張大庡於東奇之外

清華六·子產 08 宅大心張

清華六·子產 26 此胃(謂)張岂(美)弃(棄)亞(惡)

清華七·趙簡子 09 顝(夏)不張簸(簠)

清華八·邦道 22 夫邦之弱張

《說文·弓部》:"張,施弓弦也。从弓,長聲。"

清華六·管仲 26"出外必張",張開,展開。《莊子·天運》:"予口張而不能嚵。"成玄英疏:"心懼不定,口開不合。"

清華六·管仲 27"然則或彶(弛)或張",謂弓弦拉緊和放鬆。因以喻事物之進退、起落、興廢等。《禮記·曲禮上》:"張弓尚筋,弛弓尚角。"《禮記·雜記下》:"一張一弛,文武之道也。"鄭玄注:"張弛,以弓弩喻人也。"《楚辭·九章·悲回風》:"氾潏潏其前後兮,伴張弛之信期。"

清華六·子產 08"宅大心張"之"張",《左傳·桓公六年》:"漢東之國,隨爲大。隨張,必弃小國。"杜預注:"自侈大也。"

清華六·子產 26"張兇弃亞",疑讀爲"揚美棄惡",揚善棄惡。《易·大有》:"君子以遏惡揚善。"《禮記·中庸》:"舜好問而好察邇言,隱惡而揚善。"

清華七·趙簡子 09"顕(夏)不張籢(筵)"之"張",設置、陳設。《楚辭·九歌·湘夫人》:"與佳期兮夕張。"洪興祖補注:"張,陳設也。"《六韜·龍韜》:"太公曰:'將冬不服裘,夏不操扇,雨不張蓋,名曰禮將。'"

清華八·邦道 22"弱張",與"弱強"義同,弱小與強大。《淮南子·兵略》:"故德義足以懷天下之民……謀慮足以知強弱之勢。"《詩·大雅·韓奕》:"四牡奕奕,孔脩且張。"毛傳:"脩,長;張,大。"

泥紐嚷聲

嚷(襄)

 清華二·繫年 011 齊襄公會者(諸)侯于首蚰(止)

 清華二·繫年 044 述(遂)朝周襄王于衡澭(雍)

 清華二·繫年 047 襄公新(親)衒(率)自(師)御(禦)秦自(師)
于嶑(崤)

 清華二·繫年 050 晉襄公宑(卒)

 清華二·繫年 051 乃命左行瘍(蔑)与(與)陸(隨)會卲(召)襄
公之弟瘫(雍)也于秦

 清華二·繫年 051 襄天〈夫〉人甯(聞)之

· 1843 ·

清華二·繫年053 女(焉)國(葬)襄公

清華二·繫年076 連尹襄老與之爭

清華二·繫年113 戉(越)公、宋公敗(敗)齊𠂤(師)于襄坪(平)

清華七·趙簡子08 橐(就)虐(吾)先君襄公

清華五·命訓09 賈亓(其)上則亡(無)壤(讓)

清華五·命訓11 賞莫大於壤(讓)

～，與 ▨(上博二·容17)、▨(上博六·競12)、▨(上博六·慎4)同，乃《說文》"𠖣"字籀文所本。《說文·𠱧部》："𠖣，亂也。从爻、工、交、𠱧。一曰窒𠖣。讀若襄。▨，籀文𠖣。"

清華二·繫年011"齊襄公"，《史記·齊太公世家》："三十三年，釐公卒，太子諸兒立，是爲襄公。"《史記·鄭世家》："子亹元年七月，齊襄公會諸侯於首止，鄭子亹往會，高渠彌相，從，祭仲稱疾不行。"

清華二·繫年044"周襄王"，《史記·周本紀》："二十五年，惠王崩，子襄王鄭立。襄王母蚤死，後母曰惠后。惠后生叔帶，有寵於惠王，襄王畏之。三年，叔帶與戎、翟謀伐襄王，襄王欲誅叔帶，叔帶犇齊。"《史記·齊太公世家》："三十五年夏，會諸侯于葵丘。周襄王使宰孔賜桓公文武胙、彤弓矢、大路，命無拜。"

清華二·繫年047、050、051、053，清華七·趙簡子08"襄公"，晉襄公。《史記·晉世家》："九年冬，晉文公卒，子襄公歡立……襄公墨衰絰。四月，敗秦師于殽，虜秦三將孟明視、西乞秫、白乙丙以歸。遂墨以葬文公。"

清華二·繫年076"連尹襄老與之爭",參《國語·楚語上》:"莊王既以夏氏之室賜申公巫臣,則又畀之子反,卒與襄老。"

清華二·繫年113"襄坪",讀爲"襄平",地名,地望待考。

清華五·命訓09"賈亓(其)上則亡(無)壤(讓)",今本《逸周書·命訓》作"賈其上則民無讓"。"讓",謙讓,推辭。《書·堯典》:"允恭克讓。"孔穎達疏引鄭玄曰:"推賢尚善曰讓。"《楚辭·九章·懷沙》:"知死不可讓,願勿愛兮。"王逸注:"讓,辭也。"

清華五·命訓11"賞莫大於壤"之"壤",讀爲"讓"。指把好處讓給別人。《呂氏春秋·行論》:"堯以天下讓舜。"高誘注:"讓,猶予也。"

釀

 清華六·子產23 好酓(飲)飤(食)酭(智)釀

~,从"酉","曩"聲,"釀"之異體。

清華六·子產23"釀",酒。《晉書·何充傳》:"充能飲酒,雅爲劉惔所貴。惔每云:'見次道(何充字)飲,令人欲傾家釀。'"

來紐兩聲

兩

 清華六·子儀11 辟(譬)之女(如)兩犬縴(延)河致(啜)而㖞(㹜)

 清華八·邦道05 既亓(其)不兩於煮(圖)

 清華八·心中04 必心與天兩事女(焉)

 清華八·虞夏02 周人弋(代)之用兩

～，與(上博七·吳 3)同。《説文·网部》："兩，二十四銖爲一兩。从一，网，平分，亦聲。"

清華六·子儀 11"兩犬"，兩條狗。

清華八·邦道 05"兩"，《逸周書·武順》："無中曰兩。"

清華八·心中 04"兩事"，指心與天。

清華八·虞夏 02"周人弋(代)之用兩"，與"殷人弋(代)之以晶(三)"相對。

來紐量聲

量

清華一·程寤 07 卑(俾)行量亡(無)乏

清華八·邦道 26 以量亓(其)帀(師)尹之謹(徵)

《説文·重部》："量，稱輕重也。从重省，曏省聲。量，古文量。"

清華一·程寤 07"量"，疑訓爲界限，句謂所行之處無有困乏。使行事無匱乏。(《讀本一》第 61 頁)

清華八·邦道 26"量"，《周禮·序官》"量人"，鄭玄注："猶度也。"《左傳·隱公十一年》："君子是以知息之將亡也，不度德，不量力……其喪師也，不亦宜乎！"

糧

清華六·子儀 17 不穀(穀)敢忎(愛)糧

清華七·晉文公 06 爲蒍茣(採)之羿(旗)戠(侵)糧者出

清華七·越公 05 又(有)旬(旬)之糧

～，所從的"米"或在左，或在右，或在下，在下者與🅧(上博五·鮑 3)、🅧(郭店·成之聞之 13)形同。《説文·米部》："糧，穀食也，从米，量聲。"

清華"糧"，穀類食物的總稱。《詩·大雅·公劉》："廼裹餱糧，于橐于囊。"《莊子·逍遥遊》："適百里者，宿舂糧；適千里者，三月聚糧。"

來紐良聲

良

清華一·耆夜 11 是隹(惟)良士之茓

清華一·耆夜 13 是隹(惟)良士之思(懼)

清華一·耆夜 14 是隹(惟)良士之思(懼)

清華一·皇門 8 我王訪良言於是人

清華三·琴舞 14 良惪(德)亓(其)女(如)枲(台)

清華三·芮良夫 02 内(芮)良夫乃复(作)誷再終

清華五·厚父 11 引(矧)其能丁(貞)良于㕍(友)人

清華六·子產 02 不良君古(故)立(位)劼(固)寡(福)

清華五·厚門 01 古之先帝亦有良言青（情）至於今虎（乎）

清華五·厚門 02 女（如）亡（無）又（有）良言清（情）至於今

清華五·厚門 21 唯古先=（之先）帝之良言

清華六·管仲 21 夫周武王甚元以智而武以良

清華六·管仲 23 好史（使）年（佞）人而不訐（信）誋（慎）良

清華六·孺子 04 女（如）母（毋）又（有）良臣

清華六·孺子 08 乳=（孺子）亓（其）童（重）旻（得）良臣

清華七·子犯 01 子若公子之良庶子

清華七·子犯 03 子若公子之良庶子

清華七·子犯 04 母（毋）乃無良左右也虐（乎）

清華七·子犯 04 不閒（閑）良䂳（規）

清華七·子犯 06 宔（主）女（如）此胃（謂）無良左右

清華七·越公 11 夫=（大夫）亓（其）良煮（圖）此

清華七·越公 16 亡（無）良鄹（邊）人禹（稱）瘧悁（怨）啙（惡）

清華七·越公 22 孤或（又）志（恐）亡（無）良僕（僕）馭（御）猣火

於雩（越）邦

清華八·處位 02 唯濬（浚）良人能敀（造）御柔

清華八·處位 10 乃胃（謂）良人出於無厇（度）

清華八·處位 08 以寂（探）良人

清華八·處位 09 虘（且）爲㸓良人

～，上博簡或作 ![字形]（上博三·周 22）、![字形]（上博四·柬 19）、![字形]（上博六·競 2）、![字形]（上博六·用 3）、![字形]（上博七·鄭乙 5）、![字形]（上博八·王 5）。《説文·畗部》："良，善也。从畗省，亡聲。![字形]，古文良。![字形]，亦古文良。![字形]，亦古文良。"

清華一·耆夜 13、14"是佳（惟）良士之思（懼）"，參《詩·唐風·蟋蟀》："好樂無荒，良士瞿瞿。""良士"，賢士。《書·秦誓》："番番良士，旅力既愆，我尚有之。"

清華一·皇門 08，清華五·帝門 01、02、21"良言"，善意而有益的話。《漢書·路温舒傳》："誹謗之罪不誅，而後良言進。"

清華三·芮良夫 02"内良夫"，讀爲"芮良夫"，芮國國君，厲王時入朝爲大夫，是西周時有名的賢臣。

清華五·厚父11"丁良",讀爲"貞良",忠良,忠正誠信。《墨子·明鬼下》:"必擇國之父兄慈孝貞良者,以爲祝宗。"《史記·秦始皇本紀》:"尊卑貴賤,不踰次行;姦邪不容,皆務貞良。"

清華六·子產02"不良",不善,不好。《詩·陳風·墓門》:"夫也不良,國人知之。"鄭箋:"良,善也。"《後漢書·章帝紀》:"今吏多不良,擅行喜怒,或案不以罪,迫脅無辜,致令自殺者。"

清華六·管仲23"訢良",讀爲"慎良",謹慎、善之意。見蔡侯申盤(《集成》10171)"聰介慎良"。《詩·小雅·角弓》:"民之無良,相怨一方。"鄭箋:"良,善也。"《論語·學而》:"夫子溫、良、恭、儉、讓以得之。"

清華六·孺子04、08"良臣",《國語·楚語》:"故莊王之世,滅若敖氏,唯子文之後在,至於今處鄖,爲楚良臣。是不先恤民而後己之富乎?"《書·説命下》:"股肱惟人,良臣惟聖。"

清華七·子犯01、03"良庶子",好的庶子官。《禮記·燕義》:"周天子之官有庶子官","職諸侯卿大夫士之庶子之卒,掌其戒令,與其教治"。鄭玄注:"庶子,猶諸子也。《周禮》諸子之官,司馬之屬也。"《書·康誥》:"矧惟外庶子訓人。"

清華七·越公16,清華七·子犯04、06"無良",不善,不好。《書·泰誓下》:"受克予,非朕文考有罪,惟予小子無良。"《國語·吳語》:"今句踐申禍無良,草鄙之人,敢忘天王之大德,而思邊垂之小怨,以重得罪於下執事?"

清華七·越公11"良惎",即"良圖",妥善謀劃。《左傳·昭公二十三年》:"士彌牟謂韓宣子曰:'子弗良圖,而以叔孫與其讎,叔孫必死之。'"

清華八·處位02、10、08、09"良人",賢者,善良的人。《詩·大雅·桑柔》:"維此良人,作爲式穀。"《莊子·田子方》:"昔者寡人夢見良人。"

清華簡"良",善良,賢良。《書·益稷》:"元首明哉,股肱良哉。"《詩·小雅·角弓》:"民之無良,相怨一方。"鄭箋:"良,善也。"《論語·學而》:"夫子溫、良、恭、儉、讓以得之。"

郎

(鄭)

清華二·繫年130 郎(莊)坪(平)君銜(率)自(師)戔(侵)奠

《説文·邑部》:"郎,魯亭也。从邑,良聲。"

清華二·繫年 130"郎臧坪君",讀爲"郎莊平君",楚之封君,莊平是其謚,郎爲其封地。

狼

 清華七·越公 17 肰(然)爲犲(豺)狼飤(食)於山林篕芒

《説文·犬部》:"狼,似犬,鋭頭,白頰,高前,廣後。从犬,良聲。"

清華七·越公 17"犲狼",即"豺狼",豺與狼,皆凶獸。《楚辭·招魂》:"豺狼從目,往來侁侁些。"

清紐倉聲

倉

 清華一·尹至 02 亓(其)又(有)句(后)乓(厥)志亓(其)倉(喪)

清華五·封許 05 易(錫)女(汝)倉(蒼)珪(圭)、巨(秬)鬯一卣

清華五·三壽 20 上下母(毋)倉(攘)

~,與 (上博六·用 6)同。《説文·倉部》:"倉,穀藏也。倉黃取而藏之,故謂之倉。从食省,口象倉形。,奇字倉。"

清華一·尹至 02"乓志亓倉",讀爲"厥志其喪",喪失其志嚮。《左傳·昭公元年》:"非鬼非食,惑以喪志。"

清華五·封許 05"倉珪",讀爲"蒼圭",青色(包括藍色和綠色)的圭。《詩·秦風·黃鳥》:"彼蒼者天,殲我良人!"《詩·大雅·江漢》:"釐爾圭瓚,秬鬯一卣。"毛公鼎(《集成》02841):"錫汝秬鬯一卣,祼圭瓚寶。"

清華五·三壽 20"上下母倉"之"倉",讀爲"攘"。《淮南子·詮言》:"不能

使福必來,信己之不攘也。"高誘注:"亂也。"《漢書·嚴助傳》:"南夷相攘。"顏師古注:"攘謂相侵奪也。"

敆

 清華六·子產 22 乃敓(竄)辛道、敆語

～,从"攴","倉"聲。
清華六·子產 22"敆語",人名。

勭

 清華六·管仲 19 勭(壯)者惥(願)行

～,从"力","倉"聲。
清華六·管仲 19"勭者",讀爲"壯者",强壯的人。《墨子·備城門》:"爲薪蕘挈,壯者有挈,弱者有挈,皆稱亓任。"

鎗

 清華七·越公 03 戠(敦)力敓鎗

《説文·金部》:"鎗,鐘聲也。从金,倉聲。"
清華七·越公 03"鎗",讀爲"槍",長兵。《墨子·備城門》:"槍二十枚,周置二步中。"或讀爲"鐋"。《急就篇》卷三:"矛鋋鐋盾刃刀鉤。"顏師古注:"鐋者,亦刀劍之類,其刃卻偃而外利,所以推攘而害人也。"(滕勝霖)

來紐卯聲

梁

 清華二·繫年 032 惠公奔于梁

清華二·繫年 034 至于梁城

 清華二·繫年 091 公會者（諸）侯於瞑（溴）梁

 清華八·邦道 22 㛒（攝）洭（圯）梁

《說文·木部》："梁，水橋也。从木，从水，刅聲。古文。""刅"即"創"之本字，所從"刅"與"刃"混同，或作（上博四·逸·交 1）、（郭店·成之聞之 35）。

清華二·繫年 032"梁"，或稱"少梁"。《史記·秦本紀》："重耳、夷吾出犇。"《正義》云："重耳奔翟，夷吾奔少梁也。"在今陝西韓城境。

清華二·繫年 034"梁城"，地名，今山西永濟之解城。《左傳·僖公十五年》："賂秦伯以河外列城五，東盡虢略，南及華山，內及解梁城，既而不與。"杜預注："解梁城，今河東解縣也。"

清華二·繫年 091"瞑梁"，讀爲"溴梁"，地名。《春秋·襄公十六年》："三月，公會晉侯、宋公、衛侯、鄭伯、曹伯、莒子、邾子、薛伯、杞伯、小邾子于溴梁。戊寅，大夫盟。"同年《左傳》："十六年春，葬晉悼公。平公即位……會于溴梁……許男請遷于晉，諸侯遂遷許。許大夫不可，晉人歸諸侯。"杜預注："溴水出河內軹縣，東南至溫入河。"

清華八·邦道 22"洭梁"，讀爲"圯梁"。《說文·土部》："圯，東楚謂橋爲圯。"又《說文》："梁，水橋也。"

從紐爿聲

妝

 清華七·晉文公 01 母（毋）辡（辨）於妞（好）妝嬯媼皆見

～，與 ■（上博一•緇 12）同，从"女"，"爿"聲。《説文•女部》："妝，飾也。从女，牀省聲。"

清華七•晉文公 01"妝"，讀爲"臧"，善，好。《書•盤庚上》："邦之臧，惟汝衆；邦之不臧，惟予一人有佚罰。"《詩•邶風•雄雉》："不忮不求，何用不臧？"毛傳："臧，善也。"或讀爲"莊"，《禮記•緇衣》："毋以嬖御人疾莊后。"鄭玄注："莊后，適夫人齊莊得禮者。"（薛培武）

狀

　清華一•楚居 03 坒（厥）狀（狀）壄（聶）耳

　清華四•筮法 41 卡₌（上下）同狀（狀）

　清華三•説命上 02 坒（厥）敚（説）之狀（狀）

　清華三•琴舞 03 日臺（就）月狀（將）

　清華三•芮良夫 11 以䎽（親）亓（其）狀（狀）

～，與 ■（上博六•天甲 7）、■（上博六•天乙 6）形同，从"百（首）"，"爿"聲，"狀"字異體。《説文•犬部》："狀，犬形也。从犬，爿聲。"段玉裁注："引伸爲形狀。"

清華一•楚居 03、清華三•説命上 02"狀"，即"狀"，形狀，形態。《吕氏春秋•明理》："其雲狀有若犬、若馬、若白鵠、若衆車。"高誘注："雲氣形狀如物之形也。"

清華四•筮法 41"同狀"，即"同狀"，同樣，類似。《荀子•禮論》："事死如事生，事亡如事存，狀乎無形，影然而成文。"楊倞注："狀，類也。"

清華三•琴舞 03"日臺月狀"，讀爲"日就月將"，每天有成就，每月有進步。《詩·周頌·敬之》:"日就月將,學有緝熙于光明。"孔穎達疏:"日就,謂學之使每日有成就;月將,謂至於一月則有可行。言當習之以積漸也。"朱熹《集傳》:"將,進也……日有所就,月有所進,續而明之,以至于光明。"

清華三·芮良夫 11"牰",即"狀"。《戰國策·楚四》:"春申君問狀。"鮑彪注:"狀,事狀。"

詯

　　清華二·繫年 070 魯詯(臧)孫誩(許)迡(適)晉求敔(援)

～,與(上博三·周 7)同,從"言","爿"聲。

清華二·繫年 070"詯孫誩",讀爲"臧孫許",即臧宣叔。《春秋·成公二年》:"六月癸酉,季孫行父、臧孫許、叔孫僑如、公孫嬰齊帥師會晉郤克、衛孫良夫、曹公子首及齊侯戰于鞌,齊師敗績。"

㠑

　　清華八·處位 04 㠑(戕)趮(躁)啟(度)

～,從"止","壯"聲。

清華八·處位 04"㠑",讀爲"戕",摧殘,殘害。《書·盤庚中》:"汝共作我畜民,汝有戕則在乃心。"孔傳:"戕,殘也。"《左傳·襄公二十八年》:"陳無宇濟水而戕舟發梁。"杜預注:"戕,殘壞也。"

牀

　　清華三·赤鵠 08 共尻句(后)之牀下

　　清華三·赤鵠 12 共尻句(后)之牀下

～,與(上博五·季 9)同。《說文·木部》:"牀,安身之坐者。從木,爿聲。"

清華三·赤鵠"牀",供人睡卧的傢俱。《詩·小雅·斯干》:"乃生男子,載寢之牀。"鄭箋:"男子生而卧於牀,尊之也。"

囗（葬）

　清華二·繫年 047 未囗（葬）

　清華二·繫年 053 女（焉）囗（葬）襄公

～,從"囗","牀"聲,"葬"字異體。《説文·茻部》:"葬,藏也。從死在茻中;一其中,所以薦之。《易》曰:'古之葬者,厚衣之以薪。'"

清華二·繫年"囗",即"葬",掩埋屍體。《易·繫辭下》:"古之葬者,厚衣之以薪,葬之中野,不封不樹,喪期无數,後世聖人易之以棺椁,蓋取諸《大過》。"

殈

　清華六·孺子 12 自是旨（期）以至殈（葬）日

　清華八·邦道 21 不厚殈（葬）

～,從"死","爿"聲,"葬"字異體。

清華六·孺子 12"殈",即"葬",掩埋屍體。

清華八·邦道 21"厚葬",謂不惜財力地經營喪葬。《論語·先進》:"顔淵死,門人欲厚葬之。"王充《論衡·薄葬》:"如明死人無知,厚葬無益,論定議立,較著可聞,則璵璠之禮不行,徑庭之諫不發矣。"

戕（臧）

　清華一·耆夜 04 方戕（壯）方武

清華一·耆夜 05 方臧（壯）方武

 清華一·耆夜 06 臧（壯）武忎=（赳赳）

 清華一·祭公 11 亦尚亘（寬）臧（壯）氒（厥）心

 清華一·祭公 16 女（汝）母（毋）以俾（嬖）卸（御）息（疾）尔（爾）臧（莊）句（后）

 清華一·楚居 10 至臧（莊）王遲（徙）袞（襲）㪍（樊）郢（郢）

 清華六·太伯甲 08 先君臧（莊）公

清華六·太伯甲 10 長不能莫（慕）虔（吾）先君之武敱（烈）臧（壯）杠（功）

清華六·太伯乙 07 枼（世）及虔（吾）先君臧（莊）公

 清華六·太伯乙 09 長不能莫（慕）虔（吾）先君之武敱（烈）臧（壯）杠（功）

 清華二·繫年 010 臧（莊）公即立（位）

清華二·繫年 010 臧（莊）公即殜（世）

清華二·繫年058 臧(莊)王即立(位)

清華二·繫年059 臧(莊)王衒(率)自(師)回(圍)宋九月

清華二·繫年061 楚臧(莊)王立十又四年

清華二·繫年061 臧(莊)王述(遂)加奠(鄭)䚻(亂)

清華二·繫年063 臧(莊)王述(遂)北

清華二·繫年074 楚臧(莊)王立

清華二·繫年074 臧(莊)王立十又五年

清華二·繫年075 臧(莊)王衒(率)自(師)回(圍)陳

清華二·繫年077 臧(莊)王即殜(世)

清華二·繫年091 晉臧(莊)坪(平)公即立(位)

清華二·繫年093 齊臧(莊)公光衒(率)自(師)以逐鄉(欒)經(盈)

清華簡文字聲系正編·陽部

清華二·繫年094 齊臧(莊)公涉河襲(襲)朝訶(歌)

清華二·繫年095 齊蓑(崔)芧(杼)殺亓(其)君臧(莊)公

清華二·繫年096 晉臧(莊)坪(平)公立十又二年

清華二·繫年099 晉臧(莊)坪(平)公即殜(世)

清華二·繫年130 郎臧(莊)坪(平)君衒(率)𠂤(師)戜(侵)奠(鄭)

清華八·邦道01 凸(凡)皮(彼)刅(削)坆(邦)、臧(戕)君

～，與 (上博四·曹10)、 (上博四·曹38)、 (上博四·曹57)同，從"口"，"戕"聲，"臧"字異體。《說文·臣部》："臧，善也。從臣，戕聲。 ，籀文。"

清華一·耆夜04、05"方臧方武"，讀爲"方壯方武"。"壯""武"義近，有時連用。虢季子白盤（《集成》10173）"甾武于戎工"之"甾武"，即壯武，勇壯，雄武。《漢書·韓王信傳》："上以爲信壯武，北近鞏雒，南迫宛葉，東有淮陽，皆天下勁兵處也，乃更以太原郡爲韓國，徙信以備胡，都晉陽。"

清華一·耆夜06"臧武"，讀爲"壯武"，參上。

清華一·祭公11"亦尚恒臧氒心"，讀爲"亦尚寬壯厥心"。與今本《逸周書·祭公》同。

清華一·祭公16"女母以俾詷息尔臧句"，讀爲"汝毋以嬖御疾爾莊后"。《禮記·緇衣》："毋以小謀敗大作，毋以嬖御人疾莊后。"鄭玄注："莊后，適夫人齊莊得禮者。"孔穎達疏："莊后，謂齊莊之后，是適夫人也。無得以嬖御賤人之

爲非毁於適夫人。”

清華六·太伯甲10、太伯乙09“武敓臧社”,讀爲“武烈壯功”。“壯功”,壯大之功勞。“壯”,壯大。《詩·小雅·采芑》:“方叔元老,克壯其猶。”毛傳:“壯,大;猶,道也。”

清華二·繫年010、清華六·太伯甲08、太伯乙07“臧公”,讀爲“莊公”,即鄭莊公。《史記·鄭世家》:“是歲,武公卒,寤生立,是爲莊公。”

清華一·楚居10,清華二·繫年059、061、063、074、075、077“臧王”,讀爲“莊王”,即楚莊王,爲春秋五霸之一。《史記·楚世家》:“(穆王)卒。子莊王侶立。莊王即位三年,不出號令,日夜爲樂……六年,伐宋,獲五百乘。八年,伐陸渾戎,遂至洛,觀兵於周郊。周定王使王孫滿勞楚王,楚王問鼎小大輕重。”

清華二·繫年091、096、099“晉臧坪公”,讀爲“晉莊平公”,即晉平公。《史記·晉世家》:“冬,悼公卒,子平公彪立。平公元年,伐齊,齊靈公與戰靡下,齊師敗走。”

清華二·繫年093、094“齊臧公”,繫年095“臧公”,讀爲“齊莊公”“莊公”,名光,齊靈公之子。《史記·齊太公世家》:“靈公疾,崔杼迎故太子光而立之,是爲莊公。莊公殺戎姬。五月壬辰,靈公卒,莊公即位,執太子牙於句竇之丘,殺之。八月,崔杼殺高厚。晉聞齊亂,伐齊,至高唐。”《史記·晉世家》:“齊莊公微遣欒逞於曲沃,以兵隨之。”

清華二·繫年130“郎臧坪君”,讀爲“郎莊平君”,楚之封君,莊平是其謚,郎爲其封地。

清華八·邦道01“臧君”,讀爲“戕君”。《國語·晉語一》:“可以小戕,而不能喪國。”韋昭注:“戕,猶傷也。”

𢡱

 清華八·天下06四曰𢡱(壯)之

～,與(上博七·鄭乙4)同,从“心”,“臧(臧)”聲。

清華八·天下06“𢡱”,讀爲“壯”,勇猛,威猛。《國語·晉語四》:“偃也聞之:‘戰鬭,直爲壯,曲爲老。’”《史記·李將軍列傳》:“單于既得陵,素聞其家聲,及戰又壯,乃以其女妻陵而貴之。”

歨

　　清華五・封許 05 女（汝）隹（惟）歨（臧）耆尓猷

～，从"止"，"戕"聲。

清華五・封許 05"歨"，讀爲"臧"。《説文・臣部》："善也。"或讀爲"壯"。

（葬）

　　清華六・孺子 13 女（汝）愼（慎）壵（重）君（葬）而舊（久）之於
上三月

～，从"死"，"戕（臧）"聲。"葬"字異體。

清華六・孺子 13""，即"葬"。

贓

　　清華六・孺子 14 焉宵（削）昔（錯）器於巽（選）贓（藏）之中

～，與（上博一・孔 21）同，从"貝"，"戕（臧）"聲，"藏"之異體。或釋爲
"賍"。《玉篇》："賍，藏也。"《廣韻》："賍，納賄曰賍。"

清華六・孺子 14"巽贓"，讀爲"選藏"，意即遣藏，即殉葬器物。

䙷

　　清華三・芮良夫 06 卹邦之不䙷（臧）

　　清華五・三壽 05 肩（厭）非（必）䙷（臧）

～，从"貝"，"爿"聲，"藏"字異體。

清華三・芮良夫 06"不䙷"，讀爲"不臧"，不善，不良。《詩・邶風・雄

・1861・

雅》:"不忮不求,何用不臧。"

清華五·三壽05"䘒",即"藏"。《詩·小雅·十月之交》:"宣侯多藏。"朱熹《集傳》:"藏,蓄也。"簡文"厭必臧"意謂知足必致有所蓄藏。

寍

　清華一·程寤09 不可以寍(藏)

　清華四·筮法57 司寍(藏)

~,從"宀","䘒"聲,"藏"之異體。

清華一·程寤09"不可以寍",即"不可以藏"。《逸周書·大開》"謀競不可以藏",《小開》"謀競不可以"後應脱一"藏"字。潘振《周書解義》:"競,力也。藏,不行也……言我後人即此謀而用力焉,不可以不行也。"

清華四·筮法57"寍",即"藏",收藏,儲藏。《荀子·王制》:"春耕,夏耘,秋收,冬藏。"《史記·孟嘗君列傳》:"今君又尚厚積餘藏,欲以遺所不知何人,而忘公家之事日損,文竊怪之。"

牆(醬)

　清華一·金縢07 公牆(將)不利於需(孺)子

　清華二·繫年023 賽(息)爲(媯)牆(將)歸于賽(息)

　清華二·繫年025 我牆(將)求栽(救)於鄌(蔡)

　清華二·繫年046 秦自(師)牆(將)東臺(襲)奠(鄭)

清華二·繫年046 奠(鄭)之賈人弦高牆(將)西市

清華二·繫年052 而女(焉)牆(將)寊(置)此子也

清華二·繫年056 牆(將)以伐宋

清華二·繫年067 郹(駒)之克牆(將)受齊侯肎(幣)

清華二·繫年084 吳王子晨(晨)牆(將)记(起)禍(禍)於吳

清華二·繫年119 宋殍(悼)公牆(將)會晉公

清華二·繫年130 牆(將)與之戢(戰)

清華二·繫年132 楚人歸(歸)奠(鄭)之四牆(將)軍與亓(其)

萬民於奠(鄭)

清華二·繫年136 楚𠂤(師)牆(將)救(救)武昜(陽)

清華三·祝辭03 牆(將)敲(注)爲死

清華三·祝辭04 牆(將)敲(注)爲肉

清華三·祝辭 05 牆（將）𢼸（射）得（干）音（函）

清華三·赤鵠 06 眾鴍（烏）牆（將）飤（食）之

清華三·赤鵠 06 牆（將）𤆼（撫）楚

清華四·筮法 20 乃曰牆（將）死

清華五·湯丘 14 句（后）牆（將）君又（有）虐（夏）才（哉）

清華五·三壽 10 四厰（嚴）牆（將）行

清華五·三壽 10 九牧九矣（有）牆（將）芒（喪）

清華五·三壽 12 而不智（知）邦之牆（將）芒（喪）

清華六·鄭子 01 女（如）邦牆（將）又（有）大事

清華六·鄭子 06 老婦亦牆（將）丩（糾）攸（修）宮中之正（政）

清華六·鄭子 11 虗（吾）先君北（必）牆（將）相乳＝（孺子）

清華七·子犯 13 受（紂）若大隡（岸）牆（將）具隉（崩）

清華七·趙簡子 01 盄（趙）柬（簡）子既受疐牁（將）軍

清華七·趙簡子 01 昔虔（吾）子之牁（將）方少

清華七·趙簡子 02 臮（就）虔（吾）子之牁（將）倀（長）

清華七·趙簡子 03 牁（將）子之咎

清華七·趙簡子 04 虔（吾）子牁（將）不可以不戒巳（已）

清華七·越公 14 凡吳之善士牁（將）中畔（半）死巳（矣）

清華七·越公 26 雫（越）王句戔（踐）牁（將）忎（惎）复（復）吳

清華七·越公 32 産（顔）色訓（順）必（比）而牁（將）耛（耕）者

清華七·越公 33 而牁（將）耛（耕）者

清華七·越公 64 牁（將）舟戬（戰）於江

清華七·越公 66 牁（將）以夾□（攻）

清華七·越公 66 牁（將）以御（禦）之

清華七·越公 73 不穀(穀)亓(其)牂(將)王於甬句重(東)

清華八·邦政 07 邦豪(家)牂(將)毀

清華八·處位 06 牂(將)氒(度)以爲齒

～，與 ▨(上博四·柬 10)、▨(上博四·曹 40)、▨(上博四·曹 32)、▨(上博七·武 12)同，从"酉"，"爿"聲，爲"醬"字異體。《說文·酉部》："醬，醢也。从肉、酉，酒以和醬也；爿聲。▨，古文。▨，籀文。"

清華二·繫年 132、清華七·趙簡子 01"牂軍"，讀爲"將軍"，官名。《墨子·非攻中》："昔者晉有六將軍。"孫詒讓《閒詁》："六將軍，即六卿爲軍將者也。春秋時通稱軍將爲將軍。"《戰國策·秦二》："齊、秦之交陰合。楚因使一將軍受地於秦。"

清華七·趙簡子 01"昔虖子之牂方少"，讀爲"昔吾子之將方少"，爲將時年齡尚小。

清華七·趙簡子 03、04"牂"，讀爲"將"，訓"必"。一說"將""子"，同位語，猶言"將軍您"。或訓"則"。《經詞衍釋》卷八："將，猶則也。《左傳·襄公二十三年》：'寧將事之？'《二十九年》：'將何所取？'《史記·楚世家》：'鳴將驚人。'以上皆將之同則。"（駱珍伊）

清華七·越公 14"牂"，讀爲"將"，副詞，表示數量差不多，相當於"將近"。楊樹達《詞詮》卷六："將，幾也。"《孟子·滕文公上》："今滕絕長補短，將五十里也。"

清華七·越公 73"不穀亓牂王於甬句重"，讀爲"不穀其將王於甬句東"。《國語·吳語》作"寡人其達王於甬句東"，《國語·越語上》作"吾請達王甬句東"。"將"，供養、奉養。《詩·小雅·四牡》："王事靡盬，不遑將父。"毛傳："將，養也。"孔穎達疏："我堅固王事，所以不暇在家以養父母。""將王於甬句東"，意即"將吳王您供養在甬句東"。（魏宜輝）

清華"牂"，讀爲"將"，副詞。就要，將要。《左傳·文公十八年》："春，齊侯戒師期,而有疾。醫曰:'不及秋,將死。'"

遛

清華五·封許 03 嚴遛(將)天命

清華五·㠯門 04 五以遛(將)

清華五·㠯門 18 五以遛(將)之

清華五·㠯門 18 五以遛(將)之

清華六·子產 20 硈(重)任以果遛(將)

～,從"止","䉛"聲。"將"字異體。

清華五·封許 03"嚴遛天命",讀爲"嚴將天命",敬奉天命。"將",《詩·周頌·我將》鄭箋:"猶奉也。"

清華五·㠯門 04、18"遛",讀爲"將",義同相,扶持,輔助。

清華六·子產 20"果遛",讀爲"果將",功成而美。《廣雅·釋詁》:"將,美也。"

遹

清華二·繫年 131 聿(盡)逾奠(鄭)𠂤(師)與亓(其)四遹(將)軍

～,從"辵","䉛"聲。"將"字異體。

清華二·繫年 131"四遹軍",讀爲"四將軍",指皇子、子馬、子池、子封子。"將軍",官名。《墨子·非攻中》:"昔者晉有六將軍。"孫詒讓《閒詁》:"六將軍,即六卿爲軍將者也。春秋時通稱軍將爲將軍。"

蒲

　　清華四・別卦 08 蒲（漸）

～，从"艸"，"㡭"聲。

清華四・別卦 08"蒲"，讀爲"漸"，《易》卦名。艮下巽上。《易・漸》："漸，女歸吉，利貞。"王弼注："《漸》者，漸進之卦也。"王家臺秦簡《歸藏》、馬王堆帛書和今本《周易》作"漸"。

心紐桑聲

喪

清華六・子產 06 所以智（知）自又（有）自喪也

清華六・子產 21 乃又（有）喪（桑）垕（丘）中（仲）鬗（文）

清華五・命訓 04 夫民生而痌死喪

清華五・湯丘 07 是名曰喪

清華五・湯丘 09 而不智（知）喪

清華六・管仲 20 邦以卒（卒）喪

芒

　　清華五・三壽 05 亞（惡）非（必）芒（喪）

清華五·三壽 10 九牧九矣(有)牆(將)芒(喪)

清華五·三壽 12 而不智(知)邦之牆(將)芒(喪)

清華一·尹至 02 余返(及)女(汝)皆芒(亡)

清華一·祭公 03 芒(亡)煮(圖)

清華一·祭公 16 女(汝)母(毋)以戾挐(茲)皋壚(辜)芒(亡)寺

(時)寁大邦

䘮

清華六·太伯甲 01 忞(閔)䘮(喪)虐(吾)君

清華六·太伯乙 01 忞䘮(喪)虐(吾)君

清華八·邦政 05 亓(其)䘮(喪)專(薄)而悥(哀)

喪

清華七·子犯 13 邦乃述(遂)喪(亡)

清華七·子犯 13 喪(亡)人不孫(遜)

～，甲骨文作■(佚487)、■(粹470)，从三口或四口，"桑"聲。西周金文作■(旗作父戊鼎，《集成》02552)、■(毛公鼎，《集成》02841)、■(量侯簋，《集成》03908)、■(喪史賓鉼，《集成》09982)、■(南彊鉦，《集成》00428)，承襲甲骨文的寫法，所從的"桑"或作■、■、■，下部變形音化为"亡"聲。戰國文字承襲甲、金文，但形體變化繁多，具體分析如下：1.■(上博二·民12)、■(包92)、■(《璽考》111)、■(《璽考》148)，从二口、四口不等，"桑"聲，或逕釋爲"桑"，不確。楚文字"桑"字作■(《璽考》167)可證。所從的"桑"上部訛與"九"形。2.■(上博二·容41)、■(郭店·語叢一98)、■(《璽彙》3217)，从二口、四口不等，"桑"聲、"亡"聲。3.■(上博五·弟7)，从二"口"，"桑"省聲、"亡"聲，"桑"訛省與"中"形混同。4.■(上博三·周44)、■(上博三·周38)、■(上博六·壽5)、■(上博六·天乙4)、■(上博七·吳5)，"桑"省聲、"亡"聲，此形爭議最大，尤其是後一形，或釋爲"芒"。5.■(上博六·孔25)、■(上博七·武1)，从二口、四口不等，"亡"聲。6.■(上博五·三16)、■(郭店·老丙8)、■(郭店·老丙9)、■(郭店·老丙10)、■(郭店·性自67)，从"死"，"喪"聲。7.■(新蔡甲三270)、■(上博二·民14)，从"死"，"喪"聲、"亡"聲。8.■(上博四·昭1)，从"歹"，"喪"聲。以上均爲"喪"字異體。《說文·哭部》："喪，亡也。从哭、从亾。會意。亾亦聲。"

清華六·子產21"喪至中髳"，讀爲"桑丘仲文"，人名。

清華五·命訓04"死喪"，死亡。《詩·小雅·常棣》："死喪之威，兄弟孔懷。"《尉繚子·戰威》："死喪相救，兵役相從，此民之所勵也。"

清華五·三壽05"亞非芒"，讀爲"惡必喪"，謂過度、過錯必致喪失。

清華五·湯丘07、09，清華五·三壽10、12，清華六·子產06，清華六·

管仲 20"喪",亡,滅亡。《說文·哭部》:"喪,亡也。"《論語·子路》:"一言而喪邦,有諸?""喪邦",即亡國也。

清華一·尹至 02"余返女皆亡",讀爲"余及汝皆亡"。《書·湯誓》作"時日曷喪?予及汝皆亡"。

清華一·祭公 03"亡者",讀爲"亡圖",没有圖謀。

清華一·祭公 16"女(汝)母(毋)以戾孳(兹)皋虘(辜)亡(亡)寺(時)寔大邦",今本《逸周書·祭公》作"汝無以戾反罪疾,喪時二王大功"。

清華六·太伯甲 01、太伯乙 01"忞喪",讀爲"閔喪",與"憂喪"義同。《淮南子·本經》:"人之性,心有憂喪則悲,悲則哀,哀斯憤,憤斯怒,怒斯動,動則手足不静矣。"

清華七·子犯 13"述亡",讀爲"遂亡"。或讀爲"遂喪"。"喪",滅亡。《說文·哭部》:"喪,亡也。"《論語·憲問》:"夫如是,奚而不喪?"

清華七·子犯 13"亡人",讀爲"亡人",逃亡在外的人,重耳自稱。《禮記·大學》:"舅犯曰:'亡人無以爲寶'。"鄭玄注:"亡人謂文公也。"

清華八·邦政 05"亓喪專而惡",讀爲"其喪薄而哀"。《論語·子張》:"喪思哀。"《墨子·修身》:"喪雖有禮,而哀爲本焉。"

樏

 清華六·太伯甲 08 遺鄁(陰)樏宋(次)

 清華六·太伯乙 07 遺鄁(陰)樏事

～,从"木","喪"聲;也可能就是"喪",可參 𠸶 (上博二·民 12)。

清華六·太伯甲 08"樏宋",讀爲"喪次",泛指人死後殮奠殯葬等事宜。《周禮·地官·牛人》:"喪事共其奠牛。"

心紐相聲

相

 清華一·皇門 07 以豪（家）相氒（厥）室

 清華一·祭公 17 女（汝）母（毋）各豪（家）相而室

 清華一·楚居 02 秉茲銜（率）相

 清華一·楚居 06 至酓（熊）甬（勇）及酓（熊）嚴、酓（熊）相（霜）

 清華二·繫年 109 以與吳王曷（壽）夢相見于鄶（虢）

 清華二·繫年 110 以與夫秦（差）王相見于黃池

 清華三·芮良夫 11 母（毋）又（有）相放（負）

 清華三·良臣 01 堯之相夋（舜）

 清華三·良臣 09 奠（鄭）定公之相又（有）子皱（皮）

 清華四·筮法 16 相見

 清華四·筮法 16 金木相見

清華四·筮法 18 水火相見才(在)下

 清華四·筮法 20 妻夫相見

 清華四·筮法 22 相見

 清華四·筮法 34 虘(且)相亞(惡)也

 清華四·筮法 36 虘(且)不相用命

 清華五·三壽 08 句(苟)我與尔(爾)相念

 清華五·三壽 08 相慗(謀)

 清華六·孺子 02 古(故)君與夫=(大夫)鴍(晏)女(焉)不相旻(得)䛩(惡)

 清華六·子儀 15 支(辨)官相弋(代)

 清華六·子產 14 耑(前)者之能殳(役)相亓(其)邦豪(家)

 清華六·子產 22 乃敔(禦)卷(管)單、相冒、榦(韓)樂

清華八·攝命 17 余辟相佳(唯)卸(御)事

 清華八·邦政 07 上下相敚(復)也

 清華八·邦道 06 皮(彼)萅(春)頢(夏)眯(秋)冬之相受既巡(順)

 清華八·邦道 17 以差(佐)身相豪(家)

 清華八·邦道 20 以求相臤(賢)

 清華五·湯丘 07 必思(使)事與飤(食)相堂(當)

 清華五·啻門 11 五以相之

 清華六·鄭子 11 虗(吾)先君北(必)酒(將)相乳₌(孺子)

 清華六·子儀 12 敼(豈)曰奉晉軍以相南面之事

 清華七·趙簡子 08 肰(然)則旻(得)桶(輔)相周室

 清華七·趙簡子 09 肰(然)則旻(得)桶(輔)相周室

 清華七·越公 10 君臣父子亓(其)未相旻(得)

清華七·越公 28 兹(使)民叚(暇)自相

　清華七·越公 63 鄔(邊)人乃相戉(攻)也

～，與 、、同。《說文·目部》："相，省視也。从目从木。《易》曰：'地可觀者，莫可觀於木。'《詩》曰：'相鼠有皮。'"

清華一·皇門 07"以豪(家)相亞(厥)室"，今本《逸周書·皇門》"以家相厥室"，孔晁注："言勢人以大夫私家不憂王家之用德。"又參見《祭公》簡"汝毋各家相而室"。

清華一·祭公 17"女(汝)母(毋)各豪(家)相而室"之"相"，《小爾雅·廣詁》："治也。"《左傳·昭公二十五年》："季公亥與公思展與公鳥之臣申夜姑相其室。"杜預注："相，治也。"

清華一·楚居 02"衒相"，讀爲"率相"，奉順、品質。"衒相"，或讀爲"俊相""巡相"等。（《讀本一》第 289 頁）

清華一·楚居 06"酓相"，讀爲"熊霜"。《史記·楚世家》："(熊嚴)有子四人，長子伯霜，中子仲雪，次子叔堪，少子季徇。熊嚴卒，長子伯霜代立，是爲熊霜。熊霜元年，周宣王初立。熊霜六年卒。三弟爭立。仲雪死；叔堪亡，避難於濮；而少弟季徇立，是爲熊徇……二十二年，熊徇卒。"

清華二·繫年 109、110"相見"，彼此會面。《禮記·曲禮下》："諸侯未及期相見曰遇。"

清華三·芮良夫 11"母(毋)又(有)相放(負)"之"相"，交互，互相，共同。《易·同人》："大師相遇，言相克也。"

清華三·良臣 01、09"相"，古官名。百官之長。後通稱宰相。《荀子·王霸》："相者，論列百官之長，要百事之聽，以飾朝廷臣下百吏之分，度其功勞，論其慶賞，歲終奉其成功以效於君。"《史記·魏世家》："家貧則思良妻，國亂則思良相。"

清華四·筮法 16、18、20、22"相見"，彼此會面。《禮記·曲禮下》："諸侯未及期相見曰遇。"

清華四·筮法 34"相亞"，讀爲"相惡"，彼此憎恨。《左傳·昭公二十一年》:"貙爲少司馬,多僚爲御士,與貙相惡。"《孔子家語·顔回》:"小人于爲亂之上,相愛也,退而相惡。"

清華四·筮法 36"虞(且)不相用命",而且不服從命令。

清華五·三壽 08"相念相愳(謀)",互相思念共同商議。"相",交互,互相,共同。《易·同人》:"大師相遇,言相克也。"

清華六·孺子 02"相旻啙",讀爲"相得惡",相互交惡。

清華六·子産 14、清華八·邦道 17"相",治理。《左傳·昭公二十五年》:"公鳥死,季公亥與公思展與公鳥之臣申夜姑相其室。"杜預注:"相,治也。"

清華六·子産 22"相冒",人名。

清華八·攝命 17"辟相","辟""相"同義連用。《詩·周頌·雝》:"相維辟公,天子穆穆。"毛傳:"相,助。"《易·泰》:"后以財成天地之道,輔相天地之宜,以左右民。"孔穎達疏:"相,助也。當輔助天地所生之宜。"

清華六·孺子 11"相",使爲相。《史記·樗里子甘茂列傳》:"於是使使請秦相向壽於秦。秦卒相向壽。"

清華八·邦道 06"相受",互相接納。《周禮·地官·大司徒》:"令五家爲比,使之相保;五比爲閭,使之相受。"鄭玄注:"受者,宅舍有故,相受寄託也。"賈公彦疏:"使之相受者,閭胥使二十五家有宅舍破損者受寄託。"

清華七·越公 10"相旻",即"相得",彼此投合。《史記·魏其武安侯列傳》:"相得驩甚,無厭,恨相知晚也。"

清華七·越公 28"相",讀爲"將"。上博二·民 11"日述月相",《禮記·孔子閒居》作:"日就月將",是兩字相通假的例證。"自將"謂能自我保全,得以生存。《漢書·兒寬傳》:"寬爲人温良,有廉知自將,善屬文,然懦於武,口弗能發明也。"顔師古注:"將,衛也,以智自衛護也。"《孔子家語·七十二弟子解》:"南宫韜,魯人,字子容,以智自將。"簡文"使民暇自相"當是"使民衆暇安,以自保全。(王磊)

清華六·子儀 12"相",助。《書·盤庚下》:"予其懋簡相爾,念敬我衆。"孔傳:"簡,大;相,助也。勉大助汝。"

清華七·越公 63"相戏",即"相攻",相互攻擊。《墨子·兼愛中》:"今若國之與國之相攻,家之與家之相篡,人之與人之相賊,君臣不惠忠,父子不慈孝,兄弟不和調,此則天下之害也。"

相

清華五・厚門 10 五以相(相)之

清華五・厚門 04 五以相(相)之

清華八・心中 01 目、耳、口、纏(肢)四者爲相(相)

清華八・心中 03 百體四相(相)莫不雷(逸)湛(沈)

～，與 、同，加"又"繁化，"相"字繁體。

清華五・厚門 04、10"五以相之"，即"五以相之"。"五"，指德、事、役、政、刑。"相"，輔助。

清華八・心中 01"相"，佐助。《國語・晉語一》："以相心目。"韋昭注："相，助也。"

清華八・心中 03"四相"，即"四相"，指目、耳、口、纏(肢)。

勷

 清華五・厚門 09 是亓(其)爲堂(當)勷(壯)

～，從"力""攴"，"相"聲。"壯"字異體。

清華五・厚門 09"勷"，即"壯"，當，盛壯。《墨子・非樂上》："將必使當年，因其耳目之聰明，股肱之畢强，聲之和調，眉之轉朴。"孫詒讓《閒詁》："王云：'當年，壯年也。'"

烜

 清華三·説命中 03 隹(惟)庶烜(相)之力堯(勝)

 清華三·芮良夫 14 叕(衛)烜(相)社禝(稷)

 清華三·芮良夫 20 繏(繩)剌(斲)既政而五(互)烜(相)柔訨(比)

 清華三·芮良夫 22 五(互)烜(相)不疆(彊)

～，從"止"，"相"聲。

清華三·説命中 03"烜"，即"相"。《周禮·夏官·大僕》："王燕飲，則相其灋。"鄭玄注："相，左右。"簡文"庶相"，左右衆臣。

清華三·芮良夫 14"烜"，即"相"，輔佐。《禮記·樂記》："治亂以相。"陸德明《釋文》："相，輔相也。"

清華三·芮良夫 20、22"五烜"，讀爲"互相"，表示彼此對待的關係。舊題漢李陵《與蘇武》詩之一："仰視浮雲馳，奄忽互相踰。"

霜

清華八·八氣 03 或六旬霜降

《説文·雨部》："霜，喪也。成物者。從雨相聲。"

清華八·八氣 03"霜降"，二十四節氣之一。《逸周書·周月》："秋三月中氣：處暑、秋分、霜降。"《國語·周語中》："火見而清風戒寒。"

心紐喪聲歸桑聲

幫紐匚聲

匨

 清華五·封許07周(雕)匨(匚)

~，從"金"，"匚"聲，"匚"字繁體。《説文·匚部》："匚，受物之器。象形。凡匚之屬皆从匚。讀若方。，籀文匚。"

清華五·封許07"匨"，即"匚"。《説文·匚部》："匚，受物之器，讀若方。""雕匚"應指器上有雕鏤紋飾。或讀爲"鈁"。《説文·金部》："鈁，方鐘也。"朱駿聲《説文通訓定聲》："鐘，當讀爲鍾，酒器之方者。"（白於藍）

幫紐兵聲

兵

 清華一·皇門06戎兵以能興

 清華二·繫年060以女子與兵車百乘(乘)

 清華二·繫年089爾(邇)天下之虣(甲)兵

 清華二·繫年089柬(厲)公先起兵

清華二·繫年097爾(邇)天下之虣(甲)兵

清華二·繫年 098 霝（靈）王先起兵

清華二·繫年 136 楚人尽（盡）厺（棄）亓（其）幬（旆）、幕、車、兵

清華四·筮法 54 爲貴人，爲兵，爲血

清華四·筮法 61 邦又（有）兵命

清華五·三壽 11 大荅（路）甬（用）見兵

清華五·三壽 19 窗（留）邦晏（偃）兵

清華六·子產 26 兵參（三）分

清華六·子產 27 不用民於兵麿（甲）戰戜（鬥）

清華七·越公 04 寡（寡）人不忍君之武礪（勵）兵甲之鬼（威）

清華七·越公 20 辜（敦）齊兵刃以攼（捍）御（禦）寡（寡）人

清華七·越公 21 闋冒兵刃

清華七·越公 50 王乃好兵

清華七·越公 50 凡五兵之利

清華七·越公 51 以𧧅(問)五兵之利

清華七·越公 51 鄔(邊)鄗(縣)成(城)市之多兵亡(無)兵者

清華七·越公 51 鄔(邊)鄗(縣)成(城)市之多兵亡(無)兵者

清華七·越公 52 佳(唯)多兵亡(無)兵者是戠(察)

清華七·越公 52 佳(唯)多兵亡(無)兵者是戠(察)

清華七·越公 52 皆好兵甲

清華七·越公 52 雩(越)邦乃大多兵

清華七·越公 53 雩(越)邦多兵

清華七·越公 61 必(庀)萃(卒)劦(協)兵

清華八·邦道 24 兵縻(甲)聚(驟)记(起)

清華八·天下 03 多亓(其)車兵

清華八·八氣 05 司兵之子銜(率)金以餤(食)於門

～，與 ❍(上博五·三 16)同。《說文·廾部》:"兵，械也。从廾持斤，并力之皃。❍古文兵，从人、廾、干。❍，籀文。"

清華一·皇門 06"戎兵以能興"，今本《逸周書·皇門》作"戎兵克慎"。"戎兵"，兵士，軍隊。《管子·内業》:"惡氣迎人，害於戎兵。"《戰國策·韓一》:"秦馬之良，戎兵之衆。"

清華二·繫年 060"兵車"，戰車。《左傳·襄公十年》:"子產聞盗，爲門者，庀群司，閉府庫，慎閉藏，完守備，成列而後出，兵車十七乘。"《漢書·衡山王劉賜傳》:"爽聞，即使所善白嬴之長安上書，言衡山王與子謀逆，言孝作兵車鍛矢。"

清華二·繫年 089、097"虢兵"，讀爲"甲兵"，鎧甲和兵械，也指戰爭。《左傳·哀公十一年》:"胡簋之事，則嘗學之矣；甲兵之事，未之聞也。"

清華二·繫年 089、098"起兵"，發兵，出兵。《禮記·月令》:"（季夏之月）是月也，樹木方盛，乃命虞人入山行木，毋有斬伐。不可以興土工，不可以合諸侯，不可以起兵動衆。"

清華二·繫年 136，清華五·三壽 19，清華六·子產 26，清華七·越公 50、51、52、53"兵"，兵器。《詩·秦風·無衣》:"王于興師，脩我甲兵，與子偕行。"《吕氏春秋·慎大》:"釁鼓旗甲兵。"高誘注:"兵，戈、戟、箭、矢也。"

清華四·筮法 61"邦又(有)兵命"，軍事，戰爭。《左傳·隱公四年》:"夫兵猶火也，弗戢，將自焚也。"《孫子·計》:"兵者，國之大事。"《漢書·項籍傳》:"軍未戰先見敗徵，可謂知兵矣。"

清華五·三壽 11"兵"，兵卒，軍隊。《左傳·襄公元年》:"敗其徒兵於洧上。"杜預注:"徒步，步兵。"《戰國策·趙四》:"必以長安君爲質，兵乃出。"

清華六·子產 27，清華七·越公 04、52"兵甲"，兵甲，兵器，鎧甲，指軍隊。《左傳·哀公十五年》:"公孫宿以其兵甲入于嬴。"

清華八·邦道 24"兵虘"，讀爲"兵甲"，戰事，戰爭。《戰國策·秦一》:"明言章理，兵甲愈起。"

清華七·越公 20、21"兵刃"，兵器。《孟子·梁惠王上》:"填然鼓之，兵刃既接，棄甲曳兵而走。"

清華七·越公 50、51"五兵",《周禮·夏官·司兵》:"掌五兵、五盾。"鄭玄注引鄭司農云:"五兵者,戈、殳、戟、酋矛、夷矛。"此指車之五兵。步卒之五兵,則無夷矛而有弓矢。

清華八·天下 03"車兵",車上披甲持械的士兵。《左傳·襄公二十五年》:"賦車兵、徒兵、甲楯之數。"杜預注:"車兵,甲士。"一説,指車上戰士所執之兵器。

清華八·八氣 05"司兵之子",指金神,文獻作"蓐收"。《左傳·昭公二十九年》:"金正曰蓐收。"《國語·晉語二》史囂言蓐收乃"天之刑神也"。刑神掌刑殺,司兵掌兵器,二者職掌相關,司兵之子疑爲蓐收之别名。

幫紐丙聲

丙(丙)

 清華二·繫年 138 丙(丙)子

 清華四·筮法 45 丙(丙)

~,即"丙",加"口"繁化。《説文·丙部》:"丙,位南方,萬物成,炳然。陰气初起,陽气將虧。从一、入、冂。一者,陽也。丙承乙,象人肩。"

清華二·繫年 138"丙子",即"丙子"。《左傳·桓公十八年》:"夏四月丙子,享公。使公子彭生乘公,公薨于車。"

悥

 清華三·説命中 07 隹(惟)衰(哀)哉(載)悥(病)

 清華六·子産 17 悥(更)則任之

~,與⿱(上博二·從甲 8)同,从"心","丙(丙)"聲。《説文·心部》:"怲,憂也。从心,丙聲。"

清華三·説命中07"隹哀㦬悥",讀爲"惟哀載病"。《禮記·緇衣》引《説命》作:"惟口起羞,惟甲胄起兵,惟衣裳在笥,惟干戈省厥躬。"《緇衣》所引"在笥"當爲"載病"的譌誤。"病",重病,傷痛嚴重。《論語·述而》:"子疾病,子路請禱。"《左傳·僖公二十八年》:"魏犨傷於胸。公欲殺之,而愛其材。使問,且視之。病,將殺之。"楊伯峻注:"病謂傷甚。言若其傷甚重,則將殺之。"

清華六·子産17"悥",讀爲"更"。《説文·攴部》:"更,改也。"

瘍

　　清華一·保訓03 今朕疾允瘍(病)

～,从"疒","酉(丙)"聲,"病"字異體。《説文·疒部》:"病,疾加也。从疒,丙聲。"

清華一·保訓03"瘍",即"病",重病,傷痛嚴重。《論語·述而》:"子疾病,子路請禱。"

瘱

　　清華四·筮法02 丌(其)瘱(病)哭死

～,从"心","病"聲。"病"字繁體。
清華四·筮法02"瘱",即"病",參上。

檽(柄)

　　清華六·子儀01 丌(其)旦不檽(平)

　　清華八·處位03 斁(弊)政檽(更)政(正)

～,與▣(上博五·三1)同,从"木",从二"丙",古文字中往往單複無別,

1884

此乃"柄"之繁化。《說文·木部》:"柄,柯也。从木,丙聲。檷,或从秉。"

清華六·子儀01"亓旦不櫋",讀爲"其旦不平"。"平旦",故十二時制的寅時,約相當今二十四時的五至六時。或讀为"再","再旦",天亮兩次的奇異天象。

清華八·處位03"櫋政",讀爲"更正",改正。《晏子春秋·問上》:"臣聞問道者更正,聞道者更容。"

賜

 清華八·邦道15 譬(皆)智(知)而賜(更)之

～,从"貝","曶(丙)"聲。

清華八·邦道15"賜",讀爲"更"。《說文·攴部》:"更,改也。"

幫紐秉聲

秉

 清華一·耆夜09 周公秉爵(爵)未歆(飲)

 清華一·金縢02 秉璧甾(戴,植)珪

 清華一·楚居01 秉兹衛(率)相

 清華三·芮良夫16 不秉純悳(德)

 清華五·厚父08 廼虔秉氒(厥)悳(德)

清華六·管仲 21 好宜(義)秉悳(德)

 清華七·子犯 02 不秉禍(禍)利

 清華七·子犯 03 誠我宔(主)古(故)弗秉

 清華七·子犯 08 凡民秉厇(度)耑(端)正譖(僭)試(忒)

 清華七·越公 03 疌(挾)弳秉橐(枹)

 清華七·越公 69 昔不榖(穀)先秉利於雩(越)

～，手持禾，與 (上博一·緇 5)、 (上博一·孔 6)同。《説文·又部》："秉，禾束也。从又持禾。"

清華一·耆夜 09 "秉"，執，持。《管子·輕重乙》："有一人秉劍而前。"

清華一·金縢 02 "秉璧甾珪"，讀爲"秉璧植珪"，今本《書·金縢》作"植璧秉珪"。孔傳："璧以禮神。植，置也，置於三王之坐。周公秉桓珪以爲贄。告謂祝辭。"《史記·魯世家》引"植"作"戴"。

清華一·楚居 01 "秉兹"，秉慈愛之德。

清華三·芮良夫 16 "不秉純惪"、清華五·厚父 08 "虔秉氒惪"、清華六·管仲 21 "好宜秉惪"，讀爲"不秉純德""虔秉厥德""好義秉德"。"秉德"，保持美德。《書·君奭》："百姓王人，罔不秉德明慎。"《楚辭·九章·橘頌》："秉德無私，參天地兮。"《漢書·文帝紀》："皆秉德以陪朕。"

清華七·子犯 02 "秉"，執持。《爾雅·釋詁》："秉，執也。"簡文"不秉禍利"，不持有或不承受因禍帶來的利益。(劉釗)《孟子·盡心下》："曾晳嗜羊棗，而曾子不忍食羊棗。公孫丑問曰：'膾炙與羊棗孰美？'"趙注："羊棗，棗名也。曾子以父嗜羊棗，父没之後，唯念其親不復食羊棗，故身不忍食也。"趙注文中的"身不忍食"與簡文的"身不忍人"句式近似,可以對比。或斷作"不秉禍利身,不忍人"。"秉禍"與"利身"結構相同,"利身"與"忍人"相對。大意是說吾主既不願順禍利己,又不願殘忍於人,所以去國。(鄔可晶)

清華七·子犯 03"弗秉",即上文"不秉禍"的略語。指重耳不順隨災禍發生,故而亡走他國。

清華七·子犯 08"秉",遵循。《詩經·大雅·烝民》:"民之秉彝。"馬瑞辰《通釋》:"秉,順也。"簡文"秉度",遵循法制。

清華七·越公 03"迖(挾)巠秉橐(枹)",《國語·吳語》作"挾經秉枹"。"秉枹",秉持鼓槌。

清華七·越公 69"秉利",執其利。《國語·吳語》:"敢使下臣盡辭,唯天王秉利度義焉。"

幫紐方聲

方

清華一·程寤 03 幣告宗方(祊)杢(社)禝(稷)

清華一·耆夜 04 方臧(壯)方武

清華一·耆夜 04 方武

清華一·耆夜 05 方臧(壯)方武

清華一·耆夜 05 方武

清華一·金縢 02 爲一坦(壇)於南方

清華一・金縢04 尃(溥)又(有)四方

清華一・皇門03 廼方(旁)救(求)巽(選)睪(擇)元武聖夫

清華一・祭公05 符(付)畀四方

清華一・祭公13 㝨(皇)寒(戡)方邦

清華一・祭公13 方聿(建)宗子

清華一・祭公18 型(刑)四方克中尔(爾)罰

清華一・楚居01 凥(處)于方山

清華一・楚居02 䍻(麗)酉(迪)四方

清華二・繫年010 奠(鄭)武公亦政東方之者(諸)侯

清華二・繫年017 方(旁)執(設)出宗子

清華二・繫年020 公子啓方奔齊

清華二・繫年021 公子啓方女(焉)

清華二·繫年029 文王以北啓出方成（城）

清華二·繫年042 居方城

清華二·繫年091 自（師）造於方城

清華二·繫年101 閟（門）方城

清華二·繫年102 楚卲（昭）王戡（侵）尹（伊）、洛以返（復）方城

之自（師）

清華三·說命上02 敓（說）方坓（築）城

清華三·說命中06 女（汝）克覞（觀）視四方

清華三·說命下05 丌（其）又廼司四方民不（丕）克明

清華三·芮良夫01 寇（寇）戎方晉

清華三·芮良夫10 寇（寇）戎方晉

清華三·芮良夫13 畏熒（熒）方戬（讎）

清華三·芮良夫21 隹（惟）四方所嘼（祇）畏

清華四·筮法 42 西方也

清華四·筮法 49 東方

清華四·筮法 50 南方也

清華四·筮法 50 北方也

清華四·筮法 54 爲方

清華四·筮法 60 東方也

清華五·封許 02 晁(駿)尹三(四)方

清華五·封許 05 柬(簡)胯(乂)三(四)方不甝(果)

清華五·命訓 08 [六]方三述

清華五·湯丘 04 方惟酙(聞)之乃緘(箴)

清華五·湯丘 09 方惟曰

清華五·殷門 09 以方是亓(其)爲疾央(殃)

清華五·殷門 17 型(刑)情(輕)以不方

清華五·三壽 17 四方懇(勸)孜(教)

清華五·三壽 19 四方達盜(寧)

清華五·三壽 22 以埊(誥)四方

清華五·三壽 23 方曼(般)于莟(路)

清華五·三壽 24 弋(代)傑(桀)專(敷)又(佑)下方

清華六·管仲 20 而型(刑)之方(放)

清華六·管仲 26 段(假)龍(寵)以方(放)

清華六·太伯甲 12 方諫虐(吾)君於外

清華六·太伯乙 10 方諫虐(吾)君於外

清華六·子儀 12 救兄弟以見東方之者(諸)侯

清華六·子儀 16 公及三方者(諸)邡(任)君不賹(瞻)皮(彼)浿(沮)漳之川屛(開)而不盧(閭)殹(也)

· 1891 ·

 清華七·子犯 11 四方屍(夷)莫句(後)

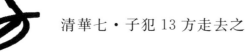 清華七·子犯 11 若雹雨方奔之而麀雁(膺)女(焉)

 清華七·子犯 13 方走去之

 清華七·趙簡子 01 昔虐(吾)子之牆(將)方少

 清華七·越公 06 亖(四)方者(諸)侯亓(其)或敢不賓于吳邦

 清華七·越公 48 方和于亓(其)陞(地)

 清華七·越公 49 句虐(吳)四方之民乃皆餡(聞)雩(越)陞(地)之多飤(食)

 清華八·攝命 02 余亦闌于四方

 清華八·攝命 04 雩(越)四方少(小)大邦

清華八·攝命 07 有曰四方大羸(嬴)亡民

清華八·處位 04 埶(勢)晉(僭)萬而方(旁)受大政

清華八·邦道 27 古(故)方(防)敓(奪)君目

～，與▇（上博一·緇22）、▇（上博一·性33）同。《説文·方部》："方，併船也。象兩舟省、總頭形。凡方之屬皆从方。▇，方或从水。"

清華一·程寤03"宗方"，讀爲"宗祊"。《國語·周語》："今將大泯其宗祊，而蔑殺其民人，宜吾不敢服也！"韋昭注："廟門謂之祊。宗祊，猶宗廟也。"

清華一·耆夜04、05"方臧方武"，讀爲"方壯方武"。"方"，副詞，表示某種狀態正在持續或某種動作正在進行，猶正。《左傳·定公四年》："國家方危，諸侯方貳，將以襲敵，不亦難乎？"《史記·陳涉世家》："燕人曰：'趙方西憂秦，南憂楚，其力不能禁我。'"

清華一·金縢02"爲一坦（壇）於南方"，今本《書·金縢》作"爲壇於南方，北面，周公立焉"。

清華一·金縢04"尃（溥）又（有）四方"，今本《書·金縢》作"乃命于帝庭，敷佑四方"。"溥有"，猶廣有，"溥有四方"，即《詩·皇矣》之"奄有四方"，大盂鼎（《集成》02837）作"匍有四方"。

清華一·祭公05"符界四方"，讀爲"付界四方"。語見《書·康王之誥》"付界四方"。

清華一·皇門03"方"，讀爲"旁"。《説文·上部》："溥也。"《廣雅·釋詁》："廣也。"《國語·楚語上》："如是而又使以夢象旁求四方之賢"，又"使以象旁求聖人。"

清華一·祭公13"方邦"，即方國。《詩·大雅·大明》："以受方國。"

清華一·楚居01"方山"，《山海經·大荒西經》："西海之外，大荒之中，有方山者，上有青樹，名曰柜格之松，日月所出入也。"《山海經》"方山"，但位置太遠。

清華二·繫年010、清華六·子儀12"東方"，指陝以東地區或封國。《禮記·王制》："東方曰夷，被髮文身，有不火食者矣。"《左傳·襄公十八年》："中行獻子將伐齊……巫曰：'今茲主必死，若有事於東方，則可以逞。'獻子許諾。"

清華一·祭公13"方畫（建）宗子"之"方"，《廣雅·釋詁》："大也。"今本《逸周書·祭公》作"旁"。

清華二·繫年017"方"，讀爲"旁"。《廣雅·釋詁》："廣也。"

清華二·繫年020、021"公子啓方"，即公子開方，齊桓公臣。《管子·小稱》："臣願君之遠易牙、豎刁、堂巫、公子開方。"《韓非子·難一》："願君去豎刁，除易牙，遠衛公子開方。"

· 1893 ·

清華二·繫年 029、042、091、101、102"方城",參《左傳·僖公四年》:"楚國方城以爲城,漢水以爲池。"杜預注:"方城山在南陽葉縣南,以言竟土之遠。"亦見於安徽壽縣出土的鄂君啓節(《集成》12110)。

清華三·説命上 02"敓方筮城",讀爲"説方築城"。《墨子·尚賢下》:"(傅説)庸築于傅巖之城。"《孟子·告子下》:"傅説舉於版築之間。"

清華三·芮良夫 13"方",四方。《詩·大雅·韓奕》:"榦不庭方。"陳奂《傳疏》:"方,四方也。"

清華四·筮法 42"西方",清華四·筮法 49、60"東方",清華四·筮法 50"南方",清華四·筮法 50"北方",西、東、南、北四個方位。

清華四·筮法 54"爲方",代表方形。

清華五·封許 02"晁尹三方",讀爲"駿尹四方",即大克鼎(《集成》02836)"畎(駿)尹四方"。

清華五·命訓 08"[六]方三述",今本《逸周書·命訓》作"六方三述,其極一也,不知則不存"。潘振云:"方,比也。述,稱也。合而比之則六,別而稱之則三。天有極,人無極,道皆至善,故曰其極一也。"唐大沛云:"曰命、曰禍、曰福、曰醜、曰紼絻、曰斧鉞,有此六方,方即道也。術者,道之用也。天人相合,則道之用惟三述耳。論其極,三術實皆一理耳。"

清華五·湯丘 04、09"方惟",湯臣名,即《墨子·貴義》的彭氏之子。方在幫母陽部,與並母陽部的彭字通假。

清華五·啇門 09、17"方",讀爲"妨",傷害。馬王堆漢墓帛書《稱》:"疑(擬)則相傷,雜則相方(妨)。"《老子》:"難得之貨令人行妨。"河上公注:"妨,傷也。"啇門 17"方",或讀爲"放"。

清華五·三壽 22"以辜四方",讀爲"以詰四方"。《書·吕刑》:"荒度作刑,以詰四方。"《漢書·刑法志》:"詰四方。"顔師古注:"詰,責也,音口一反。字或作誥,音工到反。"

清華五·三壽 23"方曼于苍",讀爲"方般于路",正行於路。

清華五·三壽 24"専又下方",讀爲"敷佑下方"。《書·金縢》:"敷佑四方。"

清華六·管仲 20"而型(刑)之方"之"方",讀爲"放"。《孟子·梁惠王下》注:"至也。"

清華六·管仲 26"叚(假)龍(寵)以方"之"方",讀爲"放"。

清華七·子犯 11"方",副詞,表示正在。《左傳·定公四年》:"國家方危,諸侯方貳。"

清華七·子犯 13"方"，副詞。《詩·秦風·小戎》："方何爲期，胡然我念之。"朱熹《集傳》："方，將也。"

　　清華七·趙簡子 01、清華七·越公 48"方"，時間副詞。《詩·大雅·公劉》："弓矢斯張，干戈戚揚，爰方起行。"朱熹《集傳》："方，始也。"

　　清華七·越公 49"四方"，指四方諸侯之國。《詩·大雅·下武》："受天之祜，四方來賀。"此以越地爲中心之四方。

　　清華八·攝命 02"余亦闕于四方"，《書·泰誓下》："惟我文考若日月之照臨，光于四方，顯于西土。"《墨子·兼愛》引《泰誓》有"光于四方"，《書·堯典》云"光被四表"，《漢書·王莽傳》《後漢書·崔駰列傳》等作"橫被"，孔傳訓"被"爲"充"。

　　清華八·攝命 04"雩四方少大邦"，讀爲"越四方小大邦"。《書·多士》："惟天不畀不明厥德，凡四方小大邦喪，罔非有辭于罰。""四方小大邦"謂畿外諸侯。

　　清華八·處位 04"方"，讀爲"旁"。

　　清華八·邦道 27"方"，讀爲"防"，防止。《禮記·檀弓下》："蕢也，宰夫也，非刀匕是共，又敢與知防？"孫希旦《集解》："預知防閑諫爭之事也。"

　　清華"四方"，指東、南、西、北四個方嚮。引申指天下，各處。《易·姤》："后以施命誥四方。"《淮南子·原道》："泰古二皇，得道之柄，立於中央，神與化游，以撫四方。"高誘注："撫，安也。四方，謂之天下也。"

訪

 清華一·皇門 08 我王訪良言於是人

～，與 （上博八·成 1）同，《說文·言部》："訪，汎謀曰訪。从言，方聲。"

　　清華一·皇門 08"訪"，《爾雅·釋詁》："訪，謀也。"《玉篇》："訪，問也。"《書·洪範》："王訪于箕子。"《逸周書·大戒》："維正月既生魄，王訪于周公……"

迈

清華一·耆夜 11 是隹（惟）良士之迈＝

· 1895 ·

～，从"辵"，"方"聲。

清華一·耆夜 11"逄"，讀爲"方"，準則。《詩·大雅·皇矣》："萬邦之方，下民之王。"或讀爲"傍傍""彭彭""反反"。（《讀本一》第 138 頁）

疠（病）

 清華五·啻門 15 疠（病）民亡（無）古（故）

 清華八·邦道 15 亡（無）堇（勤）裦（勞）懂（殣）疠（病）之人

 清華八·邦道 26 古（故）萬民溓（慊）疠（病）

～，與 （上博四·柬 8）、（上博四·柬 5）同，从"疒"，"方"聲，"病"字異體。《説文·疒部》："病，疾加也。从疒，丙聲。"

清華五·啻門 15"疠民"，即"病民"，禍害民衆。《漢書·五行志》："奥則冬温，春夏不和，傷病民人，故極疾也。"《文獻通考·田賦五》："既是違法病民，朝廷須作措置，安可置而不問。"

清華八·邦道 15、26"疠"，即"病"，重病，傷痛嚴重。《論語·述而》："子疾病，子路請禱。"《左傳·僖公二十八年》："魏犨傷於胸。公欲殺之，而愛其材。使問，且視之。病，將殺之。"

芳

 清華七·晉文公 04 增舊芳（防）

～，與 （上博八·蘭 2）同。《説文·艸部》："芳，香艸也。从艸，方聲。"

清華七·晉文公 04"芳"，讀爲"防"。"舊防"，舊堤。《大戴禮記·禮察》："故以舊防爲無用而壞之者，必有水敗。"

訪

 清華五·湯丘01 籃（絕）訪（芳）旨以餰（粹）

～，從"食"，"方"聲。

清華五·湯丘01"訪"，讀爲"芳"，芳香。《儀禮·士冠禮》："嘉薦令芳。"

貺

 清華六·子儀01 忎（恐）民之大貺（方）迻（移）易

～，從"貝"，"方"聲。見於陳貺簋（《集成》04190）。

清華六·子儀01"貺"，讀爲"方"。《莊子·秋水》："吾長見笑於大方之家。"成玄英疏："方，猶道也。"《荀子·禮論》："謂之無方之民。"楊倞注："方，猶道也。"簡文是説擔心民"大方移易"，成爲"無方之民"。《荀子·禮論》："然而不法禮，不足禮，謂之無方之民；法禮，足禮，謂之有方之士。"一説當從"貺"字斷開，"貺"，讀爲"病"。

邡

 清華二·繫年098 克滿（賴）、邾（朱）邡（方）

《説文·邑部》："邡，什邡，廣漢縣。從邑，方聲。"

清華二·繫年098"邾邡"，讀爲"朱方"，地名。《左傳·昭公四年》："使屈申圍朱方，八月甲申，克之。"楊伯峻《春秋左傳注》："朱方，吳邑，今江蘇鎮江市丹徒鎮南。"

汸

 清華三·琴舞09 汸₌（滂滂）才（在）下

～，從"水"，"方"聲，《説文》以爲"方"之或體。"方，併船也。象兩舟省、總頭形。凡方之屬皆从方。𤄃，方或从水。"

清華三·琴舞09"汸₌"，讀爲"滂滂"。《廣雅·釋訓》："滂滂，流也。"引申爲廣大。焦贛《易林·同人之蠱》："流潦滂滂。"此以水流喻降德之廣被。

房

 清華二·繫年067 齊回（頃）公囟（使）亓（其）女子自房审（中）觀郘（郤）之克

 清華二·繫年068 女子芺（笑）于房审（中）

《說文·戶部》："房，室在旁也。从戶，方聲。"

清華二·繫年"房审"，即"房中"。《左傳·宣公十七年》："十七年春，晉侯使郤克徵會于齊。齊頃公帷婦人使觀之。郤子登，婦人笑於房。獻子怒，出而誓曰：'所不此報，無能涉河。'"

旁

 清華一·楚居06 酓（熊）䴽（摯）遱（徙）居旁屽

 清華一·楚居06 至酓（熊）繵（延）自旁屽遱（徙）居喬多

《說文·上部》："旁，溥也。从二，闕；方聲。𣂄，古文旁。𠕅，亦古文旁。𣂕，籀文。"

清華一·楚居06"旁屽"，地名。

蒡

 清華一·祭公13 不（丕）隹（惟）周之蒡（旁）

～,从"艸","旁"聲。

清華一·祭公 13"蒡",讀爲"旁"。旁,《説文·上部》"溥也",《廣雅·釋詁》:"大也。"

並紐彭聲

彭

清華三·祝辭 01 司湍彭₌(滂滂)

清華五·三壽 05 高宗乃或(又)䚻(問)於彭且(祖)曰

清華五·三壽 06 彭且(祖)含(答)曰

清華五·三壽 11 乃尃(復)語彭且(祖)

清華五·三壽 12 彭且(祖)

清華五·三壽 14 彭且(祖)含(答)曰

清華五·三壽 23 彭且(祖)曰

清華五·三壽 24 高宗或(又)䚻(問)於彭且(祖)曰

～,與(上博三·彭 3)、(上博三·彭 7)、(上博八·王 1)同,從"壴",即鼓之初文,"彡"为鼓聲之标志,"彡"多作兩撇或一撇。《説文·壴部》:"彭,鼓聲也。從壴,彡聲。"

清華三·祝辭01"彭=",讀爲"滂滂"。《廣雅·釋訓》:"滂滂,流貌(據慧琳《一切經音義》引文改)。"

清華五·三壽"彭祖",傳說中的人物。因封於彭,故稱。傳說他善養生,有導引之術,活到八百高齡。見劉向《列仙傳·彭祖》。《荀子·修身》:"扁善之度:以治氣養生,則後彭祖;以修身自名,則配堯禹。"《呂氏春秋·爲欲》:"彭祖,至壽也。"張家山漢簡《引書》:"春産,夏長,秋收,冬藏,此彭祖之道也。"

並紐竝聲

竝

 清華一·程寤03 王及大(太)子癹(發)竝拜吉夢

 清華五·三壽10 毆(殷)邦之蚉(妖)羞(祥)竝記(起)

 清華五·三壽19 元折(哲)竝進

 清華五·三壽26 神民竝盠(尤)而九(仇)悁(怨)所聚

～,與 同。《説文·竝部》:"竝,併也。从二立。"

清華一·程寤03"王及大(太)子癹(發)竝拜吉夢",參《潛夫論·夢列》:"是故太姒有吉夢,文王不敢康吉,祀於群神,然後占於明堂,竝拜吉夢,修省戒懼,聞喜若憂,故能成吉以有天下。"

清華五·三壽10"竝",同時,一起。《書·費誓》:"徂兹淮夷、徐戎竝興。"《詩·秦風·車鄰》:"既見君子,竝坐鼓瑟。"

清華五·三壽19"元折竝進",讀爲"元哲竝進"。《戰國策·齊四》:"天下之士,仁義皆來役處;辯知竝進,莫不來語。"

清華五·三壽26"竝",副詞,普遍,全都。《易·井》:"王明,竝受其福。"王引之《經義述聞·周易上》:"竝之言普也,偏也。謂天下普受其福也。"

淯

 清華八·處位 06 余無皋（罪）而淯（屏）

～，从"水"，"並"聲。

清華八·處位 06"淯"，讀爲"屏"。《荀子·彊國》："併己之私欲必以道。"楊倞注："併讀曰屏，棄也。"或疑該字上半部所從爲"替"，讀爲"替"，廢棄。《書·大誥》："予惟小子，不敢替上帝命。"孔傳："不敢廢天命。"

明紐明聲

明

 清華一·程寤 03 占于明堂

 清華一·程寤 06 引（矧）又勿亡斁（秋）明武禗（威）

 清華一·程寤 07 明=（明明）才（在）向（上）

 清華一·耆夜 07 明日勿稻

 清華一·耆夜 08 复（作）祝誦一終曰《明=（明明）上帝》

 清華一·耆夜 08 念（歆）乓（厭）醴（禋）明（盟）

 清華一·皇門 01 鯀（肆）朕沖（沖）人非敢不用明刑

清華一·皇門04 是人斯嚻（助）王共（恭）明祀

 清華一·皇門04 敷（敷）明刑

 清華一·皇門07 廼弗肎（肯）用先王之明刑

 清華一·皇門12 夫明尒（爾）惪（德）

 清華一·祭公05 卿（享）亓（其）明惪（德）

 清華一·祭公18 尃（敷）求先王之共（恭）明惪（德）

 清華二·繫年064 [楚]人明（盟）

 清華二·繫年089 明（盟）於宋

 清華二·繫年096 明（盟）于宋

 清華二·繫年97 明（盟）于鄸（虢）

 清華二·繫年101 述（遂）明（盟）者（諸）侯於聖（召）陵

 清華二·繫年121 戉（越）公與齊侯貣（貸）、魯侯侃（衍）明（盟）

于魯稷門之外

　清華二·繫年 123 齊侯明（盟）於晉軍

　清華二·繫年 123 明（盟）陳和與陳淏於溋門之外

　清華三·說命下 05 亓（其）又廼司四方民不（丕）克明

　清華三·琴舞 03 敄（教）亓（其）光明

　清華三·琴舞 04 夫明思慗（慎）

　清華三·琴舞 14 差（佐）寺（事）王㥈（聰）明

　清華三·良臣 10 萭（蔑）明

　清華五·厚父 01 䚈（問）前文人之龏（恭）明惪（德）

　清華五·厚父 09 㑥（保）教明惪（德）

　清華五·厚父 11 今民莫不曰余㑥（保）敄（教）明惪（德）

　清華五·封許 03 □司明型（刑）

　清華五·命訓 01 立明王以愻（訓）之

清華五・命訓 03 夫民生而佴(恥)不明

清華五・命訓 03 走(上)以明之

清華五・命訓 06 夫明王卲(昭)天訐(信)人以厇(度)攻

清華五・命訓 11 是古(故)明王奉此六者

清華五・湯丘 02 九窔(竅)發(發)明

清華五・湯丘 19 君既濬明

清華五・啻門 13 悳(德)濬明執訐(信)以義成

清華五・三壽 14 鼍(祇)神之明

清華五・三壽 21 懽(觀)臺(覺)悤(聰)明

清華五・三壽 28 唯(雖)侌(陰)或(又)明

清華六・管仲 15 天子之明者

清華六・管仲 15 者(諸)侯之明者

清華六·管仲 15 夫=(大夫)之明者

 清華六·子儀 10 龕(翌)明

 清華六·子儀 19 翯(翌)明而反(返)之

 清華六·子產 22 覭(蔑)明

 清華七·越公 64 若明日

 清華八·攝命 03 今余既明命女(汝)曰

 清華八·攝命 10 敬學眷明

 清華八·攝命 13 言隹(唯)明

 清華八·攝命 20 乃身卻(茲)隹(唯)明隹(唯)寅(寅)

 清華八·攝命 21 余既明命女(汝)

 清華八·攝命 22 不明于民

 清華八·攝命 30 余既明戠(啓)劼卬(毖)女(汝)

清華八·邦道 04 正(政)悳(德)之昏(晦)明

 清華八·邦道 04 古(故)昔之明者旻(得)之

 清華八·邦道 04 以㫳(待)明王聖君之立

～，與 (上博一·緇 15)、 (上博八·顏 10)同。《説文·朙部》："朙，照也。从月从囧。凡朙之屬皆从朙。，古文朙。从日。"

清華一·程寤 03"明堂"，古代帝王宣明政教的地方。凡朝會、祭祀、慶賞、選士、養老、教學等大典，都在此舉行。《孟子·梁惠王下》："夫明堂者，王者之堂也。"

清華一·程寤 06"明武禖"，讀爲"明武威"，《逸周書》有《大明武》《小明武》等篇。或讀爲"秌(修)明武禖(威)"。(《讀本一》第 66 頁)

清華一·程寤 07"明=才向"，讀爲"明明在上"。"明明"，明智、明察貌。多用於歌頌帝王或神靈。《詩·大雅·常武》："赫赫明明，王命卿士。"毛傳："明明然，察也。"

清華一·耆夜 08"明=上帝"，即《明明上帝》，《詩》篇名。《逸周書·世俘》記武王克商，在牧野舉行典禮，"籥人奏武，王入，進萬，獻《明明》三終。"《明明》很可能就是《明明上帝》的省稱。

清華一·耆夜 08"醒明"，讀爲"禋盟"。鄭太子與兵壺(《近二》878)作"禋祟"，泛指祭祀。

清華一·皇門 01"䉉(肆)朕沖(沖)人非敢不用明刑"，今本《逸周書·皇門》作"建沈入，非不用明刑。""明刑"，指顯明的刑罰，即所謂祥刑。《詩·大雅·抑》："罔敷求先王，克共明刑。"毛傳："刑，法也。"《書·呂刑》"故乃明于刑之中"，又"監于兹祥刑"。

清華一·皇門 04"是人斯藕(助)王共(恭)明祀"，今本《逸周書·皇門》作"人斯是助王恭明祀"。《逸周書·商誓》："在商先哲王明祀上帝。""明祀"，對重大祭祀的美稱。《左傳·僖公二十一年》："崇明祀，保小寡，周禮也。"杜預注："明祀，大皞有濟之祀。"

清華一·皇門 12"明尔悥",祭公 05、18,清華五·厚父 01、09、11"明悥",即"明爾德""明德",光明之德,美德。《逸周書·本典》:"今朕不知明德所則,政教所行,字民之道,禮樂所生,非不念而知,故問伯父。"《史記·五帝本紀》:"天下明德皆自虞帝始。"

清華二·繫年 089、096"明于宋",讀爲"盟于宋"。《春秋·僖公二十七年》:"十有二月甲戌,公會諸侯,盟于宋。"

清華二·繫年 97"明于虩",讀爲"盟于虢"。《左傳·昭公元年》:"遂會於虢,尋宋之盟也。"

清華二·繫年 064、101、123"明",讀爲"盟",對神發誓立約。《易·隨》:"有孚在道,以明,何咎。"李鏡池《通義》:"明,借爲盟。"

清華二·繫年 121"戉公與齊侯貣、魯侯侃明于魯稷門之外",讀爲"越公與齊侯貸、魯侯衍盟于魯稷門之外"。《左傳·定公五年》:"己丑,盟桓子于稷門之內。"杜預注:"魯南城門。"

清華三·說命下 05"亓又酒司四方民不克明",讀爲"其又酒司四方民丕克明"。《書·多方》:"惟夏之恭多士,大不克明保享于民,乃胥惟虐于民,至于百爲,大不克開。"

清華三·琴舞 03"孝亓光明",讀爲"教其光明"。《詩·周頌·敬之》:"日就月將,學有緝熙于光明。"鄭箋:"且欲學於有光明之光明者,謂賢中之賢也。"

清華三·琴舞 04"明思訢",讀爲"明思慎",即"明慎",明察審慎。《易·旅》:"君子以明慎用刑,而不留獄。"

清華三·琴舞 14、清華五·三壽 21"恩明",讀爲"聰明",視聽靈敏。《書·皋陶謨》:"天聰明,自我民聰明。"《易·鼎》:"巽而耳目聰明。"

清華三·良臣 10"蔦明"、清華六·子產 22"䫉明",讀爲"蔑明",即䁖蔑,或稱䁖明、然明。《左傳·昭公二十八年》:"昔叔向適鄭,䁖蔑惡,欲觀叔向,從使之收器者而往,立於堂下。"

清華五·封許 03"明型",讀爲"明刑",參上。

清華五·命訓 03"夫民生而佴(恥)不明,走(上)以明之",今本《逸周書·命訓》作"夫民生而醜不明;無以明之,能無醜乎?若有醜而競行不醜,則度至于極。""不明",不理解,不明白。《楚辭·卜居》:"物有所不足,智有所不明。"

清華五·命訓 01、06、11,清華八·邦道 04"明王",聖明的君主。《左傳·宣公十二年》:"古者明王伐不敬。"

清華五·湯丘 02"癹明",讀爲"發明",使聰明。《文選·宋玉〈風賦〉》:

"清清泠泠,愈病析酲。發明耳目,寧體便人。"呂延濟注:"發,開也。言能開耳目之明。"

清華五·湯丘19、曾門13"瀀明",聰明睿智。《禮記·中庸》:"唯天下至聖爲能聰明睿知,足以有臨也。"

清華五·三壽14"𩲅神之明",讀爲"祇神之明",明智如神。《淮南子·兵略》:"見人所不見謂之明,知人所不知謂之神。神明者,先勝者也。"

清華五·三壽28"明",指日月的光亮。《易·繫辭下》:"日往則月來,月往則日來,日月相推,而明生焉。"《史記·曆書》:"日月成,故明也。"

清華六·管仲15"明",明智,明察。《易·井》:"王明,並受其福。"

清華六·子儀10"龍明"、清華六·子儀19"㲎明",讀爲"翌明",第二天早晨。

清華一·耆夜07、清華七·越公64"明日",明天。《左傳·文公十二年》:"兩君之士皆未憖也,明日請相見也。"

清華八·攝命03、21"明命",謂成其教命。《詩·大雅·烝民》:"天子是若,明命使賦。"馬瑞辰《通釋》:"《爾雅·釋詁》:'明,成也。'明命猶言成命,謂成其教命使布之也。"

清華八·攝命10"敬學畚明",或讀爲"莽明","莽""明"同訓。或讀爲"廉明"。(李學勤)或讀爲"崇明"。(陳劍)

清華八·攝命20"佳明佳瀌",讀爲"唯明唯寅",句法同於《詩經》習見的"維熊維羆""維秬維秠"。"明",尊崇,尊敬。《禮記·禮運》:"故君者所明也,非明人者也。"孔穎達疏:"明,猶尊也。"《管子·牧民》:"順民之經,在明鬼神,祇山川,敬宗廟,恭祖舊。"

清華八·邦道04"昏明",即"晦明",本指黑夜和白晝。簡文"政德之晦明",謂政事之治亂。

清華八·邦道04"明者",明智的人,與"愚者"相對。

盟

清華一·尹至04 湯𥁰(盟)䚱(誓)返(及)尹

清華二·繫年044 𥁰(盟)者(諸)侯於𪓐(踐)土

清華二·繫年057 穆王思(使)殹(驅)禜(孟)者(諸)之麋

 清華二·繫年103 者(諸)侯同禜(盟)于鹹泉以反晉

 清華二·繫年111 以與戉(越)命(令)尹宋禜(盟)于邢

～，與（上博一·孔7）、（上博五·三1）同，从"示"，"明"聲，"盟"字異體。

清華一·尹至04"湯禜慗返尹"，讀爲"湯盟誓及尹"，即及尹盟誓，倒裝句。《呂氏春秋·慎大》："湯與伊尹盟，以示必滅夏。"

清華二·繫年044"禜者侯於墫土"，讀爲"盟諸侯於踐土"。參《史記·晉世家》："甲午，晉師還至衡雍，作王宮于踐土……癸亥，王子虎盟諸侯於王庭。"

清華二·繫年057"禜者"，讀爲"明都"。《史記·夏本紀》作"明都"，《禹貢》作"孟豬"，《爾雅》《說文》《墨子》《左傳》均作"孟諸"。《漢書·地理志·序》作"盟豬"，梁國"睢陽"縣條下又作"盟諸"，《周禮·夏官·職方氏》作"望諸"，鄭玄注："望諸，明都也。"賈公彥疏："按《禹貢》云：'導柯澤，被明都。'"孟諸是先秦時期著名的澤藪，其地在今河南商丘東北。

清華二·繫年103"同禜"，即"同盟"，指古代諸侯國歃血爲誓，締結盟約。後泛指國與國、人與人共締盟約。《左傳·僖公九年》："秋，齊侯盟諸侯于葵丘曰：'凡我同盟之人，既盟之後，言歸于好。'"《穀梁傳·襄公十一年》："秋，七月，己未，同盟于京城北。"

清華二·繫年111"禜"，即"盟"，古代諸侯爲釋疑取信而對神立誓締約的一種儀禮。多殺牲歃血。《詩·小雅·巧言》："君子屢盟，亂是用長。"毛傳："凡國有疑，會同，則用盟而相要也。"《春秋·隱公元年》："三月，公及邾儀父盟于蔑。"孔穎達疏："天子不信諸侯，諸侯自不相信，則盟以要之。凡盟禮，殺牲歃血，告誓神明，若有違背，欲令神加殃咎，使如此牲也。"

皿

 清華二·繫年 028 皿(明)戠(歲)

 清華二·繫年 072 皿(明)戠(歲)

 清華二·繫年 088 皿(明)戠(歲)

 清華二·繫年 089 皿(明)戠(歲)

 清華二·繫年 128 皿(明)戠(歲)

 清華二·繫年 129 皿(明)戠(歲)

 清華二·繫年 132 皿(明)戠(歲)

 清華三·祝辭 02 蠿(絕)皿(明)槙=(冥冥)

 清華七·晉文公 01 皿(明)日朝

 清華七·晉文公 02 或皿(明)日朝

 清華七·晉文公 03 或皿(明)日朝

清華七·晉文公 04 或㬎(明)日朝

～，與㬎(上博二·子 2)同，从"日"，从"皿"，"盟"字異體，即"盟"之初文。《説文·囧部》："盟，《周禮》曰：'國有疑則盟。'諸侯再相與會，十二歲一盟。北面詔天之司慎司命。盟，殺牲歃血，朱盤玉敦，以立牛耳。从囧从血。𥂗，篆文从朙。盟，古文，从明。"

清華二·繋年"㬎歲"，讀爲"明歲"，第二年。

清華三·祝辭 02"屬㬎槙＝"，讀爲"絶明冥冥"，指失火黑煙阻遮天光。

清華七·晉文公 01、02、03、04"㬎日"，讀爲"明日"，明天。《左傳·文公十二年》："兩君之士皆未憖也，明日請相見也。"

盟

 清華七·越公 25 乃盟

 清華八·邦道 02 古(故)昔之盟(明)者

清華七·越公 25"盟"，對神立誓締約。

清華八·邦道 02"盟者"，讀爲"明者"，明智的人。

明紐亡聲

亡

 清華一·尹至 03 亡(無)箕(典)

 清華一·尹誥 01 非(彼)民亡(無)與戰(守)邑

 清華一·程寤 06 引(矧)又勿亡跊(秋)明武禕(威)

清華一·程寤 06 女(如)械柞亡(無)堇(根)

清華一·程寤 07 卑(俾)行量亡(無)乏

清華一·程寤 08 意(億)亡勿甬(用)

清華一·保訓 08 岂(微)亡(無)萬(害)

清華一·耆夜 09 萬壽亡(無)疆

清華一·金縢 08 亡(無)以返(復)見於先王

清華一·皇門 03 亡(無)不醫(閱)達

清華一·皇門 05 百眚(姓)萬民用亡(無)不腏(擾)比才(在)王廷

清華一·皇門 08 不肎(肯)惠聖(聽)亡(無)皋(罪)之詞(辭)

清華一·皇門 09 卑(俾)王之亡(無)依亡(無)蘦(助)

清華一·皇門 09 亡(無)蘦(助)

清華一·皇門 10 悉(媚)夫又(有)執(邇)亡(無)遠

清華一·皇門 11 獄用亡(無)成

清華一·皇門 11 少(小)民用昜(禱)亡(無)用祀

清華一·祭公 14 不(丕)則亡遺逡(後)

 清華二·繫年 007 周乃亡

 清華二·繫年 008 周亡王九年

清華二·繫年 017 乃𦙠(追)念顗(夏)商之亡由

清華二·繫年 058 史(使)孫(申)白(伯)亡(無)悁(畏)嘳(聘)于齊

 清華二·繫年 059 宋人是古(故)殺孫(申)白(伯)亡(無)悁(畏)

 清華二·繫年 081 少帀(師)亡(無)掫(極)譴(讒)連尹頟(奢)而殺之

 清華二·繫年 090 亡逡(後)

 清華二·繫年 117 楚𠂤(師)亡(無)工(功)

 清華二·繫年 128 楚𠂤(師)亡(無)工(功)

 清華二·繫年 132 亡逡(後)於奠(鄭)

清華二·繫年 136 楚邦以多亡城

清華三·琴舞 04 思坙(攸)亡(無)罜(斁)

清華三·芮良夫 04 此心目亡(無)卥(極)

清華三·芮良夫 04 稟(富)而亡(無)況

清華三·芮良夫 07 而亡(無)又(有)絽(紀)統(綱)

清華三·芮良夫 15 豫(舍)命亡(無)成

清華三·芮良夫 19 反=(板板)亓(其)亡(無)成

清華三·芮良夫 25 悬(謀)亡(無)少(小)大

清華三·芮良夫 27 亡(無)父母能生

清華三·芮良夫 27 亡(無)君不能生

清華三·赤鵠 04 亡(無)不見也

清華三·赤鵠 04 亡(無)不見也

清華三·良臣 06 又(有)㝛(賓)須亡(無)

清華四·筮法 09 亡(無)咎

清華四·筮法 29 亡萅(春)頿(夏)䎡(秋)各(冬)

清華四·筮法 30 亡萅(春)頿(夏)䎡(秋)各(冬)

清華五·厚父 06 亡㝬（厥）邦

清華五·厚父 10 啓（啓）之民其亡琼（諒）

清華五·厚父 10 亡㬎（顯）于民

清華五·命訓 03 能亡（無）伹（恥）虐（乎）

清華五·命訓 05 道天莫女（如）亡（無）亟（極）

清華五·命訓 06 正人亡（無）亟（極）則不䏔（信）

清華五·命訓 09 賈亓（其）上則亡（無）壤（讓）

清華五·命訓 10 不忠則亡（無）遃（復）

清華五·命訓 14 樂繘（伸）則亡（荒）

清華五·湯丘 13 型（刑）亡（無）卣（攸）恋（赦）

清華五·畬門 02 女（如）亡（無）又（有）良言清（情）至於今

清華五·畬門 14 惪（德）宩（變）亟執謡以亡成

清華五·畬門 15 记（起）事亡（無）穫

清華五·厚父 15 疠（病）民亡（無）古（故）

 清華五·厚父 16 正（政）佋（禍）𤔲（亂）以亡（無）𢘙（常）

 清華五·厚父 17 型（刑）䇂以亡（無）𢘙（常）

 清華五·三壽 08 亞（惡）非（必）亡（無）飤

 清華五·三壽 24 揚則舌（悍）達（佚）亡（無）𢘙（常）

 清華六·子儀 03 亡（無）不盈（盈）亓（其）志於虘（吾）君之君㠯（己）也

 清華六·子儀 17 归（抑）亡（無）女（如）虘（吾）先君之𢘓（憂）可（何）

 清華六·管仲 04 心亡（無）𢛳（圖）則目、耳豫（野）

 清華六·管仲 05 心𢛳（圖）亡（無）猷（守）則言不道

 清華六·管仲 19 亓（其）童（動）亡（無）豊（禮）

 清華六·管仲 19 亓（其）言亡（無）宜（義）

清華六·鄭伯甲 12 則卑（譬）若疾之亡（無）𤻲（醫）

清華六·鄭伯甲 12 君之亡（無）䏄（問）也

清華六·太伯甲 13 則亦亡（無）䎽（聞）也

清華六·太伯甲 13 君之亡（無）出也

清華六·太伯甲 13 則亦亡（無）内（入）也

清華六·太伯乙 11 則卑（譬）若疾之亡（無）瘳（醫）

清華六·太伯乙 11 君之亡（無）䎽（問）也

清華六·太伯乙 11 則亦亡（無）䎽（聞）也

清華六·太伯乙 11 君之亡（無）出［也］

清華六·太伯乙 11 則亦亡（無）内（入）也

清華六·子儀 05 豊（禮）子義（儀）亡（舞）

清華六·子儀 17 不敎（穀）欲裕我亡反副（復）

清華六·子產 03 此胃（謂）才（存）亡才（在）君

清華六·子產 03 内君子亡（無）支（變）

清華六·子產 04 亡（無）好

清華六·子產 04 此胃（謂）亡（無）好惡

清華六·子產 06 亡（無）道樂亡

清華六·子產 07 亡（無）道樂亡

清華六·子產 09 多難忑（近）亡

清華六·子產 09 智（知）畏亡（無）皋（罪）

清華六·子產 10 君人亡事

清華六·子產 19 民亡可事

清華六·子產 22 虛言亡（無）寘（實）

清華六·子產 25 以臭（釋）亡夅（教）不姑（辜）

清華七·子犯 14 欲亡邦系（奚）以

清華七·子犯 15 女（如）欲亡邦

清華七·越公 16 亡（無）良鄡（邊）人禹（稱）瘐悁（怨）晉（惡）

清華七·越公 19 今厽（三）年亡（無）克又（有）奠（定）

清華七·越公 22 孤或（又）志（恐）亡（無）良僮（僕）馭（御）猷火於雩（越）邦

清華七·越公 28 王狀亡（無）好攸（修）于民厽（三）工之堵

清華七·越公 34 乃亡（無）又（有）閒（間）芔（草）

清華七·越公 41 乃亡（無）敢增歴亓（其）政以爲獻於王

清華簡文字聲系正編・陽部

清華七・越公 42 乃亡（無）敢反不（背）訢（欺）巳（詒）

清華七・越公 43 雩（越）則亡（無）訣（獄）

清華七・越公 51 亡（無）兵者

清華七・越公 52 隹（唯）多兵、亡（無）兵者是戠（察）

清華七・越公 58 亡（無）敢不戠（敬）

清華七・越公 59 亡（無）敢獵（躐）命

清華八・攝命 01 亡承朕卿（鄉）

清華八・攝命 01 余亦夐窮亡可事（使）

清華八・攝命 02 宖（宏）臂（乂）亡（無）誐（斁）

清華八・攝命 04 今是亡其奔告

清華八・攝命 04 非女（汝）亡其毅（協）

清華八・攝命 07 有曰四方大嬴（贏）亡民

清華八・攝命 08 乃事亡（無）佗（他）

清華八・攝命 11 亦則乃身亡能諫甬（用）非頌（庸）女（汝）正命

清華八・攝命 12 乃隹（唯）誈（望）亡（無）毅（逢）

清華八・攝命 16 亡（罔）非楚（胥）以劈（墮）逼（愆）

・1919・

清華八·攝命 17 亡（罔）非楚（胥）以淫（淫）恧（極）

清華八·攝命 20 隹（唯）人乃亦無智（知）亡䎽（聞）于民若否

清華八·攝命 23 凡人無獄亡（無）詻

清華八·攝命 30 亡（無）多朕言曰兹

清華八·處位 04 乃敫（徼）於亡

清華八·邦道 07 亡（無）肅（盡）以管（熟）

清華八·邦道 11 則亡（無）悥（怨）

清華八·邦道 12 鼠-（一）之則亡（無）弍（二）心

清華八·邦道 13 古（故）四坄（封）之审（中）亡（無）堇（勤）裦（勞）

清華八·邦道 14 亡（無）䍲（寡）於者（諸）侯

清華八·邦道 18 皮（彼）天下亡（無）又（有）𨵦（閒）民

清華八·邦道 18 則亡（無）

清華八·邦道 19 女（如）亡（無）能於一官

清華八·邦道 20 實正（征）亡（無）䵼（穢）

[图] 清華八·邦道 24 古（故）棠（常）正（政）亡（無）弋（忒）

[图] 清華八·邦道 27 則亡（無）命大於此

[图] 清華八·心中 03 則亡（無）以智（知）耑（短）長

[图] 清華八·天下 02 亦亡（無）獸（守）也

[图] 清華八·天下 04 亦亡（無）攻也

～，與[图]（上博一·緇 23）、[图]（上博四·曹 34）、[图]（上博五·姑 1）、[图]（上博六·競 3）、[图]（上博六·壽 2）同。《説文·亡部》："亡，逃也。从入、从乚。"

清華一·程寤 06"引（矧）又勿亡"之"勿亡"，或讀爲"忽芒"，忽微渺茫。（《讀本一》第 66 頁）

清華一·程寤 06"女棫柞亡堇"，讀爲"如棫柞無根"。

清華一·程寤 07"卑行量亡乏"，讀爲"俾行量無乏"，所行之處無有困乏。

清華一·程寤 08"意亡"，讀爲"億亡"，度其將亡。

清華一·保訓 08"亡禕"，讀爲"無害"，無所損害。《逸周書·周祝》："善用道者終無害。"

清華一·耆夜 09"萬壽亡疆"，讀爲"萬壽無疆"，千秋萬世，永遠生存。《詩·豳風·七月》："稱彼兕觥，萬壽無疆。"

清華一·金縢 08"亡（無）以復（復）見於先王"，今本《書·金縢》作"我無以告我先王"。

清華一·皇門 03"亡（無）不豔（閱）達"，今本《逸周書·皇門》作"罔不允通"。

清華一·皇門 05"百眚（姓）萬民用亡（無）不頪（擾）比才（在）王廷"，今本《逸周書·皇門》作"用罔不茂在王庭"。

清華一·皇門 08"亡辠"，讀爲"無罪"，没有罪過，没有犯罪。《左傳·僖公二十八年》："公知其無罪也，枕之股而哭之。"《吕氏春秋·聽言》："攻無辠之國以索地，誅不辜之民以求利。"

清華一·皇門09"卑(俾)王之亡(無)依亡(無)蘴(助)",今本《逸周書·皇門》作"俾無依無助"。

清華一·皇門10"悉(媚)夫又(有)埶(邇)亡(無)遠",今本《逸周書·皇門》作"媚夫有邇無遠"。

清華一·皇門11"獄用亡(無)成",今本《逸周書·皇門》作"獄用無成"。

清華一·皇門11"少(小)民用曷(禱)亡(無)用祀",今本《逸周書·皇門》作"壽亡以嗣"。

清華一·祭公14"不(丕)則亡遺迻(後)",今本《逸周書·祭公》作"丕則無遺後難"。

清華二·繫年007"周乃亡",滅亡,敗亡。《左傳·莊公六年》:"亡鄧國者,必此人也。"《孟子·離婁上》:"暴其民甚,則身弒國亡。"

清華二·繫年008"周亡王九年",應指幽王滅後九年。

清華二·繫年017"亡由",滅亡的原因。

清華二·繫年058、059"孫白亡愄",讀爲"申伯無畏",人名。

清華二·繫年081"少币亡諆",讀爲"少師無極"或"少師無忌",即費無極,譖太子建及伍奢,殺伍奢及其子尚。《左傳·昭公十九年》:"及即位,使伍奢爲之師,費無極爲少師。"《史記·楚世家》:"平王二年,使費無忌如秦爲太子建取婦……是時伍奢爲太子太傅,無忌爲少傅。無忌無寵於太子,常譖惡太子建。"

清華二·繫年090"亡迻(後)",沒有後。

清華二·繫年117、128"亡工",讀爲"無功",沒有功勞。《韓非子·內儲說上》:"有過不罪,無功受賞,雖亡不亦可乎?"

清華三·琴舞04"亡翠",讀爲"無斁"。《詩·大雅·思齊》:"不顯亦臨,無射亦保。"《詩·周南·葛覃》:"服之無斁。"

清華三·芮良夫04"亡亟",讀爲"無極",沒有極限。《左傳·昭公十三年》孔穎達疏:"極,謂限極。"

清華三·芮良夫07、清華五·啻門02"亡又",讀爲"無有",沒有。

清華三·芮良夫15"豫命亡成",讀爲"舍命無成"。《詩·鄭風·羔裘》:"舍命不渝。"指發布號令而言。

清華三·良臣06"宐須亡",讀爲"賓須無",人名。《左傳·昭公十三年》等作"賓須無"。

清華四·筮法09"亡咎",讀爲"無咎",沒有禍殃,沒有罪過。《左傳·昭公三十一年》:"子必來,我受,其無咎。"

清华五·命训 03"能亡(無)佴(恥)虐(乎)",今本《逸周書·命訓》作"能無醜乎"。

清华五·命训 05"道天莫女(如)亡(無)亟(極)",今本《逸周書·命訓》作"道天莫如無極"。

清华五·命训 06"正人亡(無)亟(極)則不呼(信)",今本《逸周書·命訓》作"正人無極則不信"。

清华五·命训 09"賈亓(其)上則亡(無)壤(讓)",今本《逸周書·命訓》作"賈其上則民無讓"。

清华五·命训 10"不忠則亡(無)逗(復)",今本《逸周書·命訓》作"不忠則無報"。

清华五·命训 14"樂繡(伸)則亡(荒)",今本《逸周書·命訓》作"樂滿則荒"。潘振云:"荒,廢也。樂過則廢時。"

清华五·汤丘 13"亡卣",讀爲"無攸",無所。

清华五·殷高宗问於三寿 16、17,清华五·三寿 24"亡棠",讀爲"無常",變化不定。《書·蔡仲之命》:"民心無常,惟惠之懷。"

清华六·孺子 03"亡不",讀爲"無不",沒有不,全是。《禮記·中庸》:"辟如天地之無不持載,無不覆幬。"

清华六·孺子 17"归亡女虐先君之惠可",讀爲"抑無如吾先君之憂何"。"無如",無奈。常與"何"配搭,表示無法對付或處置。《禮記·哀公問》:"寡人既聞此言也,無如後罪何!"

清华六·子仪 05"豊子義亡",讀爲"禮子儀舞"以舞蹈厚待子儀。"舞",舞蹈。《詩·小雅·賓之初筵》:"籥舞笙鼓,樂既和奏。"(楊蒙生)

清华六·管仲 19"亡宜",讀爲"無義",沒有公理正道,不講正義。《論語·陽貨》:"子曰:'君子有勇而無義爲亂,小人有勇而無義爲盜。'"《公羊傳·莊公二十四年》:"曹羈諫曰:'戎眾以無義,君請勿自敵也。'"

清华六·太伯甲 12、太伯乙 11"亡瘖",讀爲"無醫",沒有醫生。

清华六·太伯甲 12、太伯乙 11"亡酤",讀爲"無問"。

清华六·太伯甲 13、太伯乙 11"亡酤",讀爲"無聞"。

清华六·太伯甲 13、太伯乙 11"亡出",讀爲"無出"。

清华六·太伯甲 13、太伯乙 11"亡内",讀爲"無入"。

清华六·子产 03"才亡",讀爲"存亡",存在或滅亡,生存或死亡。《易·乾》:"知進退存亡而不失其正者,其唯聖人乎。"

清華六·子產 03"内君子亡攴",讀爲"内君子無變",内心始終爲君子,沒有改變。

清華六·子產 04"亡(無)好",沒有偏愛。

清華六·子產 06、07"亡道樂亡",讀爲"無道樂亡",政治紛亂、黑暗,樂就消亡。《論語·季氏》:"天下無道,則禮樂征伐自諸侯出。"

清華六·子產 22"虛言亡實",即"虛言無實",空話,不真實,不誠實。《管子·明法解》:"以無實之言誅之,則姦臣不能無事貴重而求推譽,以避刑罰而受禄賞焉。"《楚辭·東方朔〈七諫·自悲〉》:"悲虛言之無實兮,苦衆口之鑠金。"王逸注:"讒言無誠,君不察也。"

清華七·子犯 14、15"亡邦",亡國。

清華七·越公 16、22"亡良",讀爲"無良",不善。《國語·吳語》:"今句踐申禍無良,草鄙之人,敢忘天王之大德,而思邊垂之小怨,以重得罪於下執事?"

清華七·越公 34"亡又",讀爲"無有",沒有。《書·盤庚上》:"無有遠邇,用罪伐厥死,用德彰厥善。"

清華七·越公 41、42、58、59"亡敢",讀爲"無敢",不敢。《書·費誓》:"無敢寇攘,踰垣牆,竊馬牛,誘臣妾。"

清華七·越公 43"亡獄",讀爲"無獄",沒有訴訟。

清華八·攝命 02"亡斁",讀爲"無斁",不厭惡;不厭倦。《詩·周南·葛覃》:"爲絺爲綌,服之無斁。"鄭箋:"斁,厭也。"

清華八·攝命 08"亡佗",讀爲"無他",沒有別的。《左傳·昭公二十八年》:"夫舉無他,唯善所在。"《孟子·告子上》:"學問之道無他,求其放心而已矣。"

清華八·攝命 12"亡毅",讀爲"無逢",沒有逢迎。

清華八·攝命 16、17"亡非",讀爲"罔非",義爲"皆"。《書·酒誥》"罔非酒惟辜",謂皆酗酒之過。

清華八·處位 04"乃敚於亡",讀爲"乃敝於亡"。《韓非子·説林》:"邢不亡,晉不敝。"《史記·太史公自序》:"存亡國,繼絶世,補敝起廢,王道之大者也。"

清華八·邦道 11"亡息",讀爲"無怨"。

清華八·邦道 12"亡弍心",讀爲"無二心",沒有異心,忠實。《書·康王之誥》:"則亦有熊羆之士,不二心之臣,保乂王家。"

清華八·邦道 18"亡又",讀爲"無有",沒有、不分之意。《書·盤庚上》:"無有遠邇,用罪伐厥死,用德彰厥善。"

清華八·邦道 20"亡蕪",讀爲"無穢",沒有荒蕪,沒有雜草叢生。

清華八·邦道 24"亡弋",讀爲"無忒",没差錯。《廣雅·釋詁》:"忒,差也。"

清華八·心中 03"則亡以智",讀爲"則無以知"。《公羊傳·僖公元年》:"不復言師,則無以知其爲一事也。"

攼

清華三·祝辭 03 攼(撫)骂(額)

清華三·祝辭 04 攼(撫)骂(額)

清華三·祝辭 05 攼(撫)骂(額)

～,從"又","亡"聲,與《汗簡》"撫"作同(《傳抄古文字編》第1204頁)。"撫"之異體。上博四·曹3作,從"攴","亡"聲。

清華三·祝辭"攼骂",讀爲"撫額",疑指引弦之手循額後拉。《説文·手部》"撫……一曰循也。"

望

清華八·攝命 32 隹(唯)九月既望壬申

望,甲骨文作(《甲骨文編》第354頁),像人站在高處極目遠望形。楚簡或作(郭店·窮達以時4)、(郭店·語叢一1),從"壬","亡"聲。或作(上博七·吴2),從"月","室"聲,與(郭店·語叢一104)、(郭店·語叢二33)同。或作(上博六·用20),"月"偏居右上角。《説文·壬部》:"望,月滿與日相望,以朝君也。從月,從臣,從壬。壬,朝廷也。,古文望省。"商承祚《説文中之古文考》:"象人登高舉目遠矚……從月,月遠望而可見意也。

《說文》誤以目爲君臣之臣。"朱駿聲《說文通訓定聲》："今皆以望为之。"《說文·亡部》："望,出亡在外,望其還也。从亡,朢省聲。"徐灝《注箋》："竊謂望、朢實本一字。《玉篇》有室字,蓋即古瞻望之望。从壬,亡聲。壬者,跂而望之之義也。"

清華八·攝命 32 "既望",周曆以每月十五、十六日至廿二、廿三日爲既望。後稱農曆十五日爲望,十六日爲既望。《書·召誥》："惟二月既望。越六日乙未,王朝步自周,則至豐。"孔穎達疏："惟周公攝政七年二月十六日,其日爲庚寅,既日月相望矣。於已望後六日乙未,爲二月二十一日。"《釋名·釋天》："望,月滿之名也。月大十六日,小十五日,日在東,月在西,遥相望也。"王國維《觀堂集林·生霸死霸考》："既望,謂十五六日以後,至二十二三日。"

朢

　　清華一·程寤 03 朢(望),承(烝)

　　清華六·子儀 06 澤水可(兮)遠朢(望)

　　清華六·鄭子 03 區=(區區)奠(鄭)邦朢(望)虘(吾)君

,與(上博七·武11)、(上博七·武13)同,从"視(或見)","室"聲。,則从"望"聲。均爲"望"字繁體。

清華一·程寤 03 "朢",即"望",古祭名。遥祭山川、日月、星辰。《書·舜典》："望于山川,徧于群神。"孔傳："九州名山大川、五岳四瀆之屬,皆一時望祭之。"《淮南子·人間》："郊望禘嘗。"高誘注："望,祭日月、星辰、山川也。"《廣雅·釋天》："望,祭也。"王念孫《疏證》："望者,遥祭之名。"

清華六·子儀 06 "遠朢",即"遠望",嚮遠處看。《楚辭·九歌·湘夫人》："慌忽兮遠望,觀流水兮潺湲。"《後漢書·光武帝紀論》："及始起兵還舂陵,遠望舍南,火光赫然屬天,有頃不見。"

清華六·鄭子 03 "朢",即"望",希圖,企圖。《韓非子·主道》："絕其能望,破其意、毋使人欲之。"《後漢書·岑彭傳》："人苦不知足,既平隴,復望蜀。"

詮

清華八·攝命 06 女(汝)鬼(威)由覒(表)由詮(望)

清華八·攝命 12 乃隹(唯)詮(望)亡毅(逢)

～，从"言"，"室"聲，

清華八·攝命 06"詮"，讀爲"望"，威儀。《詩·大雅·卷阿》："顒顒卬卬，如圭如璋，令聞令望。"鄭箋："人聞之則有善聲譽，人望之則有善威儀，德行相副。"

清華八·攝命 12"詮"，讀爲"望"，希望。《孟子·梁惠王上》："無望民之多於鄰國也。"

忘

清華一·保訓 09 岂(微)寺(志)弗忘

清華一·耆夜 11 □□□忘(荒)

清華一·耆夜 11 康(荒)藥(樂)而母(毋)忘

清華一·耆夜 14 康藥(樂)而母(毋)忘

清華三·琴舞 10 亦思不忘

清華五·三壽 26 謎(感)高玟(文)稟(富)而昏忘寶(詢)

清華八·處位 05 史（使）人乃奴（若）無耑（前）不忘（妄）

清華八·邦道 09 母（毋）裹（懷）樂以忘難

清華八·心中 04 忘（妄）复（作）臭（衡）單（觸）

～，與 、 同。《説文·心部》："忘，不識也。从心、从亡，亡亦聲。"

清華一·保訓 09"弗忘"，《禮記·祭義》："父母愛之，嘉而弗忘。"

清華一·耆夜 11、14"母忘"，讀爲"毋忘"。《吕氏春秋·貴直論》："使公毋忘出奔在於莒也，使管仲毋忘束縛而在於魯也，使甯戚毋忘其飯牛而居於車下。"

清華三·琴舞 10"亦思不忘"，《詩·周頌·烈文》："不顯維德，百辟其刑之。於乎前王不忘！"

清華八·處位 05"忘"，讀爲"妄"，妄行、亂行。《説文》："妄，亂也。"《左傳·哀公二十五年》："彼好專利而妄。"杜預注："妄，不法。"

清華五·三壽 26"忘寶"，讀爲"忘詢"，忘恥。

清華八·邦道 09"母（毋）裹（懷）樂以忘難"之"忘"，忘記，不記得。《國語·晉語八》："臣敢忘其死而叛其君，以煩司寇。"

清華八·心中 04"忘复"，讀爲"妄作"，無知而任意胡爲。《老子》："不知常，妄作，凶。"《孟子·離婁下》："此亦妄人也已矣。"趙岐注："妄人，妄作之人。"焦循《正義》："不知而作，是爲妄作。"

巟

清華三·琴舞 11 彌（弼）敢巟（荒）才立（位）

清華三·琴舞 13 攷（孝）敬肥（非）紲（怠）巟（荒）

清華三·琴舞 15 弼(弼)敢亢(荒)惪(德)

清華三·芮良夫 06 恪孳(哉)母(毋)亢(荒)

清華三·祝辭 01 又(有)上亢₌(茫茫)

清華三·赤鵠 02 湯句(后)妻紀亢胃(謂)少(小)臣曰

清華三·赤鵠 03 紀亢胃(謂)少(小)臣曰

清華三·赤鵠 03 少(小)臣自堂下受(授)紀亢蠶(羹)

清華三·赤鵠 03 紀亢受少(小)臣而嘗之

清華三·赤鵠 04 四亢(荒)之外

清華六·子產 18 我是亢(荒)紒(怠)

～，與 (上博三·亙5)、 (上博五·三7)形同。《說文·川部》："亢，水廣也。从川，亡聲。《易》曰：'包亢用馮河。'"

清華三·琴舞 11 "亢"，讀爲"荒"，空。《國語·吳語》："荒成不盟。"韋昭注："荒，空也。"

清華三·琴舞 13 "紒亢"，讀爲"怠荒"，懶惰放蕩。《禮記·曲禮上》："毋側聽，毋噭應，毋淫視，毋怠荒。"鄭玄注："怠荒，放散身體也。"孔穎達疏："謂身體放縱，不自拘斂也。"

清華三·琴舞15"𠇷悳",讀爲"荒德",廢德。《書·盤庚中》:"明聽朕言,無荒失朕命。"孔傳:"荒,廢。"

清華三·芮良夫06"母𠇷",讀爲"毋荒"。《禮記·表記》:"樂而毋荒,有禮而親;威莊而安,孝慈而敬。"

清華三·祝辭01"𠇷₌",讀爲"茫茫"。《文選·海賦》:"茫茫積流。"張銑注:"茫茫,多貌。"

清華三·赤鵠02、03"紝𠇷",有侁氏(或作有莘氏)之女,爲湯之妻。《吕氏春秋·本味》:"湯聞伊尹,使人請之有侁氏,有侁氏不可。伊尹亦欲歸湯,湯於是請取婦爲婚,有侁氏喜,以伊尹爲媵,送女。"

清華三·赤鵠04"四𠇷",讀爲"四荒",四方荒遠之地。《楚辭·離騷》:"忽反顧以游目兮,將往觀乎四荒。"王逸注:"荒,遠也。"朱熹《集注》:"故復反顧而將往觀乎四方絶遠之國。"《爾雅·釋地》:"觚竹、北户、西王母、日下,謂之四荒。"郭璞注:"觚竹在北,北户在南,西王母在西,日下在東,皆四方昏荒之國,次四極者。"

清華六·子產18"𠇷怠",讀爲"荒怠",縱逸怠惰。《書·泰誓下》:"今商王受,狎侮五常,荒怠弗敬。"

远

　清華六·孺子14 远₌(惶惶)女(焉)

~,从"辵","𠇷"聲。

清華六·孺子14"惶惶焉",即惶惶然。"惶惶",恐懼不安貌。《世說新語·言語》:"帝曰:'卿面何以汗?'毓對曰:'戰戰惶惶,汗出如漿。'"

芒

　清華六·子儀19 君不尚芒鄎王之北叟(没)

　清華七·越公17 肰(然)爲犳(豹)狼飤(食)於山林藪芒

～，與 同。《説文·艸部》："芒，艸耑。从艸，亡聲。"

清華七·越公 17"蓾芒"，讀爲"草莽"。《左傳·昭公十二年》："昔我先王熊繹辟在荆山，篳路藍縷以處草莽。"或讀爲"幽荒"，即"荒远之地"。《尚書大傳》："堯南撫交阯，于《禹貢》荆州之南垂，幽荒之外，故越也。"《抱朴子·詰鮑》："鮑生曰：王者欽想奇瑞，引誘幽荒。"（孫合肥、滕勝霖）

秄

 清華五·命訓 11 秄（撫）之以季（惠）

 清華八·邦道 26 侯（医-殹）虐（吾）秄税

～，从"禾"，"亡"聲。

清華五·命訓 11"秄（撫）之以季（惠）"，今本《逸周書·命訓》作"撫之以惠"。"秄"，讀爲滂母魚部字的"撫"。"季"爲見母質部字，而"惠"爲匣母質部字，故可通假。

清華八·邦道 26"秄税"，讀爲"賦税"，田賦和捐税的合稱。《管子·山至數》："古者輕賦税而肥籍斂。""秄"，或疑爲"秅"字之訛。"秅"，即"租"字。

肮

 清華七·越公 32 乃以管（熟）飤（食）膃（脂）醓（醢）肏（脯）肮（羹）

～，从"肉"，"亡"聲。

清華七·越公 32"肏肮"，讀爲"脯羹"。《禮記·内則》："脯羹兔醢。""肮"，或讀爲"膴"，無骨乾肉。《周禮·天官·臘人》："凡祭祀，共豆脯、薦脯、膴、胖，凡腊物。"《説文·肉部》："膴，無骨腊也。"（黄傑）

犺

  清華七·越公 21 印（抑）犺（荒）弃（棄）孤

  清華七·越公 58 犺（荒）鬼（畏）句戋（踐）

~，與 同，从"犬"，"亡"聲。

清華七·越公 21"犺弃"，讀爲"荒棄"，廢棄。《書·蔡仲之命》："汝往哉，無荒棄朕命！"《後漢書·馬融列傳》："陛下戒懼災異，躬自菲薄，荒弃禁苑，廢弛樂懸。"

清華七·越公 58"犺"，讀爲"荒"，大。《詩·周頌·天作》："天作高山，大王荒之。"毛傳："荒，大也。"簡文"荒畏"，非常敬畏。

明紐网聲

罔

  清華三·說命中 04 邥（越）疾罔瘳

  清華三·說命下 02 余罔又（有）罤（斁）言

  清華三·說命下 02 少（小）臣罔弎（俊）才（在）朕備（服）

清華三·說命下 04 女（如）飛鶴（雀）罔畏觀（離）

清華三·說命下 06 寺（時）罔非乃載

清華三·説命下07 上下罔不我義（儀）

清華三·説命下09 余罔紑（墜）天休

清華三·琴舞01 罔霝（閒-墜）亓（其）考（孝）

清華三·琴舞15 罔克甬（用）之

清華三·芮良夫13 罔又（有）肖（怨）誦（訟）

清華三·芮良夫18 以交罔忎（謀）

清華三·芮良夫22 罔冃（肯）獻言

清華五·三壽22 音色柔丂（巧）而贖（叡）武不罔

～，從"网"，"亡"聲，與 (上博六·用11)同。《説文·网部》："网，庖犧所結繩以漁。從冂，下象网交文。凡网之屬皆從网。 ，网或從亡。 ，网或從糸。 ，古文网。 ，籀文网。"

清華三·説命中04"邺疾罔瘳"，讀爲"越疾罔瘳"。《國語·楚語上》作"若藥不瞑眩，厥疾不瘳。""罔"，不。《書·盤庚下》："罔罪爾衆，爾無共怒，協比讒言予一人。"

清華三·説命下02"余罔又䍙言"，讀爲"余罔有斁言"。參《書·吕刑》："敬忌，罔有擇言在身。"

· 1933 ·

清華三·説命下 02"少臣罔夐才朕備",讀爲"小臣罔俊在朕服"。《書·文侯之命》:"罔或耆壽俊在厥服。"

清華三·説命下 06"寺罔非乃載",讀爲"時罔非乃載"。《書·酒誥》:"天降威,我民用大亂喪德,亦罔非酒惟行;越小大邦用喪,亦罔非酒惟辜。"

清華三·説命下 07"上下罔不我義",讀爲"上下罔不我儀"。《書·盤庚中》:"古我前后,罔不惟民之承。"

清華三·琴舞 15"罔克甬之",讀爲"罔克用之"。《書·太甲上》:"其後嗣王,罔克有終,相亦罔終,嗣王戒哉!"

清華三·芮良夫 13"罔又卣誦",讀爲"罔有怨訟"。《書·湯誓》:"爾不從誓言,予則孥戮汝,罔有攸赦。""罔",無,没有。《詩·大雅·抑》:"罔敷求先王,克共明刑。"鄭箋:"罔,無也。"《史記·秦始皇本紀》:"二十有六年,初并天下,罔不賓服。"

清華三·芮良夫 18"罔忞",即"罔謀",指罔謀之人,即民衆。

清華三·芮良夫 22"罔肎(肯)",不肯。

明紐皿聲

盉(孟)

清華二·繫年 074 是少盉(孟)

清華二·繫年 076 敓之少盉(孟)

清華二·繫年 077 亓(其)子墨(黑)要也或(又)室少盉(孟)

清華二·繫年 078 司馬子反與繡(申)公爭少盉(孟)

清華二·繫年 079 繡(申)公欆(竊)載少盉(孟)以行

～，从"孔"，"孟"字異體。《説文·子部》："孟，長也。从子，皿聲。🙏，古文孟。"

清華二·繫年"少孖"，即"少孟"，人名。

正編·支部

支　部

匣紐系聲歸糸聲

匣紐巂聲

巂

　清華二·繫年007 是巂（攜）惠王

～，與 （曾侯乙80）同，或作 （上博三·周17）所從同，從"田"，"巂"聲，"畦"字異體。《集韻》："畦，或作巂。"《楚辭·離騷》："畦留夷與揭車兮。"王逸注："畦，共呼種之名……五十畝爲畦。"

清華二·繫年007"巂惠王"，讀爲"攜惠王"，簡文指幽王之弟余臣。《左傳·昭公二十六年》："至于幽王，天不弔周，王昏不若，用愆厥位。攜王奸命……"杜預注："攜王，幽王少子伯服也。"孔穎達疏："《汲冢書紀年》云：平王奔西申，而立伯盤以爲大子，與幽王俱死于戲。先是申侯、魯侯及許文公立平王於申，以本大子，故稱天王。幽王既死，而虢公翰又立王子余臣於攜，周二王並立。二十一年，攜王爲晉文公所殺。"雷學淇《竹書紀年義證》卷二七："攜，地名，未詳所在。《新唐書》《大衍曆議》謂豐、岐、驪、攜皆鶉首之分，雍州之地，是攜即西京地名矣。"

舊

　清華七·越公30 又（有）厶（私）舊（畦）

清華七·越公35 人又(有)厶(私)舊(畤)

～,楚文字或作 (九 A7)、 (《璽考》166),从"崔"("雟"之省),"疇(畤)"字的異體。(李家浩,《九店楚簡》第 58 頁)

清華七·越公"舊",即"疇(畤)"。《説文·田部》:"田五十畝曰畤。""厶舊",讀爲"私畤",親耕之私田。古書又稱籍田。《史記·孝文本紀》:"上曰:'農,天下之本,其開籍田,朕親率耕,以給宗廟粢盛。'"或分析爲从"田","萑"聲(蒦省聲),"疇"字之省寫,當無疑義。"穫"字本義指收割莊稼,引申爲收穫、收成。(曹錦炎、岳曉峰)

見紐規聲

訬

清華六·孺子01 武夫人訬(規)乳=(孺子)

清華六·孺子12 辱(邊)父訬(規)夫=(大夫)曰

～,从"言","規"聲,"規勸"之"規"的專字。" "就是"規"字初文。" ",从又持" "," "與"又"共用一橫畫。" ",與漢畫像石中伏羲手持的"規"形" "同,即"規"字初文。(程燕)

清華六·孺子01、12"訬",即"規",規勸。《左傳·昭公十六年》:"子寧以他事規我。"(李守奎)

䙺

清華八·處位03 君乃無從䙺(規)下之蟲□

～,从"視","規"聲,疑"規"之繁體。

清華八·處位 03"敗",即"規",指規正、管治。

見紐圭聲

珪

清華一·金縢 02 秉璧眥（植）珪

清華一·金縢 05 我則晉（瘞）璧與珪

清華一·金縢 05 我乃以璧與珪逞（歸）

清華二·繫年 128 與之戰（戰）於珪（桂）陵

清華二·繫年 135 三執珪之君與右尹卲（昭）之犯（唉）死女（焉）

清華五·封許 05 易（錫）女（汝）倉（蒼）珪

～，與▆（上博二·魯 2）、▆（上博五·鮑 3）、▆（上博六·競 1）同，從"玉","圭"聲,"圭"字或體。《説文·土部》："圭,瑞玉也。上圓下方。公執桓圭,九寸；侯執信圭,伯執躬圭,皆七寸；子執穀璧,男執蒲璧,皆五寸。以封諸侯。从重土。楚爵有執圭。▆,古文圭从玉。"

清華一·金縢 02、05"珪、璧",古代帝王、諸侯祭祀或朝聘時所用的玉器。《詩·大雅·雲漢》："靡神不舉,靡愛斯牲。圭璧既卒,寧莫我聽。"朱熹《集傳》："圭璧,禮神之玉也。"《周禮·考工記·玉人》："圭璧五寸,以祀日月星辰。"《書·金縢》記周武王有疾,周公爲祭先王："爲壇於南方,北面,周公立焉,植璧秉珪,乃告大王、王季、文王。史乃册祝曰：'惟爾元孫某,遘厲虐疾。若爾三王是有丕子之責于天,以旦代某之身……今我即命于元龜,爾之許我,我其以璧與珪,歸俟爾命。爾不許我,我乃屏璧與珪。'"

清華二·繫年 128"珪陵",讀爲"桂陵",在今河南長垣北。《水經注·濟水》:"《竹書紀年》:'梁惠成王十七年,齊田期伐我東鄙,戰于桂陽,我師敗逋。'亦曰桂陵。按《史記》齊威王使田忌擊魏,敗之桂陵,齊于是彊,自稱爲王,以令天下。"熊會貞注:"《括地志》,故桂城在乘氏縣東北二十一里,故老云,此即桂陵也。《寰宇記》亦云,乘氏縣有桂城,即田忌敗魏師處。但乘氏之桂陵,在今菏澤縣東北二十里,與此《注》所指之地異,驗此《注》所指,當在今長垣縣西境。"

清華二·繫年 135"執珪",楚之爵位。《吕氏春秋·知分》:"荆王聞之,仕之執珪。"簡文"三執珪之君",即魯陽公、平夜君、陽城君。

清華五·封許 05"易女倉珪",讀爲"錫汝蒼珪"。毛公鼎(《集成》02841):"錫汝秬鬯一卣,祼圭瓚寶。"《詩·大雅·江漢》:"釐爾圭瓚,秬鬯一卣。"《詩·大雅·崧高》:"賜爾介圭,以作爾寶。"

睦

　　清華八·邦政 10 弟子敷(轉)遠人而爭睦(窺)於諆(謀)夫

～,與(上博二·容 10)同,从"視","圭"聲,"窺"字異體。《說文·穴部》:"窺,小視也。从穴,規聲。"

清華八·邦政 10"睦",即"窺",暗中偷看。《禮記·少儀》:"不窺密,不旁狎,不道舊故。"鄭玄注:"嫌伺人之私也。密,隱曲處也。"

詿

　　清華三·芮良夫 27 虔(吾)审(中)心念詿(絓)

　　清華七·子犯 04 不閒(閑)良詿(規)

《說文·言部》:"詿,誤也。从言,圭聲。"段玉裁注:"詿,謂有所挂牽而然也。"

清華三·芮良夫 27"虐審心念䛆",讀爲"吾中心念絓"。《楚辭·九章·哀郢》:"心絓結而不解兮。"王逸注:"絓,懸也。"

清華七·子犯 04"䛆",讀爲"規",規勸,諫諍。《左傳·襄公十一年》:"《書》曰'居安思危',思則有備,有備無患,敢以此規。"簡文"不閑良規",不遮蔽有益之規諫。

𩰫

 清華五·封許 07 贈尔䳉(薦)彝、䰜□、豚牭、龍𩰫(鬲)、繟(璉)、雚(罐)

～,从"䰜(鬻)",加注"圭"聲,疑"鬲"之繁體。《説文·鬲部》:"鬲,鼎屬。實五觳。斗二升曰觳。象腹交文,三足。凡鬲之屬皆从鬲。,鬲或从瓦。,漢令鬲从瓦,厤聲。"

清華五·封許 07"𩰫",即"鬲"。"龍鬲",有龍形紋飾的鬲。或讀爲"䰞",《説文·鬲部》:"䰞,三足釜也。"

刲

 清華四·筮法 10 四正之刲(卦)見

 清華四·筮法 19 弌(一)刲(卦)亢之

 清華四·筮法 41 奴(如)刲(卦)奴(如)肴(爻)

 清華四·筮法 63 各噹(當)亓(其)刲(卦)

 清華四·筮法 63 刲(卦)乃不訍(忒)

· 1943 ·

《説文·刀部》:"刲,刺也。从刀,圭聲。《易》曰:'士刲羊。'"

清華四·筮法"刲",讀爲"卦",古代視占卜所得之卦判斷吉凶。《左傳·僖公十五年》:"乃大吉也。三敗必獲晉君。其卦遇蠱。"

見紐解聲

解

 清華一·保訓 07 翼=(翼翼)不解(懈)

 清華一·保訓 09 鼌(祗)備(服)不解(懈)

 清華一·保訓 10 今女(汝)鼌(祗)備(服)母(毋)解(懈)

 清華二·繫年 102 七哉(歲)不解轂(甲)

 清華三·琴舞 05 廠(嚴)余不解(懈)

 清華三·琴舞 06 佣(夙)夜不解(懈)

 清華五·啻門 17 民咸解體自卹

 清華五·啻門 20 各時(司)不解

 清華六·管仲 21 又(有)攷不解(懈)

清華八·邦道 04 聖人以解

～,與🖼(上博八·王 3)、🖼(新蔡甲三 61)同。《說文·角部》:"解,判也。从刀判牛角。一曰解廌,獸也。"

清華一·保訓 07"翼₌不解",讀爲"翼翼不懈"。《管子·弟子職》:"朝益暮習,小心翼翼。一此不解,是謂學則。"

清華一·保訓 10"母解",讀爲"毋懈",不懈。

清華三·琴舞 06"佝夜不解",讀爲"夙夜不懈",《呂氏春秋·首時》:"武王事之,夙夜不懈,亦不忘王門之辱。"

清華二·繫年 102"解甗",讀爲"解甲",脫下戰衣。指軍事行動間歇期間的休息。《吳子·料敵》:"道遠日暮,士衆勞懼,倦而未食,解甲而息。"

清華五·啻門 17"解體",比喻人心離散。《左傳·成公八年》:"信不可知,義無所立;四方諸侯,其誰不解體?"《墨子·尚賢下》:"是以使百姓皆放心解體,沮以爲善,垂其股肱之力,而不相勞來也。"《後漢書·楊彪傳》:"今橫殺無辜,則海內觀聽,誰不解體。"

清華八·邦道 04"解",指離散其心。參上。

清華"不解",讀爲"不懈",不怠惰,不鬆懈。《國語·周語中》:"以敬承命則不違,以恪守業則不懈。"

𦧇

 清華八·邦道 14 亓(其)民愈(愈)幣(弊)以𦧇(解)悬(怨)

～,从兩"刀","解"字異體。或認爲从"邑"。

清華八·邦道 14"𦧇悬",讀爲"解怨"。《管子·四時》:"其事號令,修除神位,謹禱獘梗,宗正陽,治隄防,耕芸樹藝,正津梁,修溝瀆,甃屋行水,解怨赦罪,通四方。"

繲

　清華六·子産 17 忿(怠)絥(弁)繲(懈)思(緩)

~，與 ▨(上博三·周 37)、▨(上博三·周 37)同，从"糸"，"解"聲。

清華六·子産 17"忿絥繲思"，讀爲"怠弁懈緩"，"弁"訓急，與"緩"相對。"怠""懈"同意，典籍或作"懈怠"，松懈懶散。《吳子·論將》："停久不移，將士懈怠，其軍不備，可潛而襲。"

繲

　清華五·厚門 08 亓(其)炁(氣)晉繲(解)癹(發)絠(治)

~，从"糸"，"解"省聲，"繲"字異體。

清華五·厚門 08"繲"，即"繲"，讀爲"解"，通達。《莊子·秋水》："且彼方跐黃泉而登大皇，无南无北，奭然四解，淪於不測；无東无西，始於玄冥，反於大通。"簡文"晉繲發絠"，疑并指氣之充盈暢達。或疑讀爲"欯"，盛氣奮發。《說文·欠部》："欯，盛气怒也。"

端紐知聲

智

　清華一·金縢 12 隹(惟)余沖(沖)人亦弗返(及)智(知)

　清華一·祭公 03 不智(知)命

　清華二·繫年 027 鄔(蔡)侯智(知)賽(息)侯之誘吕(己)也

清華二·繫年 057 繡(申)公弔(叔)侯智(知)之

 清華三·芮良夫 04 康戲而不智(知)薑(嚞)告

 清華三·芮良夫 11 聖智(知)悥(用)力

 清華三·芮良夫 16 而不智(知)允䀈(盈)

 清華三·赤鵠 08 是囟(使)句(后)瘥(疾)疾而不智(知)人

 清華三·赤鵠 11 而智(知)朕疾

 清華三·赤鵠 11 我智(知)之

 清華三·赤鵠 12 是思(使)句(后)楚=(夢夢)恂=(眩眩)而不智(知)人

 清華五·命訓 08 弗智(知)則不行

 清華五·命訓 15 䢒(法)以智(知)嵩(權)

 清華五·命訓 15 嵩(權)以智(知)散(微)

清華五・命訓 15 散(微)以智(知)訂(始)

清華五・命訓 15 訂(始)以智(知)終

清華五・湯丘 09 而不智(知)喪

清華五・三壽 02 尔(爾)是智(知)二又(有)邭(國)之請(情)

清華五・三壽 12 而不智(知)邦之牅(將)喪

清華五・三壽 13 可(何)胃(謂)智(知)

清華五・三壽 20 寺(是)名曰智

清華六・孺子 06 女(汝)母(毋)智(知)邦正(政)

清華六・孺子 06 門檻之外母(毋)敢又(有)智(知)女(焉)

清華六・孺子 12 乳₌(孺子)母(毋)敢又(有)智(知)女(焉)

清華六・孺子 16 虐(吾)先君智(知)二三子之不忘₌(二心)

清華六・管仲 09 夫₌(大夫)叚(假)事(使)支(便)俾(嬖)智

（知）

 清華六·管仲 12 女（焉）智（知）少多

 清華六·管仲 17 必智（知）亓（其）古（故）

 清華六·管仲 21 夫周武王甚元以智而武以良

 清華六·子產 03 子產所旨（嗜）欲不可智（知）

 清華六·子產 19 以自余（餘）智

 清華五·厚父 03 智（知）天之鬼（威）戈（哉）

 清華五·命訓 14 [害]不智（知）死

 清華六·子產 06 所以智（知）自又（有）自喪也

 清華六·子產 08 羣=（君子）智（知）懇（懼）乃惡（憂）

 清華六·子產 09 智（知）畏亡（無）辠（罪）

 清華六·子產 28 雖（惟）能智（知）亓（其）身

清華六·子產 28 以能智(知)亓(其)所生

 清華七·趙簡子 08 亦智(知)者(諸)侯之慭(謀)

 清華七·趙簡子 11 不智(知)周室

 清華七·越公 13 敱(豈)甬(庸)可智(知)自旻(得)

 清華七·越公 45 王既戠(察)智(知)之

 清華八·攝命 18 少(小)大乃有翻(聞)智(知)翻(粥)惡(詳)

 清華八·攝命 20 隹(唯)人乃亦無智(知)亡翻(聞)于民若否

 清華八·攝命 26 不則戠(職)智(知)之翻(聞)之言

 清華八·處位 05 母(毋)智(知)

 清華八·處位 08 史(使)人未智(知)旻(得)啟(度)之蹟(踐)

 清華八·處位 10 少(小)民而不智(知)利政

 清華八·邦道 02 彙(早)智(知)此惎(患)而遠之

清華八・邦道 05 則或󰀀於弗智（知）

 清華八・邦道 09 事必自智（知）之

 清華八・邦道 11 則請（情）可智（知）

 清華八・邦道 15 朁（皆）智（知）而賡（更）之

 清華八・邦道 18 則可以智（知）之

 清華八・邦道 18 皮（彼）智（知）上之請（情）之不可以幸

 清華八・邦道 21 智（知）叚（賢）則民懂（勸）

 清華八・邦道 22 智者智（知）之

 清華八・邦道 22 智者智（知）之

 清華八・邦道 24 諹（譏）人才（在）昃（側）弗智（知）

 清華八・邦道 25 䚴（靖）悘（殹）以智（知）之于百眚（姓）

 清華八・邦道 27 而上弗智（知）虗（乎）

清華八·心中03 而不智(知)亓(其)卒(卒)

 清華八·心中04 則亡(無)以智(知)耑(短)長

 清華八·心中04 耑(短)長弗智(知)

 清華八·心中04 智(知)事之卒(卒)

 清華八·攝命19 乃智(知)隹(唯)子不隹(唯)之頌(庸)

～，與 、、、同。《説文·白部》："𥏿，識詞也。从白，从亏，从知。![]，古文𥏿。"

清華一·金縢12"隹(惟)余沖(沖)人亦弗及(及)智(知)"，今本《書·金縢》作"惟予沖人弗及知"。

清華一·祭公03"不智命"，讀爲"不知命"。《論語·堯曰》："孔子曰：'不知命，無以爲君子也；不知禮，無以立也；不知言，無以知人也。'"

清華三·芮良夫04"智"，讀爲"知"。（白於藍）

清華三·芮良夫11"聖智"，亦作"聖知"，謂聰明睿智，無所不通。亦指具有非凡的道德智慧者。《墨子·尚同中》："是故選擇天下賢良聖知辯慧之人，立以爲天子，使從事乎一同天下之義。"《荀子·宥坐》："聰明聖知，守之以愚。"《史記·范雎蔡澤列傳》："夫人生百體堅彊，手足便利，耳目聰明而心聖智，豈非士之願與？"

清華三·赤鵠11"我智之"，讀爲"我知之"。《禮記·中庸》："道之不行也，我知之矣。"

清華五·命訓08"弗智(知)則不行"，今本《逸周書·命訓》作"不知則不存"。

清華五·命訓 15"䥦（法）以智（知）岗（權）"，今本《逸周書·命訓》作"以知權"。

清華五·命訓 15"岗（權）以智（知）敚（微）"，今本《逸周書·命訓》作"權以知微"。

清華五·命訓 15"敚（微）以智（知）佁（始）"，今本《逸周書·命訓》作"微以知始"。

清華五·命訓 15"佁（始）以智（知）終"，今本《逸周書·命訓》作"始以知終"。

清華五·湯丘 09"而不智（知）喪"，《易·乾卦》："知進而不知退，知存而不知亡，知得而不知喪。"

清華六·孺子 06"母智"，讀爲"毋知"。《墨子·明鬼下》："死人毋知亦已，死人有知，不出三年，必使吾君知之。"

清華六·管仲 09"夫＝（大夫）叚（假）事（使）𢽿（便）俾（嬖）智"之"智"，讀爲"知"。《吕氏春秋·長見》注："知，猶爲也。"句意云都邑事務大夫使便嬖之人去做。

清華六·管仲 17"必智亓古"，讀爲"必知其故"，《左傳·昭公二十九年》："是二氏者，吾亦聞之，而知其故，是何謂也？"

清華六·子產 03"子產所旨欲不可智"，讀爲"子產所嗜欲不可知"。《吕氏春秋·觀表》："心無度者，則其所爲不可知矣。"

清華五·厚父 03"智天之鬼戈"，讀爲"知天之威哉"。《墨子·天志上》："此我所以知天之愛天下之百姓也。"

清華七·趙簡子 08"亦智者侯之愳"，讀爲"亦知諸侯之謀"，也知道諸侯的謀劃，即結交諸侯。《孫子·軍爭篇》："故不知諸侯之謀者，不能豫交。""交"即"結交"，曹操注："不知敵情謀者，不能結交也。"（王磊）

清華七·越公 45"觢智"，讀爲"察知"，觀察瞭解。《墨子·明鬼下》："是與天下之所以察知有與無之道者，必以衆之耳目之實知有與亡爲儀者也。"

清華八·攝命 18"䎽智"，讀爲"聞知"，聽說，知道。《書·胤征》："羲和尸厥官，罔聞知。"

清華八·邦道 02"曩智"，讀爲"早知"。《說苑·權謀》："知命者，預見存亡禍福之原，早知盛衰廢興之始，防事之未萌，避難於無形。"

清華八·邦道 09"事必自智之"，讀爲"事必自知之"。《禮記·孔子閒居》："四方有敗，必先知之。"

清華八·邦道 22"智者智之"，讀爲"智者知之"。《管子·乘馬》："是故智者知之,愚者不知,不可以教民;巧者能之,拙者不能,不可以教民。"

清華八·心中04"亡以智",讀爲"無以知"。《荀子·大略》:"歲不寒無以知松柏,事不難無以知君子,無日不在是。"

清華八·心中03"不智",讀爲"不知",不知道。《書·無逸》:"相小人,厥父母勤勞稼穡,厥子乃不知稼穡之艱難,乃逸乃諺。"

清華八·邦道27"弗智",讀爲"弗知",《禮記·儒行》:"儒有澡身而浴德,陳言而伏,靜而正之,上弗知也。"

端紐只聲

訳

 清華三·説命下07 余既訳(諟)故(劼)毖(毖)女(汝)

～,从"言","只"聲。

清華三·説命下07"訳",讀爲"諟"。《禮記·大學》:"顧諟天之明命。"鄭玄注:"諟,猶正也。"或讀爲"規",勸誡也。(石小力)

忯

 清華五·三壽15 戕(申)豊(禮)懃(勸)忯(規)

～,从"心","只"聲。

清華五·三壽15"忯",讀爲"規",典範,風儀。《史記·司馬相如列傳》:"且夫賢君之踐位也……必將崇論閎議,創業垂統,爲萬世規。"簡文"申禮"和"勸規"義近。或讀爲"佳"。《説文·人部》:"佳,善也。"《廣雅·釋詁》:"佳,好也。"《淮南子·説林》:"佳人不同體。"高誘注:"佳,美。"《廣雅·釋言》:"善,佳也。"簡文"勸佳"蓋即典籍習見之"勸善"。(白於藍)

枳

 清華三·芮良夫19 莫之能枳(支)

清華三·芮良夫 19 天之所枳(支)

清華六·管仲 04 手則心之枳(枝)

清華六·子儀 14 桼(欒)枳(枝)堂(當)檟(櫋)

清華六·子產 12 才(在)小能枳(支)

清華八·邦政 09 亓(其)型(刑)墊(陷)而枳(枝)

～,與 枳 (上博五·鬼 4)、枳 (上博六·用 15)、枳 (上博八·李 1【背】)同。《説文·木部》:"枳,木,似橘。从木,只聲。"

清華三·芮良夫 19 "莫之能枳(支),天之所枳(支)",《左傳·定公元年》:"天之所壞,不可支也。"《國語·周語下》記衛彪傒見單穆公時云:"《周詩》有之曰:'天之所支,不可壞也。其所壞,亦不可支也。'昔武王克殷而作此詩也,以爲飫歌,名之曰'支'。"

清華六·管仲 04 "枳",讀爲"枝"。《逸周書·小開》:"維有共枳。"朱右曾《集訓校釋》:"枳,讀爲枝。"《廣雅·釋木》:"枳,枝也。"《韓詩外傳》卷二"陰其樹者,不折其枝",郭店楚簡《語叢四》作"利木陰者,不折其枳"。

清華六·子儀 14 "枳",讀爲"枝"。

清華六·子產 12 "枳",讀爲"支",支持。

清華八·邦政 09 "枳",讀爲"枝",形容刑罰繁複,與前文"刑易"對舉。《孔叢子·刑論》:"仲弓問古之刑教與今之刑教。孔子曰:'古之刑省,今之刑繁。其爲教,古有禮,然後有刑,是以刑省;今無禮以教,而齊之以刑,刑是以繁。'"

酨

清華六·子產 23 好酓(飲)飤(食)酨(智)釀

～,从"酉","枳"聲。

清華六·子產23"酾",讀爲"䣀"。《說文·酉部》:"䣀,酒也。"《說文通訓定聲》:"按,酒厚也。"(李學勤)

透紐豕聲

豕

清華三·說命上04 生二戊(牡)豕

清華三·說命上05 乃殺一豕

清華三·說命上05 一豕乃觀(旋)保以遹(逝)

清華三·說命上06 一豕塍(地)审(中)之自行

清華七·晉文公03 豢犬豕

清華七·越公14 毋乃豕戩(鬭)

《說文·豕部》:"豕,彘也。竭其尾,故謂之豕。象毛足而後有尾。讀與豨同。按:今世字,誤以豕爲彘,以彘爲豕。何以明之?爲啄、琢从豕,蠡从彘。皆取其聲,以是明之。凡豕之屬皆从豕。,古文。"

清華三·說命"豕",失仲之子。

清華七·晉文公03"犬豕",狗豬。《禮記·王制》:"諸侯無故不殺牛,大夫無故不殺羊,士無故不殺犬豕,庶人無故不食珍。"

清華七·越公14"豕戩",即"豕鬭",大意是如窮途之獸,負隅頑抗。

純

　　清華六·管仲 06 執即（節）純繩（繩）

～，從"糸"，"豕"聲。

清華六·管仲 06"純"，或讀爲"諟"，《禮記·大學》注："猶正也。"或讀爲"履"。（吴祺）

踆（遯）

　　清華二·繫年 117 肖（宵）踆（遯）

～，從"止"，從"又"，"豚"聲，"遯"字繁體。《説文·豚部》："遯，逃也。從辵、從豚。"

清華二·繫年 117"踆"，即"遯"，逃亡，逃跑。《左傳·莊公二十八年》："諸侯救鄭，楚師夜遁。"《漢書·蕭何傳》："漢王數失軍遯去，何常興關中卒，輒補缺。"

㒸

　　清華八·攝命 10 女（汝）亦母（毋）敢㒸才（在）乃死（尸）服

《説文·八部》："㒸，從意也。從八，豕聲。"

清華八·攝命 10"㒸"，或說"彖"之訛，讀爲"惰"。或徑釋爲"彖"。（單育辰）

㣟（遂）

　　清華六·子産 14 此胃（謂）因耑（前）㣟（遂）者（故）

～，從"彳"，"㒸"聲，"遂"字異體。《説文·辵部》："遂，亾也。從辵，㒸聲。𨔟，古文遂。"

1957

清華六·子產 14"徣",即"遂",順應,符合。《國語·周語下》:"如是,而鑄之金,磨之石,繫之絲木,越之匏竹,節之鼓,而行之以遂八風。"韋昭注:"遂,順也。"《史記·李斯列傳》:"斷而敢行,鬼神避之,後有成功。願子遂之。"

定紐是聲

是

清華一·耆夜 11 是隹(惟)良士之迡₌

清華一·耆夜 13 是隹(惟)良士之㥜₌(懼懼)

清華一·耆夜 14 是隹(惟)良士之㥜₌(懼懼)

清華一·金縢 04 是年(佞)若丂(巧)能

清華一·金縢 09 是哉(歲)也

清華一·金縢 13 是夕

清華一·皇門 04 是人斯鬻(助)王共(恭)明祀

清華一·皇門 05 是人斯既鬻(助)氒(厥)辟

清華一·皇門 08 乃隹(惟)不訓(順)是絅(治)

清華一·皇門 08 我王訪良言於是人

清華一·皇門 09 是人斯廼訦（讒）惻（賊）□□

清華一·皇門 11 是楊（揚）是䌛（繇）

清華一·皇門 11 是楊（揚）是䌛（繇）

清華一·皇門 11 是以爲上

清華一·皇門 11 是受（授）司事市（師）長

清華一·祭公 13 不（丕）隹（惟）句（后）稷之受命是羕（永）䨄（厚）

清華二·繫年 004 洹（宣）王是訂（始）弃（棄）帝甸（籍）弗畋（田）

清華二·繫年 005 是孚（俘）台（姒）

清華二·繫年 007 是矖（攜）惠王

清華二·繫年 015 是秦先＝（先人）

清華二·繫年021 是文公

　清華二·繫年023 是賽(息)爲(嬀)

　清華二·繫年029 是生皇(堵)嚻(敖)及成王

　清華二·繫年059 宋人是古(故)殺孫(申)白(伯)亡(無)悑(畏)

　清華二·繫年074 是少孖(孟)

　清華二·繫年082 是雞父之堊(涅)

　清華二·繫年083 是教吳人反楚邦之者(諸)侯

　清華二·繫年107 是下䣑(蔡)

　清華二·繫年126 是(寔)武旸(陽)

　清華三·說命上04 遖(失)审(仲)是生子

　清華三·說命上05 勿殺是吉

清華三·說命上06 是爲赤(赦)敦(俘)之戎

清華三·說命上06 是隹(惟)員(圜)土

清華三·琴舞08 是隹(惟)尾(宅)

清華三·琴舞10 廼是(提)隹(惟)民

清華三·琴舞15 是䪴(墜)于萫(若)

清華三·芮良夫28 □□是逢(失)

清華三·赤鵠06 是少(小)臣也

清華三·赤鵠08 是囟(使)句(后)瘝(疾)疾而不智(知)人

清華三·赤鵠09 是思(使)句(后)之身畾(疴)蠚

清華三·赤鵠12 是思(使)句(后)慈=(棼棼)徇=(眩眩)而不智(知)人

清華三·赤鵠13 是思(使)句(后)寙(昏)蹓(亂)甘心

清華三·赤鵠15 是钌(始)爲埤(陴)丁者(諸)㡿(屋)

清華四·筮法39 乃蠚(惟)兇之所集於四立(位)是視

清華四·筮法57 是古(故)胃(謂)之袋(勞)

清華五·厚父12 廼是佳(惟)人

清華五·命訓11 是古(故)明王奉此六者

清華五·湯丘04 是又(有)臺(臺)儨(僕)

清華五·湯丘06 是名曰昌

清華五·湯丘07 是名曰喪

清華五·湯丘08 虐(吾)此是爲見之

清華五·湯丘09 虐(吾)可(何)君是爲

清華五·湯丘11 朕佳(惟)逆訓(順)是煮(圖)

清華五·湯丘18 罙(深)朋(淵)是淒(濟)

清華五·湯丘 18 高山是㐹（逾）

清華五·湯丘 18 是非惡（愛）民虎（乎）

清華五·湯丘 19 是非共（恭）命虎（乎）

清華五·𠭯門 05 者（胡）猷（猶）是人

清華五·𠭯門 06 是哉以爲人

清華五·𠭯門 06 是胃（謂）玉穜（種）

清華五·𠭯門 08 是亓（其）爲長虔（且）好才（哉）

清華五·𠭯門 09 是亓（其）爲堂（當）𤻮（壯）

清華五·𠭯門 09 是亓（其）爲力

清華五·𠭯門 10 燚（氣）逆䜌（亂）以方是亓（其）爲疾央（殃）

清華五·𠭯門 11 是胃（謂）四正

清華五·𠭯門 18 是胃（謂）陞（地）真

清華五·畬門 20 是胃（謂）九宏

清華五·三壽 01 尔（爾）是先生

清華五·三壽 01 尔（爾）是智（知）二又（有）邦（國）之請（情）

清華五·三壽 26 天罰是加

清華六·孺子 05 今是臣=（臣臣）

清華六·孺子 11 自是旮（期）以至妣（葬）日

清華六·孺子 15 是又（有）臣而爲埶（蟄）辟（嬖）

清華六·孺子 15 曰是亓（其）聿（盡）臣也

清華六·孺子 17 不是肰（然）

清華六·管仲 08 是則事首

清華六·管仲 13 是古（故）它（施）正（政）命（令）

清華六·管仲 13 是古（故）六腑（擾）不腖（瘠）

清華六・管仲 21 亦兇（微）是

清華六・管仲 27 是胃（謂）學（幽）悳（德）

清華六・太伯甲 02 白（伯）父是（寔）被複（覆）

清華六・太伯甲 09 爲是牢𪕭（鼠）不能同穴

清華六・太伯甲 11 是四人者

清華六・太伯甲 12 君女（如）是之不能茅（懋）

清華六・太伯乙 08 丌（其）爲是牢𪕭（鼠）不能同穴

清華六・太伯乙 10 是四人者

清華六・太伯乙 11 君女（如）是之不能茅（懋）

清華六・子儀 07 是不攷而猶僅

清華六・子儀 07 是尚求弔（戚）昜（惕）之怍

清華六・子儀 07 萬（賴）子是救

清華四·筮法 24 凡(凡)是,内戠(勝)外

清華四·筮法 26 凡(凡)是,外戠(勝)内

清華四·筮法 46 司雷,是古(故)胃(謂)之䨩(震)

清華四·筮法 46 司收,是古(故)胃(謂)之兌

清華四·筮法 57 是古(故)胃(謂)之羅(離)

清華四·筮法 63 凡(凡)是

清華六·子產 10 民事是事

清華六·子產 18 我是亢(荒)刽(怠)

清華六·子產 26 是胃(謂)虘(獻)固

清華七·子犯 02 母(毋)乃獣(猶)心是不跂(足)也虖(乎)

清華七·子犯 07 句(苟)聿(盡)又(有)心女(如)是

清華七·子犯 08 割(曷)又(有)僕(僕)若是而不果以或(國)

清華七·子犯 10 獣(猶)弔(叔)是䏍(聞)遺老之言

清華七·子犯 10 寍（寧）孤是勿能用

清華七·趙簡子 05 陳是（氏）旻（得）之

清華七·趙簡子 05 陳是（氏）旻（得）之系（奚）繇（由）

清華七·趙簡子 06 陳是（氏）旻（得）之

清華七·趙簡子 07 昔虐（吾）先君獻公是凥（居）

清華七·趙簡子 10 是乃欬（侈）巳（已）

清華七·越公 43 隹（唯）訐（信）是逓（趣）

清華七·越公 44 隹（唯）叚（句）、茖（落）是截（察）睛（省）

清華七·越公 47 是以蒦（勸）民

清華七·越公 48 是以收敬（賓）

清華七·越公 48 是以叚（句）邑

清華七·越公 48 王則隹（唯）叚（句）、茖（落）是徹（趣）

清華七·越公 52 亡（無）兵者是截（察）

清華七·越公 75 雫(越)公是聿(盡)既有之

 清華八·攝命 04 今是亡其奔告

 清華八·攝命 14 是隹(唯)君子秉心

 清華八·攝命 14 是女(汝)則隹(唯)肇悽(咨)㲃羕

 清華八·攝命 19 是亦尚弗毅(逢)乃彝

 清華八·攝命 20 女(汝)不廼是

 清華八·攝命 23 是亦引休

 清華八·邦政 06 女(如)是

 清華八·邦政 07 女(如)是者亙(恆)興

 清華八·邦政 10 女(如)是

 清華八·邦政 11 女(如)是

 清華八·處位 02 使是諆(謀)人

清華八·處位07 亓(其)勿氏(是)是難

清華八·處位11 政是道(導)之

清華八·邦道02 是以不佁(殆)

清華八·邦道02 是以不辝(辨)貴佦(賤)

清華八·邦道04 是以詓(仁)者不甬(用)

清華八·邦道07 侯〈医〉(殹)䤈(亂)正(政)是御之

清華八·邦道08 唯上之流是從

清華八·邦道13 甬(用)是以有余(餘)

清華八·邦道13 是以尃(敷)均於百眚(姓)

清華八·邦道14 是不攺(改)

清華八·邦道14 命是以不行

清華八·邦道16 非一人是爲

清華八·邦道 16 萬民是爲

清華八·邦道 19 夫若是

清華八·邦道 25 是亓(其)不均

清華八·邦道 25 是亓(其)不旹(時)虖(乎)

清華八·邦道 26 是亓(其)疾至(重)虖(乎)

清華八·心中 01 心是胃(謂)中

清華八·天下 01 是非獸(守)之道

清華八·天下 02 民心是獸(守)

清華八·天下 03 是非攻之道也

清華八·天下 03 是胃(謂)攻

清華八·天下 06 亓(其)民心是戩(陳)

清華八·虞夏 01 曰昔又(有)吳(虞)是(氏)用索(素)

～,與 ❐(上博二·從甲 17)、❐(上博二·昔 4)、❐(上博四·曹

41)、⿱(上博五·三2)、⿱(上博二·子12)、⿱(上博六·競2)同。《說文·是部》："是,直也。从日、正。凡是之屬皆从是。⿱,籒文是,从古文正。"

清華一·耆夜11、13、14"是",用爲寔或實。或説,"是",此也。

清華一·金縢04"是年若丂能",讀爲"是佞若巧能",此周公稱己有高才而巧能。今本《書·金縢》作"予仁若考能"。

清華一·金縢09"是哉(歲)也",此年。

清華一·金縢13"是夕",這天傍晚。

清華一·皇門04"是人斯薵(助)王共(恭)明祀",今本《逸周書·皇門》作"人斯是助王恭明祀"。"是人",這些人。

清華一·皇門05"是人",此人。

清華一·皇門08"乃隹(惟)不訓(順)是絧(治)",今本《逸周書·皇門》作"乃惟不順之辭"。"惟……是……"相當於"惟……之……"。

清華一·皇門09"是人斯廼訡(譖)惻(賊)□□",今本《逸周書·皇門》作"是人斯乃讒賊媚嫉"。

清華一·皇門11"是楊(揚)是繩(繩)",今本《逸周書·皇門》作"乃維有奉狂夫是陽是繩"。陳逢衡注："狂夫與媚夫相類。陽通揚。繩,譽也。""是……是……"《詩經》常見。

清華一·皇門11"是以爲上",今本《逸周書·皇門》作"是以爲上"。

清華一·皇門11"是受(授)司事帀(師)長",今本《逸周書·皇門》作"是授司事于正長"。

清華一·祭公13"丕(丕)隹(惟)句(后)稷(稷)之受命是羕(永)䨷(厚)",今本《逸周書·祭公》作"丕維周之□□□后稷之受命,是永宅之"。

清華二·繫年"是",此。

清華二·繫年126"是",讀爲"寔",設置。"是",禪母支部;"寔",章母支部,二字古音較近。《詩·魏風·伐檀》傳："寔,置也。"

清華三·琴舞10"是",讀爲"禔"。《説文·示部》："禔,安福也。"簡文"廼禔惟民",福庇下民不怠。或讀爲"寔"。(黃傑)

清華三·赤鵠08、09、12、13"是凶",讀爲"是使",《管子·任法》："主令而行之,有傷敗而罰之,是使民慮利害而離法也。"

清華三·説命上04"逹(失)审(仲)是生子"之"是",讀爲"適"。(沈奇石)

清華五·厚父 12"廼是佳(惟)人"之"是",讀爲"寔"。"惟人"與《詩·周頌·雝》"宣哲維人"用法相當。

清華五·湯丘 06、07"是名曰",《山海經·北山經》:"有鳥焉,其狀如烏,首白而身青、足黃,是名曰鶌鶋。"

清華五·啻門 06"是哉以爲人",《詩·魏風·園有桃》:"彼人是哉,子曰何其?"

清華五·三壽 01"尒(爾)是",《論語·季氏》:"求,無乃爾是過與?"

清華六·太伯甲 02"白(伯)父是(實)被復(覆)"之"是",讀爲"實"。

清華四·筮法 24、26、63"凸是",即"凡是",總括之詞。總括某個範圍內的一切。

清華七·子犯 07,清華八·邦政 06、07、10、11"女是",讀爲"如是",像這樣。

清華七·趙簡子 05、06"陳是旻之",讀爲"陳氏得之",即田氏得到齊國。"是",讀爲"氏"。《儀禮·覲禮》:"大史是右。"鄭玄注:"古文是爲氏也。"《漢書·地理志下》:"至玄孫,氏爲莊公。"顏師古注:"氏與是同,古通用字。"

清華八·虞夏 01"又吳是",讀爲"有虞氏",古部落名。傳說其首領舜受堯禪,都蒲阪。故址在今山西省永濟縣東南。"有",詞頭。《周禮·考工記序》:"有虞氏上陶,夏后氏上匠,殷人上梓。"《國語·魯語上》:"故有虞氏禘黃帝而祖顓頊,郊堯而宗舜。"

清華"若是",像這樣。

清華"是古",讀爲"是故",連詞,因此,所以。《論語·先進》:"其言不讓,是故哂之。"

清華"是胃",讀爲"是謂",這就是。《禮記·禮運》:"如有不由此者,在埶者去,衆以爲殃,是謂小康。"

清華"是以",連詞,因此,所以。《老子》:"功成而弗居。夫唯弗居,是以不去。"

定紐氏聲

氏

 清華二·繫年 014 飛厤(廉)東逃于商盍(蓋)氏

清華二·繫年 078 氏（是）余受妻也

清華二·繫年 102 晉人曼（且）又（有）軛（范）氏与（與）中行氏之褐（禍）

清華二·繫年 102 中行氏

清華六·管仲 30 女（汝）果若氏（是）

清華六·子儀 13 盠（嬴）氏多絲〈絲〉緒而不緯（續）

清華八·處位 07 亓（其）勿氏（是）是難

清華八·心中 05 心氏（是）爲死

清華八·心中 06 心氏（是）爲生

～，與（上博四·曹 64）、（上博五·鬼 7）同。《説文·氏部》："氏，巴蜀山名岸脅之旁箸欲落墮者曰氏，氏崩，聞數百里。象形，乁聲。凡氏之屬皆从氏。楊雄賦：響若氏隤。"

清華二·繫年 014"商盇氏"，讀爲"商蓋氏"。"商蓋"，見《墨子·耕柱》《韓非子·説林上》，即商奄。《左傳·定公四年》記封魯"因商奄之民"，《括地志》："曲阜縣奄里即奄國之地"。《尚書大傳》："奄君、蒲姑謂祿父曰：'武王既死矣，成王尚幼矣，周公見疑矣，此百世之時也，請舉事。'然後祿父及三監叛。"或説"氏"，讀爲"是"，屬下讀"氏（是）成王伐商盇（蓋）"。

清華二·繫年 102"晉人曼又軛氏与中行氏之褐"，讀爲"晉人且有范氏與中行氏之禍"。《左傳·定公十三年》："秋七月,范氏、中行氏伐趙氏之宮,趙鞅奔晉陽。"《左傳·哀公二年》："范氏、中行氏,反易天明,斬艾百姓,欲擅晉國而滅其君。"《左傳·襄公二十三年》："中行氏以伐秦之役怨欒氏,而固與范氏和親。知悼子少,而聽於中行氏。"

清華六·子儀 13"盈氏",讀爲"嬴氏"。《史記·秦本紀》："大費拜受,佐舜調馴鳥獸,鳥獸多馴服,是爲柏翳。舜賜姓嬴氏。"

清華二·繫年 078"氏余受妻也",讀爲"是余受妻也"。《史記·太史公自序》："是余之罪也夫!"

清華八·處位 07"氏",讀爲"是",指代以上所言。簡文"其勿是是難",即不要以此爲難。

清華八·心中 05、06"氏爲",讀爲"是爲",此爲。《論語·憲問》："老而不死,是爲賊。"

清華六·管仲 30"若氏",讀爲"若是",像這樣。

定紐廌聲

廌

 清華七·越公 26 乃大廌(薦)祟(攻)

～,與 、、形近。《說文·廌部》："廌,解廌,獸也,似山牛,一角。古者決訟,令觸不直。象形,从豸省。"

清華七·越公 26"乃大廌祟(攻)"之"廌",讀爲"薦",進獻,上供。《禮記·月令》："是月也,農乃登穀,天子嘗新,先薦寢廟。"《左傳·隱公三年》："可薦於鬼神,可羞於王公。""薦"於宗廟,"攻"於崇应。或讀爲"解攻",即卜筮祭禱簡中常見的"攻解"。(王凱博)"廌祟",或讀爲"薦貢",指祭告宗廟社神時進薦奉獻。《廣韻·送韻》："貢,薦也。""薦"與"貢"同義連文。(陳偉武)

瀳

　清華八·處位 05 無瀳（津）以出

～，與 （上博二·容 51）、（郭店·窮達以時 4）同，从"水"，"薦"省聲。

清華八·處位 05"瀳"，讀爲"津"。上博二·容 51"孟瀳"，讀爲"孟津"，可證。《説文·水部》："津，水渡也。"

日紐兒聲

戏

　清華六·太伯甲 09 朝夕戏（鬩）戏（鬩）

　清華六·太伯乙 08 朝夕戏（鬩）戏（鬩）

～，从"戈"，"兒"聲，疑"鬩"字異體。

清華六·太伯甲 09、太伯乙 08"戏戏"，讀爲"鬩鬩"。《詩·小雅·常棣》："兄弟鬩于牆，外禦其務。"毛傳："鬩，很也。"

況

　清華三·芮良夫 04 寡（富）而亡（無）況

～，从"水"，"兒"聲。

清華三·芮良夫 04"況"，讀爲"倪"。《莊子·大宗師》："不知端倪。"陸德明《釋文》："倪，本或作況。"《集韻·佳韻》："倪，或作況。"《莊子·齊物論》："何謂和之以天倪？"《釋文》引崔譔云："倪，際也。"或讀爲"厓"。（蕭旭）

郳

清華六·太伯甲 07 縈（縈）厄（軛）郳（蔦）、竿（邢）之國

清華六·太伯乙 06 縈（縈）厄（軛）郳（蔦）、竿（邢）之國

～，从"邑"，"垸"聲，疑"郳"之繁體。《說文·邑部》："郳，齊地。从邑，兒聲。《春秋傳》曰：'齊高厚定郳田。'"

清華六·太伯甲 07、太伯乙 06"郳"，讀為"蔦"，在河南孟津縣東北。邢在今河南沁陽縣西北。《左傳·隱公十一年》："王取鄔、劉、蔦、邢之田于鄭，而與鄭人蘇忿生之田：溫、原、絺、樊、隰郕、攢茅、向、盟、州、陘、隤、懷。"

清紐此聲

此

清華二·繫年 052 而女（焉）將（將）寅（置）此子也

清華三·芮良夫 04 此心目亡（無）亟（極）

清華三·芮良夫 07 此悳（德）型（刑）不齊

清華三·芮良夫 21 此隹（惟）天所建

清華四·筮法 61 邦又（有）兵命、鳶（祟）忈（怪）、風雨、日月又（有）此

清華五·命訓 11 是古(故)明王奉此六者

清華五·命訓 13 凡此

清華五·湯丘 02 此可以和民虎(乎)

清華五·湯丘 08 虖(吾)此是爲見之

清華五·湯丘 10 此言弗或(又)可𣆳(得)而䎽(聞)也

清華五·湯丘 16 此以自忢(愛)也

清華五·䣌門 13 此胃(謂)㦽(美)悳(德)

清華五·䣌門 14 此胃(謂)亞(惡)悳(德)

清華五·䣌門 15 此胃(謂)㦽(美)事

清華五·䣌門 15 此胃(謂)亞(惡)事

清華五·䣌門 15 此胃(謂)㦽(美)𠣙(役)

清華五·䣌門 16 此胃(謂)亞(惡)𠣙(役)

清華五·竇門 16 此胃（謂）岜（美）正（政）

清華五·竇門 17 此胃（謂）亞（惡）正（政）

清華五·竇門 17 此胃（謂）岜（美）型（刑）

清華五·竇門 17 此胃（謂）亞（惡）型（刑）

清華五·竇門 20 此佳（惟）事首

清華六·管仲 24 此胃（謂）成器

清華六·管仲 25 此以又（有）或（國）

清華六·子儀 06 此悤（慍）之昜（傷）僅

清華六·子產 03 此胃（謂）才（存）亡才（在）君

清華六·子產 04 此胃（謂）亡（無）好惡

清華六·子產 07 此胃（謂）劫殺（赦）

清華六·子產 09 此胃（謂）窐（卑）𢓜（逸）樂

清華六·子產 11 此胃（謂）不事不戾

清華六·子產 14 此胃（謂）因嵪（前）㒸（遂）者（故）

清華六·子產 18 此胃（謂）民訇（信）志之

清華六·子產 23 此胃（謂）由善肯（散）㤅（悆）

清華六·子產 25 此胃（謂）張芇（美）弃（棄）亞（惡）

清華七·子犯 06 宔（主）女（如）此胃（謂）無良左右

清華七·越公 08 以觀句戔（踐）之以此伞（八千）人者死也

清華七·越公 11 夫=（大夫）亓（其）良煮（圖）此

清華七·越公 39 凡此勿（物）也

清華七·越公 41 凡此聿（類）也

清華七·越公 61 此乃誣（屬）邦政於夫=（大夫）住（種）

清華八·邦道 02 曩（早）智（知）此㤎（患）而遠之

清華八·邦道16 此之曰攸（修）

 清華八·邦道18 上女（如）以此巨（矩）▨蘿（觀）女（焉）

 清華八·邦道22 此綢（治）邦之道

 清華八·邦道25 此母（毋）乃虐（吾）專（敷）均

 清華八·邦道27 此勿（物）也

 清華八·邦道27 則亡（無）命大於此

 清華八·心中03 爲君者亓（其）監（鑒）於此

～，與 、同。《説文·此部》："此，止也。从止、从匕。匕，相比次也。"

　　清華二·繫年052"此子"，《左傳·文公七年》："先君奉此子也而屬諸子。"

　　清華四·筮法61"日月又此"，讀爲"日月有疵"。《史記·日者列傳》："公見夫被髮童子乎？日月照之則行，不照則止，問之日月疵瑕吉凶則不能理。"（白於藍）或讀爲"日月有差"，《後漢書·律曆中》："兩儀相參，日月之行，曲直有差，以生進退。"《禮記·禮運》孔穎達疏："若氣之不和，日月行度差錯，失於次序，則月生不依其時。"（黃傑）或讀爲"日月有異""日月有食"。

　　清華五·𦊅門、清華六·管仲24、清華六·子產、清華七·子犯06"此胃"，讀爲"此謂"，《禮記·大學》："此謂誠於中，形於外，故君子必慎其獨也。"

　　清華五·命訓13"凡此"，所有這些。陳琳《檄吳將校部曲文》："凡此之輩數百人,皆忠壯果烈,有智有仁。"

其餘"此",這,這個。與"彼"相對。《詩·唐風·綢繆》:"今夕何夕,見此良人!"

訾

 清華五·三壽 20 内(納)諫受訾

 清華三·芮良夫 03 以自訾讀

 清華八·處位 04 印(抑)歷無訾

~,與 ▨(上博五·季 20)同。《説文·言部》:"訾,不思稱意也。從言,此聲。《詩》曰:'翕翕訿訿。'"

清華五·三壽 20 "訾",逆耳之言。《禮記·曲禮上》:"不苟訾。"孔穎達疏:"相毁曰訾。"

清華三·芮良夫 03 "訾",詆毁、指責義。《禮記·喪服四制》:"訾之者,是不知禮之所由生也。"鄭玄注:"口毁曰訾。"《吕氏春秋·審應》:"公子遫訾之曰。"高誘注:"訾,毁也。"

清華八·處位 04 "訾"字,參《國語·齊語六》"訾相其質",韋昭注:"訾,量也。""無訾",指没有經過"訾相其質"的考察過程。

郪

 清華六·鄭伯甲 06 虐(吾)[乃]䐜(獲)鄘(函)、郪(訾)

 清華六·鄭伯乙 05 虐(吾)乃䐜(獲)鄘(函)、郪(訾)

~,從"邑","此"聲。

清華六·鄭伯甲 06、鄭伯乙 05 "郪",讀爲"訾",地名,或推定在今河南新鄭縣與許昌市之間,或定在今河南新鄭縣南。《左傳·成公十三年》"鄭公子班自訾求入于大宮",江永《春秋地理考實》云:"奔許而自訾求入,則訾當在鄭南,別一地,非文公元年縣訾之訾。"(吳良寶)

幫紐卑聲

卑

　清華一·程寤 02 卑(俾)需(靈)名克(總)敀(蔽)

　清華一·程寤 07 卑(俾)行量亡(無)乏

　清華一·程寤 08 思(使)卑腬(柔)和川(順)

　清華一·皇門 02 今我卑(譬)少(小)于大

　清華一·皇門 05 卑(俾)備(服)才(在)氒(厥)豪(家)

　清華一·皇門 09 卑(俾)王之亡(無)依亡(無)鸏(助)

　清華一·皇門 09 卑(譬)女(如)戎(農)夫

　清華一·皇門 10 卑(譬)女(如)琶(匹)夫之又(有)悉(媚)妻

　清華一·皇門 13 卑(譬)女(如)舼(同)舟

清華一·尹誥 03 卑（俾）我眾勿韋（違）朕言

清華一·祭公 12 我亦走（上）下卑于文武之受命

清華三·說命上 02 毌（厥）卑（俾）緪（繃）弓

清華三·說命下 03 勿易卑（俾）邲（越）

清華三·琴舞 02 卑藍（監）才（在）茲（茲）

清華三·芮良夫 05 卑（譬）之若童（重）載以行隋（崝）隡（險）

清華三·芮良夫 17 卑𡈼（匡）以戒（誡）

清華三·良臣 10 卑登

清華六·子產 22 卑登

清華六·鄭子 05 自甄（衛）與奠（鄭）若卑耳而昏（謀）

清華六·鄭子 07 乳＝（鄭子）亦母（毋）以埶（勢）臣（豎）卑御

清華六·太伯甲 02 卑（譬）若鷚（雞）騶（雛）

清華六・太伯甲 04 卑(譬)若纘而不酕(貳)

 清華六・太伯甲 12 則卑(譬)若疾之亡瘳(醫)

 清華六・太伯乙 01 卑(譬)

 清華六・太伯乙 11 則卑(譬)若疾之亡瘳(醫)

 清華七・子犯 10 卑(譬)若從䧕(雉)肰(然)

 清華八・邦道 06 卑(譬)之猷(猶)戠(歲)之不旹(時)

 清華八・邦道 07 古(故)卑(譬)之人芇(草)木

 清華八・邦道 23 卑(譬)之若日月之俆(敘)

清華八・邦道 08 卑(譬)之若溪浴(谷)

～，與 (上博七・吳 5)同。《說文・ナ部》："卑，賤也。執事也。从ナ、甲。"

　　清華一・程寤 02、07，尹誥 03，清華三・說命上 02，說命下 03"卑"，讀爲"俾"，使也。《荀子・宥坐》引《詩》曰："四方是維，天子是庫，卑民不迷。"楊倞注："卑讀爲俾。"《詩・大雅・民勞》："式遏寇虐，無俾民憂。"

　　清華一・程寤 08"思卑頩和川"，讀爲"使卑柔和順"，謙卑柔和恭遜。(《讀本一》第 69 頁)或讀爲"使比柔和順"。(復旦讀書會)

　　清華一・皇門 02"今我卑(譬)少(小)于大"，今本《逸周書・皇門》作"命

我辟王小至于大。""卑",讀爲"譬",譬喻。

清華一·皇門 05"卑(俾)備(服)才(在)氒(厥)豪(家)",今本《逸周書·皇門》作"俾嗣在厥家"。

清華一·皇門 09"卑(俾)王之亡(無)依亡(無)鬵(助)",今本《逸周書·皇門》作"俾無依無助"。

清華一·祭公 12"我亦走(上)下卑于文武之受命",今本《逸周書·祭公》作"自三公上下,辟于文、武"。

清華三·琴舞 02"卑藍才孳",讀爲"卑監在兹",與上文"高高在上"相對。"卑",下,指人間。今本《詩·周頌·敬之》作"日監在兹"。

清華三·良臣 10、清華六·子產 22"卑登",《論語》《左傳》作"裨諶",《古今人表》中上作"卑湛"。

清華六·鄭武 05"自衛與奠(鄭)若卑耳而咠(謀)"之"卑",《穀梁傳·僖公十五年》楊士勛疏:"猶近也。"或讀爲"比"。

清華六·鄭武 07"卑御",讀爲"嬖御",受寵幸的姬妾、侍臣。《逸周書·祭公》:"汝無以嬖御固莊后。"孔晁注:"嬖御,寵妾也。"蔡邕《太尉楊秉碑》:"廚無宿肉,器不鏤雕,夙喪嬪儷,妾不嬖御。"

清華八·邦道 06"卑",讀爲"譬",比喻,比方。《詩·大雅·抑》:"取譬不遠,昊天不忒。"鄭箋:"今我爲王取譬喻不及遠也,維近耳。"張衡《西京賦》:"譬衆星之環極,叛赫戲以輝煌。"

清華八·邦道 07"古卑之人艸木",讀爲"故譬之人草木",謂以人譬之於草木。

清華"卑若""卑之若",讀爲"譬若""譬之若",即譬如。《逸周書·皇門》:"譬若畋犬,驕用逐禽,其猶不克有獲。"《史記·魏公子列傳》:"公子喜士,名聞天下。今有難,無他端而欲赴秦軍,譬若以肉投餒虎,何功之有哉?"

清華一·皇門 10、13"卑女",讀爲"譬如"。參上。

俾

清華一·祭公 16 女(汝)母(毋)以俾(嬖)卸(御)息(疾)尔(爾)戕(莊)句(后)

清華一·祭公 16 女(汝)母(毋)以俾(嬖)士息(疾)夫=(大夫)卿夌(士)

清華六·管仲 09 夫=(大夫)叚(假)事(使)支(便)俾(嬖)智(知)

~,與(上博四·曹 25)同。右上所從"田",或省作"日"。《說文·人部》:"俾,益也。从人,卑聲。一曰俾,門侍人。"

清華一·祭公 16"女(汝)母(毋)以俾(嬖)訽(御)息(疾)尔(爾)戕(莊)句(后)",《禮記·緇衣》作:"毋以小謀敗大作,毋以嬖御人疾莊后,毋以嬖御士疾莊士、大夫、卿士。"郭店簡《緇衣》作:"毋以小謀敗大慧(圖),毋以卑(嬖)御息(塞)莊后,毋以卑(嬖)士息(塞)大夫、卿士。"上博簡略同。

清華一·祭公 16"女(汝)母(毋)以俾(嬖)士息(疾)夫=(大夫)卿夌(士)",參上。

清華六·管仲 09"支俾",讀爲"便嬖",君主左右受寵幸的小臣。《孟子·梁惠王上》:"聲音不足聽於耳與?便嬖不足使令於前與?王之諸臣皆足以供之,而王豈爲是哉?"《荀子·富國》:"觀其官職,則其治者能;觀其便嬖,則其信者慤;是明主已。"

婢

清華二·繫年 031 晉獻公之婢(嬖)妾曰驪姬

《說文·女部》:"婢,女之卑者也。从女、从卑,卑亦聲。"

清華二·繫年 031"婢妾",讀爲"嬖妾",猶愛妾。《左傳·宣公十五年》:"初,魏武子有嬖妾,無子。"《南史·臧質傳》:"質頓兵不肯時發,又顧戀嬖妾,棄軍營壘,單馬還城。"

庳

 清華七·晉文公 08 反奠(鄭)之庳(陴)

～,從"厂","卑"聲,即"陴"之異體。

清華七·晉文公 08"庳",即"陴",城上女牆。《左傳·宣公十二年》:"國人大臨,守陴者皆哭。"杜預注:"陴,城上俾倪。"孔穎達疏:"陴,城上小牆;俾倪者,看視之名。"簡文"反奠(鄭)之庳(陴)",參《國語·晉語四》:"文公誅觀狀以伐鄭,反其陴。"《韓非子·外儲說右上》:"文公見民之可戰也,於是遂興兵伐原,克之。伐衛,東其畝,取五鹿。攻陽。勝虢。伐曹。南圍鄭,反之陴。"

窂

 清華二·繫年 015 周室即(既)窂(卑)

 清華六·子產 09 此胃(謂)窂(卑)脱(逸)樂

 清華六·子產 19 窂(卑)不足先善君之憯(譣)

 清華八·攝命 18 不迎(之)則窂(俾)于余

 清華八·邦政 03 宮室少(小)窂(卑)以塼(迫)

～,從"宀","卑"聲。

清華二·繫年 015"周室即窂",讀爲"周室既卑"。《國語·晉語八》:"今周室少卑。"韋昭注:"卑,微也。"

清華六·子產 09"窂",讀爲"卑",《說文·十部》:"卑,賤也。"

清華六·子產 19"窂",讀爲"卑",《左傳·昭公二十五年》:"語,卑宋大夫而賤司城氏。"杜預注:"卑,賤,謂其才德薄。"

　　清華八・攝命 18"𥝢",讀爲"俾"。《爾雅・釋詁》:"俾、使,從也。"

　　清華八・邦政 03"𥝢",讀爲"卑",低矮。《左傳・襄公三十一年》:"僑聞文公之爲盟主也,宮室卑庳,無觀臺榭,以崇大諸侯之館。"

埤

 清華三・赤鵠 15 是訇(始)爲埤(陴)丁者(諸)㡊(屋)

～,與 、同。《說文・土部》:"埤,增也。从土,卑聲。"

　　清華三・赤鵠 15"埤",疑讀爲"陴",《說文・𨸏部》:"城上女牆。""丁",《詩・大雅・雲漢》傳:"當也。"簡文"爲陴當諸屋",意爲築小牆當屋,用以防阻。"埤",或讀爲"畢"。(白於藍)

明紐糸聲

糸(奚)

 清華四・筮法 43 糸(奚)古(故)胃(謂)之䨮(震)

 清華四・筮法 43 糸(奚)古(故)胃(謂)之兌

 清華四・筮法 54 糸(奚)古(故)胃(謂)之袋(勞)

清華四・筮法 54 糸(奚)古(故)胃(謂)之羅(離)

 清華五・湯丘 16 爲君糸(奚)若

清華五·湯丘 17 爲臣系（奚）若

清華五·菅門 12 娪（美）慝（德）系（奚）若

清華五·菅門 12 亞（惡）慝（德）系（奚）若

清華五·菅門 12 兴（美）事系（奚）若

清華五·菅門 12 亞（惡）事系（奚）若

清華五·菅門 12 兴（美）殳（役）系（奚）若

清華五·菅門 12 亞（惡）殳（役）系（奚）若

清華五·菅門 13 兴（美）正（政）系（奚）若

清華五·菅門 13 亞（惡）正（政）系（奚）若

清華五·菅門 13 兴（美）型（刑）系（奚）若

清華五·菅門 13 亞（惡）型（刑）系（奚）若

清華六·管仲 02 记（起）事之本系（奚）從

清華六·管仲 07 它(施)正(政)之道絫(奚)若

清華七·子犯 10 不穀(穀)余敢䌛(問)亓(其)道絫(奚)女(如)

清華七·子犯 14 欲记(起)邦絫(奚)以

清華七·子犯 14 欲亡邦絫(奚)以

清華七·子犯 15 絫(奚)袋(勞)餇(問)女(焉)

清華七·趙簡子 05 敢餇(問)齊君逹(失)之絫(奚)繇(由)

清華七·趙簡子 05 陳是(氏)旻(得)之絫(奚)繇(由)

清華七·越公 75 孤余絫(奚)面目以視于天下

〜，與 ✱(上博一·孔 27)、✱(上博四·曹 57)、✱(上博七·凡甲 1)同。《說文·大部》："奚，大腹也。从大，𢀖省聲。𢀖，籀文系字。"

清華四·筮法 43、54"絫古"，讀爲"奚故"，何故。《吕氏春秋·不屈》："蝗螟，農夫得而殺之，奚故？爲其害稼也。"

清華六·管仲 02、07，清華七·子犯 15"絫"，即"奚"，表示疑問，相當於"何""怎麽"。《論語·子路》："衛君待子而爲政，子將奚先？"

清華七·子犯 14"絫以"，即"奚以"。《論語·子路》："誦《詩》三百，授之以政，不達；使於四方，不能專對；雖多，亦奚以爲？"

清華七·趙簡子 05"絫繇"，讀爲"奚由"。《吕氏春秋·本生》："貧賤之致物也難，雖欲過之，奚由？"

清華七·越公75"系(奚)面目",猶"何面目"。《國語·越語上》:"寡人請死,余何面目以視於天下乎!"《呂氏春秋·知接》:"若死者有知,我將何面目以見仲父乎?"

清華"系若"即"奚若",猶奚如,如何,怎樣。《禮記·檀弓下》:"歲旱,穆公召縣子而問然,曰:'天久不雨,吾欲暴尫而奚若?'"鄭玄注:"奚若,何如也。"劉向《說苑·善說》:"是以知仲尼之賢,而不知其奚若?"《史記·平原君虞卿列傳》:"寡人使平陽君爲媾於秦,秦已内鄭朱矣,卿以爲奚如?"

雞

 清華二·繫年081 亓(其)子五(伍)員與五(伍)之雞逃歸(歸)吳

 清華二·繫年081 五(伍)雞送(將)吳人以回(圍)州埜(來)

 清華二·繫年082 是雞父之涇(汜)

 清華七·越公12 唯皮(彼)鷄(雞)父之遠勸(荆)

 清華六·太伯甲02 卑(譬)若鷄(雞)鶵(雛)

～,或从"鳥",爲《說文·隹部》"鷄"字籀文所本。《說文·隹部》:"雞,知時畜也。从隹,奚聲。籀文雞从鳥。"

清華二·繫年081"五(伍)之雞""五(伍)雞",又稱雞父,伍奢之子,在闔閭入郢中發揮過重要作用。

清華二·繫年082"雞父",今河南固始東南。《春秋·昭公二十三年》:"戊辰,吳敗頓、胡、沈、蔡、陳、許之師于雞父,胡子髡、沈子逞滅,獲陳夏齧。"《穀梁傳》作"雞甫"。

清華七·越公12"鷄父",即雞父,伍奢之子。

清華六·太伯甲02"鷄",家禽之一種。《書·牧誓》:"牝雞無晨。牝雞之晨,惟家之索。""鶵(雛)",小雞。《淮南子·時則》:"天子以雛嘗黍。"高誘注:"雛,新雞也。"《顏氏家訓·歸心》:"梁世有人,常以雞卵白和沐,云使發光,每沐輒二三十枚。臨死,髮中但聞啾啾數千雞雛聲。"

溪

 清華一·楚居 11 至需(靈)王自爲郢遷(徙)居秦(乾)溪之上

 清華一·楚居 12 猒居秦(乾)溪之上

 清華一·楚居 12 至卲(昭)王自秦(乾)溪之上遷(徙)居娩(微)郢

 清華一·楚居 13 女(焉)返(復)遷(徙)居秦(乾)溪之上

 清華八·邦道 08 卑(譬)之若溪浴(谷)

～,與 (上博四·柬 3)、 (上博四·柬 8)、 (上博七·君甲 9)同,从"水","奚"聲,"谿"字異體。《說文·谷部》:"谿,山瀆無所通者。从谷,奚聲。"

清華一·楚居 11、12、13 "秦溪",讀爲"乾溪",水名。《左傳·昭公六年》:"令尹子蕩帥師伐吳,師于豫章,而次于乾溪。吳人敗其師於房鐘,獲宮廄尹棄疾。子蕩歸罪於薳洩而殺之。"《韓非子·十過》:"靈王南遊,群臣從而劫之。靈王餓而死乾溪之上。"上博七·君甲 9、君乙 9 作"辜溪"。

清華八·邦道 08 "溪浴",即"谿谷",山間的河溝。《商君書·算地》:"故爲國任地者,山林居什一,藪澤居什一,谿谷流水居什一。"酈道元《水經注·汶水》:"俯視谿谷,碌碌不可見丈尺。"

奊

 清華二・繫年 031 欲亓(其)子奊(奚)脀(齊)之爲君也

 清華二・繫年 032 乃立奊(奚)脀(齊)

 清華二・繫年 032 亓(其)夫=(大夫)里之克乃殺奊(奚)脀(齊)

～，從"夬"，"奚"聲。

清華二・繫年 031"奊脀"，讀爲"奚齊"，驪姬之子。《國語・晉語一》："獻公伐驪戎，克之，滅驪子，獲驪姬以歸，立以爲夫人，生奚齊。"《國語・晉語二》："二十六年，獻公卒。里克……於是殺奚齊、卓子及驪姬，而請君於秦。既殺奚齊，荀息將死之。人曰：'不如立其弟而輔之。'荀息立卓子。里克又殺卓子，荀息死之。"

正編·錫部

錫　部

影紐厄聲

厄

清華六·太伯甲 07 縈厄（軛）鄺（鄢）、竿（邗）之國

清華六·太伯乙 06 縈厄（軛）鄺（鄢）、竿（邗）之國

《説文·卩部》：“厄，科厄，木節也。从卩，厂聲。賈侍中説，以爲厄，裹也。一曰：厄，蓋也。”

清華六·太伯"厄"，讀爲"軛"，牛馬拉物件時駕在脖子上的器具。《楚辭·卜居》："寧與騏驥亢軛乎？"朱熹《集注》："軛，車轅前衡也。"簡文指控制。

影紐畀聲

蒜（嗌）

清華一·楚居 04 思（使）若（鄀）蒜（嗌）卜遷（徙）於䧹屯

清華三·説命下 03 以蒜（益）視事

清華三·良臣 01 又（有）鷁（益）

 清華四·筮法 44 四乃鷁（縊）者

 清華四·筮法 47 四，鷁（縊）者

 清華四·別卦 08 鷁（益）

 清華五·湯丘 02 以道心鷁（嗌）

 清華八·邦道 05 則可（何）或（有）鷁（益）

～，與 、 同。《說文·口部》："嗌，咽也。从口，益聲。![]，籀文嗌上象口，下象頸脈理也。"

清華一·楚居 04 "若鷁"，讀為"郚嗌"，郚人先祖。

清華三·說命下 03 "以鷁視事"，讀為"以益視事"，有助於治理政事。《戰國策·秦二》："於是出私金以益公賞。"高誘注："益，助也。"

清華三·良臣 01 "鷁"，讀為"益"，人名，即伯益。相傳為堯舜時大臣。《書·舜典》："帝曰：'俞！咨益，汝作朕虞。'"《戰國策·燕一》："禹授益，而以啟為吏。及老，而以啟為不足任天下，傳之益也。啟與支黨攻益，而奪之天下，是禹名傳天下于益，其實令啟自取之。"《楚辭·天問》："啟代益作后。"而古本《竹書紀年》："益干啟位，啟殺之。"

清華四·筮法 47 "鷁"，讀為"縊"，勒頸而死，上吊。《左傳·桓公十三年》："莫敖縊于荒谷。"杜預注："縊，自經也。"

清華四·別卦 08 "鷁"，讀為"益"，《易》卦名，六十四卦之一。《易·益》："益，利有攸往。"孔穎達疏："益者，增足之名，損上益下，故謂之益。"

清華五·湯丘 02 "鷁（嗌）"，《釋名·釋形體》："咽……又謂之嗌，氣所流通陁要之處也。"

清華八·邦道 05"或䋈",讀爲"有益",有利益,好處。《左傳·僖公十五年》:"好我者勸,惡我者懼,庶有益乎!"《書·大禹謨》:"滿招損,謙受益。"《孟子·公孫丑上》:"助之長者,揠苗者也。非徒無益,而又害之。"

䋯(縊)

 清華四·筮法 48 䋯(縊)者

 清華四·筮法 50 非瘂(狂)乃䋯(縊)者

~,从"糸","䒑(嗌)"聲,"縊"之異體。《説文·糸部》:"縊,經也。从糸,益聲。《春秋傳》曰:'夷姜縊。'"

清華四·筮法"縊",勒頸而死,上吊。《左傳·桓公十三年》:"莫敖縊于荒谷。"杜預注:"縊,自經也。"

影紐益聲

益

 清華六·子儀 01 公益及

《説文·皿部》:"益,饒也。从水、皿。皿,益之意也。"

清華六·子儀 01"益",多。《戰國策·齊三》:"可以益割於楚。"高誘注:"多割取。"

溢

 清華三·芮良夫 09 屯員(圓)圅(滿)溢(溢)

~,从"皿","溢"聲,"溢"字繁體。《説文·水部》:"溢,器滿也。从水,益聲。"

清華三·芮良夫 09"圅溢",讀爲"滿溢",太多而漫出。《大戴禮記·誥志》:"聖人有國則日月不食……河不滿溢,川澤不竭,山不崩解。"簡文"屯""圓""滿""溢",義近連用。

見紐彀聲

縠

清華二·繫年 134 鬼(魏)縠(擊)

清華四·別卦 01 縠(繫)

~,从"糸","彀"省聲,"繫"字異體。楚文字"擊"字或作 (上博三·周 1)、 (上博二·容 22)、 (郭店·性自命出 10),从"土"从"彀"省。(裘錫圭)《說文·糸部》:"繫,繫繵也。一曰惡絮。从糸,彀聲。"

清華二·繫年 134"鬼縠",讀爲"魏擊",文侯斯之子,後爲武侯。《史記·魏世家》:"(魏文侯)十三年使子擊圍繁、龐,出其民。""二十五年,子擊生子罃。"《索隱》:"擊,武侯也。"

清華四·別卦 01"縠",即"繫",讀爲"姤",《易》卦名,六十四卦之一。《易·姤》:"姤,女壯,勿用取女。象曰:'姤,遇也。'"孔穎達疏:"此卦一柔而遇五剛,故名爲姤。"《易·姤》:"象曰:天下有風,姤。"孔穎達疏:"風行天下,則無物不遇,故爲遇象。"

繫

清華二·繫年 120 鬼(魏)繫(擊)

~,與 (上博三·周 40)同,从糸,"彀"聲,即"繫"字。

清華二·繫年 120"鬼繫",讀爲"魏擊",參上。

見紐昊聲

瞁

 清華二·繫年091 公會者(諸)侯於瞁(溴)梁

～，从"目"，"昊"聲。

清華二·繫年091"瞁梁"，讀爲"溴梁"，地名。《春秋·襄公十六年》："三月，公會晉侯、宋公、衛侯、鄭伯、曹伯、莒子、邾子、薛伯、杞伯、小邾子于溴梁。戊寅，大夫盟。"同年《左傳》："十六年春，葬晉悼公。平公即位……會于溴梁……許男請遷于晉。諸侯遂遷許，許大夫不可，晉人歸諸侯。"杜預注："溴水出河內軹縣，東南至溫入河。"

端紐帝聲

帝

 清華一·尹至05 帝曰

 清華一·保訓07 帝堯嘉之

 清華一·耆夜08 复(作)祝誦一終曰《明₌(明明)上帝》

 清華一·金縢04 命于帝廷(廷)

 清華一·祭公04 隹(惟)寺(時)皇上帝尼(宅)亓(其)心

清華二·繫年001 乃乍(作)帝攽(籍)

清華二·繫年004 洹(宣)王是訋(始)弃(棄)帝攽(籍)弗畋(田)

清華二·繫年022 衛人自楚丘罨(遷)于帝丘

清華三·良臣01 黃帝之市(師)

清華三·赤鵠07 帝命二黃它(蛇)與二白兔尻句(后)之帰(寢)室之棟

清華三·赤鵠08 帝命句(后)土爲二莜(陵)屯

清華三·赤鵠11 帝命二黃它(蛇)與二白兔

清華三·赤鵠12 帝命句(后)土爲二莜(陵)屯

清華三·說命上03 帝殹(抑)尔以畀舎(余)

清華三·說命上03 隹(惟)帝以余畀尔

清華三·說命中01 女(汝)迮(來)隹(惟)帝命

清華三·琴舞12 右帝才(在)荅(落)

清華五·厚父02 帝亦弗𢖥(鞏)啓(啓)之經𢛳(德)

清華五·厚父03 廼嚴寅畏皇天上帝之命

清華五·厚父05 隹(惟)曰其勔(助)上帝䍐(亂)下民

清華五·厚父07 隹(惟)寺(時)下民䧻帝之子

清華五·甞門01 古之先帝亦有良言青(情)至於今虎(乎)

清華五·甞門21 唯古先=(之先)帝之良言

清華七·越公02 上帝降

清華八·八氣05 帝爲五祀

～,與 (上博七·鄭甲 2)同。《説文·上部》:"帝,諦也。王天下之號也。从上,朿聲。,古文帝。"

清華一·尹至05"帝",指已即位之湯,《楚辭·天問》稱之爲"后帝"。

清華一·保訓07"帝堯",參《書·堯典序》:"昔在帝堯,聰明文思,光宅天下。將遜于位,讓于虞舜,作《堯典》。"

清華一·耆夜08"明=上帝",即《明明上帝》,《詩》篇名。

· 2003 ·

清華一·金縢04"帝廷",讀爲"帝廷",朝廷。《史記·孝武本紀》:"鼎宜見於祖禰,藏於帝廷,以合明應。"

清華一·祭公04"皇上帝",《書·湯誥》:"惟皇上帝,降衷于下民。"《詩·小雅·正月》:"有皇上帝,伊誰云憎?"

清華二·繫年001、004"帝攸",讀爲"帝籍",上帝之籍田。《國語·周語上》:"宣王即位,不籍千畝。虢文公諫曰:'不可。夫民之大事在農,上帝之粢盛於是乎出。'"

清華二·繫年022"帝丘",在今河南濮陽西南。《左傳·僖公三十一年》:"冬,狄圍衛,衛遷于帝丘。"

清華三·良臣01"黃帝",古帝名。《史記·五帝本紀》:"黃帝者,少典之子,姓公孫,名曰軒轅。生而神靈,弱而能言,幼而徇齊,長而敦敏,成而聰明。"《集解》:"號有熊。"《索隱》:"有土德之瑞,土色黃,故稱黃帝,猶神農火德王而稱炎帝然也。"

清華三·赤鵠07、08、11、12,說命上03,說命中01,清華五·厚父02,清華八·八氣05"帝",上帝,最高的天神。古人想象中宇宙萬物的主宰。《書·洪範》:"帝乃震怒,不畀洪範九疇。"

清華三·琴舞12,清華五·厚父07"帝",君主,皇帝。《孟子·公孫丑上》:"(舜)自耕稼陶漁以至於帝,無非取於人者。"

清華五·畣門01、21"先帝",遠古帝王。《禮記·月令》:"天子乃薦鞠衣于先帝。"鄭玄注:"先帝,大皞之屬。"

清華"上帝",天帝、帝王。《易·豫》:"先王以作樂崇德,殷薦之上帝,以配祖考。"《國語·晉語八》:"夫鬼神之所及,非其族類,則紹其同位,是故天子祀上帝,公侯祀百辟,自卿以下不過其族。"

畣

清華三·芮良夫08 而隹(惟)畣爲土

清華五·畣門01 湯才(在)畣門

清華八·攝命 06 不啻女(汝)鬼(威)

清華八·攝命 15 不啻女(汝)

清華八·處位 03 贐(階)啻(嫡)丈(長)

清華八·八氣 07 火曰隹(唯)啻(適)母(毋)䡋(違)

～，與 、同。《說文·口部》："啻，語時不啻也。从口，帝聲。一曰：啻，諟也。讀若鞮。"

清華三·芮良夫 08"啻"，讀爲"諦"。(白於藍)或讀爲"帝"，君主，皇帝。《孟子·公孫丑上》："(舜)自耕稼陶漁以至於帝，無非取於人者。"

清華五·啻門 01"啻門"，門之專名。

清華八·攝命 06、15"不啻"，不僅，何止。《書·多士》："爾不克敬，爾不啻不有爾土，予亦致天之罰于爾躬。"孔傳："不但不得還本土而已，我亦致天罰于汝身。"《後漢書·馮衍傳上》："四垂之人，肝腦塗地，死亡之數，不啻太半。"

清華八·處位 03"啻丈"，讀爲"嫡長"，嫡長子。《南史·孝義傳下·張悌》："景又曰：'松是嫡長，後母唯生悌。'"《資治通鑒·後周世宗顯德五年》："燕王弘冀嫡長有軍功，宜爲嗣。"胡三省注："弘冀，唐主之嫡長子。"

清華八·八氣 07"啻"，讀爲"適"，《玉篇·辵部》："從也。"

謫

清華六·芮伯甲 12 兹贻(詹)父内謫於中

清華六·芮伯乙 11 兹贻(詹)父内謫於中

《說文·言部》："謫，罰也。从言，啻聲。"

清華六·太伯甲12、太伯乙11"謫",譴責、責備。《廣雅·釋詁》:"謫,責也。"《玉篇》:"謫,咎也。"《方言》卷三:"謫,怒也。"《左傳·成公十七年》:"國子謫我。"杜預注:"謫,譴責也。"揚雄《方言》:"謫,怒也。"郭璞注:"相責怒。"

繑

 清華五·湯丘05 繑(適)奉(逢)道迯(路)之䘽(祟)

~,从"糸","啇"聲。上博六·用4作。

清華五·湯丘05"繑",讀作"適",正好,恰巧。《左傳·昭公十七年》:"我高祖少皞摯之立也,鳳鳥適至。"《後漢書·班超傳》:"會徐幹適至,超遂與幹擊番辰,大破之。"

戠

 清華一·祭公12 戜(哉)氒(厥)戠(敵)

~,从"戈","啇"聲,"敵"字異體。

清華一·祭公12"戠",即"敵",仇敵,敵人。《墨子·七患》:"以七患守城,敵至國傾。"

定紐狄聲

獙

 清華七·越公22 孤或(又)忌(恐)亡(無)良僕(僕)馭(御)獙火於雩(越)邦

~,即"狄",贅加"弟"聲。"狄",定紐錫部;"弟",定紐脂部,二者聲同韻亦近。"逖",《說文》古文从"易"聲,"弟""夷"聲近,如"綈"字異體作"絼"。"易""夷"相通之例甚多,如《左傳·僖公十七年》"易牙",《大戴禮記·保傅》作"狄牙"。《史記·殷本紀》"簡狄",《索隱》:"舊本狄作易,易狄音同。"(程燕)

清華七・越公22"㹎火",即"狄火"。或讀爲"施火",即縱火。《荀子・大略》:"均薪施火,火就燥;平地注水,水流濕。"(石小力)或讀爲"易火"(蔡一峰)或讀爲"燃火",猶縱火。

定紐易聲

易

清華一・保訓05 廼(乃)易立(位)埶(設)詣(稽)

清華一・保訓06 言不易實兑(變)名

清華一・保訓08 以遆(復)又(有)易

清華三・説命下03 勿易卑(俾)郘(越)

清華三・説命下08 弗易百青(姓)

清華三・琴舞02 文非易帀

清華三・琴舞06 不易畏(威)義(儀)

清華三・琴舞11 㦜(對)天之不易

清華三・琴舞14 亓(其)又(有)心不易

清華三·芮良夫20 喬(遹)易兌心

 清華六·子儀01 忎(恐)民之大貦(方)迻(移)易

 清華六·子儀07 是尚求弔(蠆)易(惕)之怍

 清華五·封許05 易(錫)女(汝)倉(蒼)珪

 清華五·三壽20 麜(浹)胃(祇)不易

 清華五·命訓02 而易(賜)之福

 清華七·子犯08 殹(繄)或易成也

 清華八·攝命08 我非易

 清華八·邦道13 古(故)資裕以易足

～，與 <!-- img --> (上博三·彭2)同。《説文·易部》："易，蜥易，蝘蜓，守宮也，象形。祕書説：日月爲易，象陰陽也。一曰：从勿。"

清華一·保訓05"易立執詣"，讀爲"易位設稽"。"易"，《詩·小雅·甫田》："禾易長畝，終善且有。"毛傳："治也。""易"與"設"相對互文，有修治義。"易位設稽"，並與得衆有關。（廖名春、陳偉）

清華一·保訓06"言不易實覍(變)名"，是説不變亂名實。"易"，更改。

清華一·保訓08"又易"，讀爲"有易"，《山海經·大荒東經》："有困民國，勾姓而食。有人曰王亥，兩手操鳥，方食其頭。王亥託于有易河伯僕牛。有易殺王亥，取僕牛。河念有易，有易潛出，爲國于獸，方食之，名曰搖民。"郭璞注引《竹書》曰："殷王子亥賓于有易而淫焉，有易之君緜臣殺而放之。是故殷主甲微假師于河伯以伐有易，滅之，遂殺其君緜臣也。"《楚辭·天問》："昏微遵跡，有狄不寧。"王國維《殷卜辭中所見先公先王考》以爲"昏微"即上甲微，"有狄"即有易。

　　清華三·説命下 03"易"，改變。

　　清華三·説命下 08"易"，《左傳·襄公四年》："和戎有五利焉：戎狄薦居，貴貨易土。"杜預注："易，猶輕也。"

　　清華三·琴舞 02"文非易帀"，今本《詩·周頌·敬之》作"命不易哉"。鄭箋："其命吉凶，不變易也。"

　　清華三·琴舞 06"不易"、清華八·攝命 08"非易"，不改變，不更換。《易·乾》："不易乎世，不成乎名。"王弼注："不爲世俗所移易。"《書·盤庚中》："今予告汝不易。"孔穎達疏："鄭玄云：我所以告汝者不變易。"《詩·大雅·韓奕》："夙夜匪解，虔共爾位，朕命不易。"

　　清華五·三壽 20"不易"，艱難，不容易。《詩·大雅·文王》："宜鑒于殷，駿命不易。"朱熹《集傳》："不易，言其難也。"《論語·子路》："爲君難，爲臣不易。"

　　清華三·琴舞 11"叀（對）天之不易"，《書·大誥》："爾亦不知天命不易。"《書·君奭》："不知天命不易。"

　　清華三·琴舞 14"亓（其）又（有）心不易"，蔡侯申鐘（《集成》00210）："有虔不易。"

　　清華三·芮良夫 20"易"，《史記·樂書》："移風易俗。"張守節《正義》："易是改易之稱也。"

　　清華六·子儀 01"迻易"，讀爲"移易"，移動改變。《淮南子·氾論》："去其所害，就其所利，常故不可循，器械不可因也，則先王法度有移易者矣。"葛洪《抱朴子·塞難》："移易予奪，非天所能。"

　　清華六·子儀 07"叀易"，讀爲"戚惕"，疾促疾速。戚、惕近義連用。《詩·小雅·小明》毛傳："戚，促也。"《國語·吳語》："一日惕，一日留，以安步王志。"韋昭注："惕，疾也；留，徐也。"

　　清華五·封許 05"易"，讀爲"錫"，金文習見。

　　清華五·命訓 02"易之福"，讀爲"賜之福"，參《詩·周頌·烈文》："烈文辟公，錫茲祉福。"鄭箋："光文百辟卿士及天下諸侯者，天錫之以此祉福也。"孔穎達疏："以辟公之下，即言賜福，是賜之以福，使得爲此辟公也。"

清華七·子犯 08"易"，容易，與"難"相對。《禮記·學記》："君子知至學之難易，而知其美惡，然後能博喻。"

清華八·邦道 13"資裕以易足"，物資充裕容易滿足。

惕

 清華六·管仲 11 少（小）事𠆸（逸）以惕

～，與 、 所從同。《說文·心部》："惕，敬也。从心，易聲。"

清華六·管仲 11"惕"，畏懼，戒懼。《左傳·襄公二十二年》："無日不惕，豈敢忘職。"杜預注："惕，懼也。"《國語·周語下》："夫見亂而不惕，所殘必多。"韋昭注："惕，惕然恐懼也。"

賜

 清華三·說命上 01 隹（惟）𣪠（殷）王賜敓（說）于天

 清華三·說命下 09 弋（式）隹（惟）參（三）惪（德）賜我

 清華五·湯丘 05 不猷（猶）受君賜

 清華七·子犯 07 乃各賜之鑄（劍）繡（帶）衣常（裳）而斅之

 清華七·越公 10 天不仍（仍）賜吳於雩（越）邦之利

清華七·越公 12 天賜中（衷）于吳

 清華七·越公 23 賜孤以好曰

 清華七·越公 46 則必酓（飲）飤（食）賜숲（予）之

 清華七·越公 71 昔天以雩（越）邦賜吳

清華七·越公 72 今天以吳邦賜邨（越）

清華七·越公 72 天以吳土賜雩（越）

《説文·貝部》：“賜，予也。从貝，易聲。”

清華三·説命上 01"隹（惟）殹（殷）王賜敓（説）于天"，武丁受天之賜，與《書·禹貢》"禹錫玄圭"同例。

清華七·子犯 07"乃各賜之鏐（劍）繻（帶）衣常（裳）而敽之"，《左傳·哀公十一年》："王賜之甲、劍、鈹。"

清華七·越公 46"賜숲"，讀爲"賜予"，賞賜，賜給。《荀子·大略》："賜予其宮室，猶用慶賞於國家也。"《漢書·食貨志上》："賦共車馬甲兵士徒之役，充實府庫賜予之用。"

清華七·越公 71"昔天以雩（越）邦賜吳"，《國語·吳語》："昔天以越賜吳，而王弗受。"

清華七·越公 72"今天以吳邦賜邨（越）"，《國語·吳語》："今天以吳賜越，孤敢不聽天之命，而聽君之令乎？"

清華七·越公 12"賜中"，讀爲"賜衷"。《國語·吳語》："今天降衷於吳，齊師受服。"韋昭注："衷，善也。"《國語·晉語二》："以君之靈，鬼神降衷。"《書·湯誥》："惟皇上帝，降衷於下民。"孔傳："衷，善也。""賜衷"，上天賜予吉祥。

清華"賜",賞賜,給予。《禮記·少儀》:"其以乘壺酒、束脩、一犬賜人。"鄭玄注:"於卑者曰賜。"

賜

 清華一·楚居 05 至酓(熊)弖、酓(熊)舯、酓(熊)𧟓(樊)及酓(熊)賜、酓(熊)岠(渠)

～,从"貝","錫"聲,"賜"之異體。

清華一·楚居 05"酓賜",讀爲"熊錫"。《漢書·古今人表》:"楚熊錫,盤子。"《史記·楚世家》:"熊勝以弟熊楊爲後。""鍚"與"易"隸書形體相近,傳寫訛誤,但《楚世家》以熊楊與熊勝爲兄弟相及,則與簡文相合。

徟

 清華四·筮法 11 徟(易)向

～,从"彳","錫"聲。

清華四·筮法 11"徟向",讀爲"易向",指改變四隅卦的位置。

遏

 清華四·筮法 13 不遏(易)向

～,从"辵","錫"聲。

清華四·筮法 13"不遏向",讀爲"不易向"。參上。

埸

 清華八·邦政 04 亓(其)型(刑)埸(易)

～,从"阜""土","易"聲。

清華八·邦政04"隉",讀爲"易"。《荀子·富國》:"則其道易。"楊倞注:"平易可行。"《大戴禮記·子張問入官》:"善政行易則民不怨。"

定紐役聲

役

 清華七·越公74 丁(當)伇(役)孤身

～,從"人","殳"聲,"役"之異體。《說文·殳部》:"役,戍邊也。从殳、从彳。役,古文役从人。"

清華七·越公74"丁伇孤身",《國語·吳語》作"當孤之身"。"役",供使。《左傳·襄公十一年》:"季氏使其乘之人,以其役邑入者無征。"孔穎達疏:"役謂供官力役,則今之丁也。"或讀爲"當投孤身",似可與《書·大誥》"予造天役,遺大投艱于朕身"的說法比較。"投",委任、托付義,"當投孤身"與《書·大誥》"遺大投艱于朕身"可相比較。(王凱博)

设(役)

清華一·耆夜10 设(役)車亓(其)行

清華五·畬門11 惪(德)、事、设(役)、正(政)、型(刑)

清華五·畬門12 岂(美)设(役)系(奚)若

清華五·畬門12 亞(惡)设(役)系(奚)若

清華五·畬門15 记(起)设(役)時訓(順)

清華五·厚門 16 此胃（謂）芺（美）迓（役）

清華五·厚門 16 记（起）迓（役）不時

清華五·厚門 16 此胃（謂）亞（惡）迓（役）

清華六·子產 14 耑（前）者之能迓（役）相亓（其）邦豪（家）

清華七·越公 28 不禹（稱）貣（貸）迓（役）淊塗泃（溝）隡（塘）之㤅（功）

清華八·處位 04 宔（主）賃（任）百迓（役）

清華八·邦道 24 邦又（有）圎（癘）迓（疫）

～，楚簡作（郭店·五行 45）、（上博二·容 3）。反，从又（手）持𠂉（𠂉，旌旗，羅振玉以爲象杠、首飾及游形，是旅的本字）。旌旗有指揮、使役的功能，使役的意思非常明顯，很可能是役的初文，辵或彳是後來加上去的表意偏旁。（趙平安）《說文·彳部》：「役，戍邊也。从殳，从彳。，古文役从人。」篆文所从的殳旁，應是反訛變的結果。

清華一·耆夜 10「迓（役）車亓（其）行」，《詩·唐風·蟋蟀》作「役車其行」。「役車」，服役出行的車子。

清華五·厚門 11「悳（德）、事、迓（役）、正（政）、型（刑）」，即「五相」。

清華五·厚門 12、16「芺迓、亞迓」，讀爲「美役、惡役」。「役」，勞役，役作之事。《周禮·地官·小司徒》：「乃會萬民之卒伍而用之……以起軍旅，以作田役。"賈公彦疏:"以作田役者,謂田獵役作皆是也。"

清華五·厚門 15、16"記𠆢",即"起役",動工,開工。《吕氏春秋·分職》:"衛靈公天寒鑿池,宛春諫曰:'天寒起役,恐傷民。'"

清華六·子産 14"𠆢",即"役"。《左傳·成公二年》:"勤而撫之,以役王命。"杜預注:"役,事也。"

清華七·越公 28"𠆢",即"役",爲,施行。《禮記·表記》:"是故君子恭儉以求役仁,信讓以求役禮。"鄭玄注:"役之言爲也。"

清華八·處位 04"𠆢",即"役",指職務、職事。《文選·潘嶽〈悼亡詩〉》:"俛俛恭朝命,迴心反初役。"李善注:"役謂所任也。王充《論衡》曰:'充罷州役。'"

清華八·邦道 24"剋𠆢",上博二·容 16 作"踐𠆢",讀爲"癘疫"或"痾疫",瘟疫。《左傳·昭公元年》:"山川之神,則水旱癘疫之災,於是乎禜之。"孔穎達疏:"癘疫謂害氣流行,歲多疾病。"

役

 清華五·厚父 10 隹(惟)所役之司民

～,從"彳",從又(手)持广。

清華五·厚父 10"役",使役。《周禮·春官·瞽矇》:"以役太師。"鄭玄注:"役,爲之使。"《大戴禮記·曾子天圓》:"所以役于聖人也。"王聘珍《解詁》:"役,謂役使。"

疫

 清華二·繫年 101 晉𠂤(師)大疫虘(且)飢

《説文·疒部》:"疫,民皆疾也。从疒,役省聲。"

清華二·繫年 101"大疫",大瘟疫。《山海經·中山經》:"有鳥焉,其狀如鴞,而一足彘尾,其名曰跂踵,見則其國大疫。"《吕氏春秋·孟春》:"行秋令,則民大疫,疾風暴雨數至,藜莠蓬蒿並興。"

來紐鬲聲

鬲

清華一·保訓 01 王念日之多鬲（歷）

清華一·保訓 04 親勘（耕）于鬲（歷）茅（丘）

清華三·芮良夫 03 閼（間）鬲（隔）若（若）否

清華五·三壽 15 鬲（厤）象天寺（時）

清華七·越公 61 太甫大鬲（歷）雩（越）民

，與（上博二·容 40）、（上博五·鬼 2【背】）同，加表雙手形的"臼"而構成繁體。《說文·鬲部》："鬲，鼎屬。實五觳。斗二升曰觳。象腹交文，三足。，鬲或从瓦。，漢令鬲。从瓦，厤聲。"

清華一·保訓 01"鬲"，讀爲"歷"，《說文·止部》："歷，過也。"《國語·吳語》："伯父多歷年以沒元身。"簡文"王念日之多歷"，大意是文王顧慮年事已高。

清華一·保訓 04"親勘于鬲茅"，讀爲"親耕于歷丘"。上博二·容 40："昔舜耕於鬲丘。"郭店·窮達 2："舜耕於鬲（歷）山"。《史記·五帝本紀》："舜耕歷山，漁雷澤，陶河濱，作什器于壽丘，就時于負夏。"

清華三·芮良夫 03"閼鬲"，讀爲"間隔"，隔絕，阻隔，分離。陶潛《桃花源記》："自云先世避秦時亂，率妻子邑人來此絕境，不復出焉，遂與外人間隔。"

清華五·三壽 15"鬲象"，讀爲"厤象"，曆數之效法。《書·堯典》："厤象日月星辰，敬授人時"，《史記·五帝本紀》作"數法日月星辰"，《索隱》："《尚書》

作'曆象日月'則言'數法'是訓'曆象'二字,謂命羲和以曆數之法觀察日月星辰之早晚,以敬授人時也。"

清華七·越公61"大鬲雩民",讀爲"大歷越民"。"歷",數。《楚辭·離騷》:"靈氛既告余以吉占兮,歷吉日乎吾將行。"朱熹《集注》:"遍數而實選也。"《漢書·司馬相如傳》:"於是歷吉日以齋戒。"顏師古注:"張揖曰:歷,算也。"歷民即料民。《國語·周語上》:"宣王既喪南國之師,乃料民於大原。"韋昭注:"料,數也。"

譎

    清華八·攝命06 女(汝)能譎(歷)

～,從"言","鬲"聲。

清華八·攝命06"譎",讀爲"歷",訓爲簡選。清華簡《芮良夫毖》"間(簡)鬲(歷)若否",謂簡選若否。(王坤鵬)

鄙

    清華六·子儀19 君不尚芒鄙

～,從"邑","鬲"聲。
清華六·子儀19"鄙",待考。

精紐脊聲歸朿聲

清紐朿聲

腒

    清華六·管仲13 是古(故)六胏(擾)不腒(瘠)

～,從"肉","朿"聲,"脨""瘠"之異體。《説文·肉部》:"脨,瘦也。從肉,脵聲。,古文腜,从疒、从朿,朿亦聲。"

清華六·管仲 13"腜",即"瘠",瘦弱。《左傳·襄公二十一年》:"(申叔豫)遂以疾辭……楚子使醫視之,復曰:'瘠則甚矣,而血氣未動。'"杜預注:"瘠,瘦也。"

練

 清華五·厚父 01□□□□王監劼練(績)

清華六·子儀 10 敓(奪)之練(績)可(兮)而勯(奮)之

～,从"糸","朿"聲,"績"字異體。《説文·糸部》:"績,緝也。从糸,責聲。"

清華五·厚父 01"練",即"績",《爾雅·釋詁》:"績,成也。"《廣韻·錫韻》:"績,功業也。"《書·盤庚下》:"用降我凶德嘉績于朕邦。"

清華六·子儀 10"練",即"績",緝麻,把麻析成細縷撚接起來。《詩·陳風·東門之枌》:"不績其麻,市也婆娑。"《吕氏春秋·愛類》:"女有當年而不績者,則天下或受其寒矣。"《漢書·食貨志上》:"婦人同巷,相從夜績。"

策

 清華一·耆夜 02 复(作)策牌(逸)爲東尚(堂)之客

《説文·竹部》:"策,馬箠也。从竹,朿聲。"

清華一·耆夜 02"复策牌",讀爲"作策逸",即作册逸。《書·洛誥》:"王命作册逸祝册,惟告周公其後。王賓,殺禋咸格,王入太室,祼。王命周公後,作册逸誥,在十有二月。"

袾

 清華三·芮良夫 18 红(功)袾(績)

～，从"示","朿"聲。

清華三·芮良夫 18"祍祑"，讀爲"功績"，功業和勞績。《荀子·王霸》："名聲若日月，功績如天地。"

責

 清華一·金縢 03 尔（爾）母（毋）乃又（有）備子之責才（在）上

 清華五·三壽 20 神民莫責

 清華七·晉文公 02 遹（滯）責母（毋）又（有）貰

～，與（上博一·孔 9）同。《說文·貝部》："責，求也。从貝，朿聲。"

清華一·金縢 03"尔（爾）母（毋）乃又（有）備子之責才（在）上"，"責"，責任，職責。《書·金縢》："若爾三王，是有丕子之責于天，以旦代某之身。"俞樾《群經平議·尚書三》："謂爾三王在天，若有疾病扶持之事，必須子孫任其責，則請以旦代某也。"

清華五·三壽 20"責"，譴責，責備。《管子·大匡》："文姜通於齊侯，桓公聞，責文姜。"

清華七·晉文公 02"遹責"，讀爲"滯責"，積壓已久的舊債。（馮勝君、郭倪）或讀爲"滯積"，指積壓之案件，《左傳·襄公九年》："國無滯積，亦無困人；公無禁利，亦無貪民。"（滕勝霖）

清紐冊聲

冊

清華一·金縢 02 史乃冊祝告先王曰

清華六·子儀02 乃关(券)册秦邦之孯(賢)余(餘)

清華八·攝命32 王乎(呼)乍(作)册任册命白(伯)嬰(攝)

清華八·攝命32 王乎(呼)乍(作)册任册命白(伯)嬰(攝)

～，與(上博五·季17)同。《説文·册部》："册,符命也諸侯進受於王也。象其札以長以短,中有二編之形。𥬰,古文册,从竹。"

清華一·金縢02"册祝",把告神之言寫在册書上,讀以祝告神。亦指寫在册書上的祭告天地宗廟的祝詞或寫有祝詞的册書。《書·金縢》："史乃册祝曰:'惟爾元孫某,遘厲虐疾。'"孔傳："史爲册書祝辭也。"孔穎達疏："告神之言,書之於策……史讀此策書以祝告神也。"

清華六·子儀02"关册",讀爲"券册",契約,文書。《史記·孟嘗君列傳》："孟嘗君聞馮驩燒券書,怒而使使召驩。"簡文指封賞而言。一説"关"讀爲"簡",表示簡選,"册"表示登記。

清華八·攝命32"作册",古官名。商代設置。西周時也稱作册内史、作命内史、内史。掌著作簡册,奉行國王告命。《書·洛誥》："王命周公後,作册逸誥。""册命",古代帝王封立繼承人、后妃及諸王大臣的命令。《書·顧命》："太史秉書,由賓階隮,御王册命。"孔穎達疏引鄭玄曰："太史東面,於殯西南而讀策書,以命王嗣位之事。"

心紐析聲

析

清華二·繫年084 與吳人戰(戰)于析

《説文·木部》："析,破木也。一曰:折也。从木,从斤。"

清華二·繫年084"析",今河南西峽,在隨以北。《左傳·定公五年》："秦子蒲、子虎帥車五百乘以救楚……使楚人先與吳人戰,而自稷會之,大敗夫槩王于沂。"簡文"析"應爲"沂",在今河南正陽。或認爲"折"之誤。(袁金平)

清華三·赤鵠 09 亓(其)走(上)K(析)句(后)之體

清華三·赤鵠 13 亓(其)走(上)K(析)句(后)之身

～,即"片"(半木),是 ✦(上博三·中 20)之省。"析",用斤劈木。《說文·木部》:"析,破木也。一曰:折也。从木,从斤。""策"字戰國中山王壺銘文作"筭",仰天湖楚簡 18 作 ✦。

清華三·赤鵠 09、13"K",即"析",讀爲"刺",用尖銳的東西刺入或穿過物體。《戰國策·秦一》:"讀書欲睡,引錐自刺其股,血流至足。""析",心母錫部;"刺",清母錫部。《神農本草經》"菥蓂",馬王堆帛書《五十二病方》作"策蓂",《爾雅》作"菥蓂",《說文》作"析蓂"。(參《五十二病方》第六六頁,文物出版社,一九七九年)

並紐辟聲

辟

清華一·尹誥 02 氒(厥)辟复(作)息(怨)于民

清華一·皇門 03 以襄(助)氒(厥)辟

清華一·皇門 05 是人斯既襄(助)氒(厥)辟

清華一·皇門 10 以不利氒(厥)辟氒(厥)邦

 清華一·祭公 03 朕(朕)賵(魂)才(在)朕(朕)辟卲(昭)王斋=(之所)

 清華一·祭公 19 我亦不以我辟歁(陷)于戁(難)

 清華二·繫年 005 孚(褒)台(姒)辟(嬖)于王

 清華二·繫年 069 齊三辟(嬖)夫=(大夫)南章(郭)子、鄀(蔡)子、安(晏)子衛(率)自(師)以會于幽(斷)道(道)

 清華三·說命上 02 紳(引)弴(關)辟矢

 清華三·說命下 05 于朕辟

 清華三·說命下 09 辟萬民

 清華三·琴舞 04 甬(用)戤(仇)亓(其)又(有)辟

 清華三·琴舞 11 弋(式)克亓(其)又(有)辟

 清華三·芮良夫 01 氒(厥)辟、钺(御)事各紫(營)亓(其)身

清華五·厚父 08 俊（作）辟事三后

 清華六·管仲 09 艸（草）木不辟（闢）

 清華六·孺子 15 是又（有）臣而爲埶（蓺）辟（嬖）

 清華六·子儀 11 辟（譬）之女（如）兩犬繺（夾）河致（啜）而㮰（狀）

 清華八·攝命 17 余辟相隹（唯）卸（御）事

 清華八·攝命 18 今乃辟余

 清華八·攝命 19 甬（用）辟余才（在）立（位）

～，與辟（上博四·曹 35）、辟（上博四·曹 37）、辟（上博六·天乙 8）同。《說文·辟部》：“辟，法也。从卩，从辛，節制其皋也；从口，用法者也。”

清華一·尹誥 02、03、05、10，清華三·芮良夫 01“氒辟”，讀爲“厥辟”，見於西周金文牆盤、師訇簋、虢叔旅鐘、逨鐘等，表示“在敘述或對話中處於第三身語境”（陳英傑），意爲其主。《書·冏命》：“其侍御僕從，罔匪正人，以旦夕承弼厥辟，出入起居，罔有不欽。”

清華一·祭公 03、19，清華三·說命下 05“辟”，天子，君主。《書·洪範》：“惟辟作福，惟辟作威，惟辟玉食。臣無有作福，作威，玉食。”《詩·大雅·文王有聲》：“豐水東注，維禹之績；四方攸同，皇王維辟。”鄭箋：“辟，君也。”

清華二·繫年 069“辟大夫”，讀爲“嬖大夫”。《國語·吳語》：“陳士卒百人，以爲徹行百行。行頭皆官師，擁鐸拱稽，建肥胡，奉文犀之渠。十行一嬖大夫……"韋昭注:"嬖,下大夫也。"

清華三·説命上02"辟矢",讀爲"庫矢",古代八矢之一,主要用於習射、禮射等。《周禮·夏官·司弓矢》:"恆矢、庫矢,用諸散射。"鄭玄注:"恆矢,安居之矢也。庫矢象焉。二者皆可以散射也,謂禮射及習射也。"林尹注:"恆矢、庫矢前後輕重平均,其行較平穩,用以禮射、習射等。"

清華三·説命下09"辟萬民",不勝爲萬民之君。

清華三·琴舞04、11"又辟",讀爲"有辟",即辟。《爾雅·釋詁》:"辟,君也。""用仇其有辟"與𤼈尊(《集成》06014)"克仇文王"、牆盤(《集成》10175)"仇匹厥辟"等義近。

清華五·厚父08"辟事",見於㺇鼎(《集成》02824)"唯厥使乃子㺇萬年辟事天子",是侍奉的意思。

清華六·管仲09"芔(草)木不辟",見《越絶書·越絶計倪内經》:"農傷則草木不辟,末病則貨不出。""辟",均讀爲"闢",開墾。《商君書·壹言》:"則上令行而荒草闢,淫民止而姦無萌。"

清華六·孺子15"執辟",讀爲"摯嬖",親近寵愛。"嬖",寵愛。《國語·鄭語》:"褒人褒姁有獄,而以爲入於王,王遂寘之,而嬖是女也,使至於爲后,而生伯服。"韋昭注:"以邪辟取愛曰嬖。"或讀爲"褻嬖"。

清華六·子儀11"辟之女",讀爲"譬之如",即"譬如",比如。《周禮·冬官·弓人》:"恆角而達,譬如終紲,非弓之利也。"《史記·魏其武安侯列傳》:"今人毁君,君亦毁人,譬如賈豎女子爭言,何其無大體也。"

清華八·攝命17"余辟相佳(唯)卸(御)事"之"辟""相"同義連用,《詩·周頌·雝》"相維辟公,天子穆穆",毛傳:"相,助。"《書·酒誥》:"自成湯咸至于帝乙,成王畏。相惟御事,厥棐有恭。"

璧

 清華一·金縢02 秉璧甶(植)珪

 清華一·金縢05 我則厴(瘞)璧與珪

清華一·金縢05 我乃以璧與珪逯(歸)

～，與 同。《說文·玉部》："璧，瑞玉圜也。从玉，辟聲。"

清華一·金縢02"秉璧峕(植)珪"，今本《書·金縢》作"植璧秉珪，乃告太王、王季、文王"。《史記·魯世家》引"植"作"戴"。

清華一·金縢05"我則昏(瘞)璧與珪"，今本《書·金縢》作"我其以璧與珪歸俟爾命"。

清華一·金縢05"我乃以璧與珪逯(歸)"，今本《書·金縢》作"我乃屏璧與珪"。

清華一·金縢"珪璧"，爲祭祀朝聘等所用的玉器。《墨子·尚同中》："珪璧幣帛不敢不中度量。"《禮記·曲禮下》："執主器，操幣圭璧。"《禮記·月令·仲春》："是月也，祀不用犧牲，用圭璧，更皮幣。"